习近平新时代中国特色社会主义思想的河南实践
系列丛书

脱贫攻坚与乡村振兴的
河南路径

HENAN'S PATH TO
POVERTY ALLEVIATION AND RURAL REVITALIZATION

主编 ◎ 陈明星

副主编 ◎ 宋彦峰 刘依杭

社会科学文献出版社
SOCIAL SCIENCES ACADEMIC PRESS (CHINA)

前　言

习近平总书记和党中央对河南工作高度重视、寄予厚望。党的十八大以来，先后四次到河南考察，多次发表重要讲话、作出重要指示，为河南工作把舵领航。全省上下深入学习贯彻习近平新时代中国特色社会主义思想和总书记关于河南工作的重要讲话重要指示精神，砥砺奋进、不懈探索，努力推动总书记重要讲话重要指示和党中央各项决策部署在河南落地落实、见行见效，脱贫攻坚任务如期全面完成，"十三五"规划全面收官，全省各项事业开创了新局面，为开启全面建设社会主义现代化河南新征程奠定了坚实基础。

按照全省宣传思想工作"八大工程"2021年度重点工作要求，河南省社科院承担研创出版"习近平新时代中国特色社会主义实践"系列丛书，充分展示河南贯彻落实习近平新时代中国特色社会主义思想的具体举措和成功经验，既是落实全省宣传部长会议精神的重点举措，又是为建党100周年献礼，为推动河南"十四五"时期高质量发展、现代化河南建设凝聚强大精神动力的重大成果。

"习近平新时代中国特色社会主义思想的河南实践"系列丛书包括《打好"四张牌"的河南实践》《脱贫攻坚与乡村振兴的河南路径》《黄河流域生态保护和高质量发展的河南担当》《全面从严治党的河南作为》《保护传承弘扬黄河文化的河南使命》《传承红色基因的河南探索》6部。系列丛书围绕习近平总书记关于河南工作的重要讲话和指示批示精神，深入阐释习近平新时代中国特色社会主义思想的精神实质和丰富内涵，旨在全面展现习近平新时代中国特色社会主义思想的河南实践，为推动河南"十四五"开好局起好步，在中部地区崛起中奋勇争先、谱写新时代中原更加出彩的绚丽篇章提供理论支持和智力服务。

序

2021年2月25日，一个注定被载入史册的日子。这一天，全国脱贫攻坚总结表彰大会隆重召开，大会庄严宣告——经过全党全国各族人民共同努力，在迎来中国共产党成立一百周年的重要时刻，我国脱贫攻坚战取得了全面胜利，现行标准下9899万农村贫困人口全部脱贫，832个贫困县全部摘帽，12.8万个贫困村全部出列，区域性整体贫困得到解决，完成了消除绝对贫困的艰巨任务，创造了又一个彪炳史册的人间奇迹！

时光回溯，面对贫困这一人类社会的顽疾，反贫困始终是古今中外治国安邦的一件大事。正如习近平总书记指出，一部中国史，就是一部中华民族同贫困作斗争的历史。摆脱贫困，是中国人民孜孜以求的梦想，也是实现中华民族伟大复兴中国梦的重要内容。中国共产党从成立之日起，就坚持把为中国人民谋幸福、为中华民族谋复兴作为初心使命，团结带领中国人民为创造自己的美好生活进行了长期艰辛奋斗。特别是党的十八大以来，以习近平同志为核心的党中央把脱贫攻坚摆在治国理政的突出位置，把脱贫攻坚作为全面建成小康社会的底线任务，组织开展了声势浩大的脱贫攻坚人民战争。党和人民披荆斩棘、栉风沐雨，发扬钉钉子精神，敢于啃硬骨头，攻克了一个又一个贫中之贫、坚中之坚，脱贫攻坚取得了重大历史性成就，创造了人类减贫史上的奇迹，标志着我们党在团结带领人民创造美好生活、实现共同富裕的道路上迈出了坚实的一大步。

同时，习近平总书记也指出，脱贫摘帽不是终点，而是新生活、新奋斗的起点，要切实做好巩固拓展脱贫攻坚成果同乡村振兴有效衔接各项工作，让脱贫基础更加稳固、成效更可持续。同时指出，全面实施乡村振兴战略的深度、广度、难度都不亚于脱贫攻坚，民族要复兴、乡村必振兴，全面建设社会主义现代化国家、实现中华民族伟大复兴，最艰巨最繁重的任务依然在农村，最广泛最深厚的基础依然在农村，要坚持用大历史观来看待农业、农村、农民问题，围绕立足新发展阶段、贯彻新发展理念、构建新发展格局带来的新形势、提出的新要求，坚持把解决好"三农"问题作为全党工作重中之重，坚持农业农村优先发展，全面推进乡村产业、人才、文化、生态、组织振兴，走中国特色社会主义乡村振兴道路，完善政策体系、工作体系、制度体系，以更有力的举措、汇聚更强大的力量，加快农业农村现代化，加快形成工农互促、城乡互补、协调发展、共同繁荣的新型工农城乡关系，促进农业高质高效、乡村宜居宜业、农民富裕富足。

河南作为农业大省、人口大省，是现代中国发展的缩影。对于河南的"三农"工作，习近平总书记历来高度关注。党的十八大以来先后四次到河南考察调研，2019年3月习近平总书记参加十三届全国人大二次会议河南代表团审议，对实施乡村振兴战略、做好"三农"工作作出系统部署，指出河南农业农村人口比重大，"三农"工作任务繁重，粮食生产这个优势、这张王牌任何时候都不能丢，要牢牢抓住粮食这个核心竞争力，坚持"四个着力"，打好"四张牌"，推动县域治理"三起来"，做到乡镇工作"三结合"，在乡村振兴中实现农业强省目标，谱写新时代中原更加出彩的绚丽篇章。习近平总书记对河南"三农"工作特别是乡村振兴的重要指示，全面系统地指出了河南在乡村振兴战略中的地位、优势和责任，指明了工作重点和实现的方法路径，论述了需要弥补短板和统筹发展的重大关系，为做好新时代河南"三农"工作、谱写更加出彩的绚丽篇章提供了根本遵循，注入了强大动力，确立了更高标准，是指引河南乡村振兴的时代最强音。

乡村是具有自然、社会、经济特征的地域综合体，兼具生产、生活、生态、文化等多重功能，与城镇互促互进、共生共存，共同构成人类活动的主要空间。乡村兴则国家兴，乡村衰则国家衰。多年来，河南始终把解决好"三农"问题作为重中之重，顺应时代发展要求，立足省情阶段变化，用创新的理念、改革的办法破解"三农"难题，探索走出了不以牺牲农业和粮食、生态和环境为代价的"四化"同步发展的成功路径，实现了农业发展由传统农业向现代农业转型的重大跨越，农民生活由温饱不足向全面小康的重大跨越，农村面貌由贫穷落后向欣欣向荣的重大跨越。全省粮食产量连续 4 年超过 1300 亿斤，肉、蛋、奶、菜、菌等重要农产品产量多年居全国前列，用全国 1/16 的耕地，生产了全国 1/10 的粮食、近 1/8 的口粮、超过 1/4 的小麦，不仅满足了近亿河南人自己的吃饭问题，每年还外调 600 亿斤原粮及其制成品，成为全国重要的粮食大省、畜牧大省、农产品加工大省。特别是通过打赢打好脱贫攻坚战，河南省累计实现 718.6 万贫困人口脱贫、53 个贫困县全部摘帽、9536 个贫困村全部出列，绝对贫困和区域性整体贫困在中原大地得到历史性解决，交出了一份沉甸甸的河南答卷，在为实现全省全面建成小康社会目标任务作出关键性贡献的同时，凝聚起伟大脱贫攻坚精神，为全面推进乡村振兴、全面建设社会主义现代化河南、谱写新时代中原更加出彩的绚丽篇章奠定了坚实奋斗基础、提供了强大精神力量。中原大地的生动实践表明，乡村既是一片大有可为的土地，又是一片充满希望的田野。

当前，"三农"工作重中之重的地位日益凸显，农业农村优势正加速转化为乡村振兴优势。2021 年 3 月召开的省委农村工作会议指出，随着农业的经济价值更加凸显，粮食生产这张王牌将越擦越亮；随着乡村的生态价值更加凸显，秀美乡村这笔绿色财富将越来越宝贵；随着人力资源价值更加凸显，农民工返乡创业的作用将越来越大；随着"三农"的市场价值更加凸显，乡村这个回旋空间将越来越广。脱贫攻坚的决战决胜，为"三农"发展补齐了突出短板；互联网经济的嫁接融合，有效破解了小农户与大市场对接的瓶颈制约；人民群众对生活品质的追求，让现代农业发展和一二三产业跨界融合全面加速；下乡返乡创业的蓬勃兴起，为农村注入了新的生机活力。粮食作为战略资源的属性更加突出，广袤乡村的经济价值、生态价值、文化价值不断上升，乡村振兴成为拓展内需的最大空间所在、高质量发展的最大潜力所在。传统农业产业链短、价值链低、供应链弱，而正在全面起势的现代农业，链条完善、循环畅通、运转高效，能够架起从田间地头直达百姓餐桌的高速通道。只要在打造粮食这个核心竞争力上不断深耕，在构建现代农业产业体系上持续细作，推动更多农产品由原字号向制成品转变、由卖商品向卖品牌转变，在迈向"国人厨房""世人餐桌"的路上走得更远，就能在新发展格局中手握王牌、争得主动。同时，随着乡村振兴战略全面推开，人回乡、钱回流、企业回迁的"回归经济"加快兴起，以乡村建设为契机，中原大地必定会有更多的精彩在田野上绽放，为高质量发展筑牢"战略后院"。

2020年12月召开的省委十届十二次全会暨省委经济工作会议提出，要在乡村振兴上实现更大突破，加快实现农业强省目标，在乡村振兴上走在全国前列。《中共河南省委关于制定河南省国民经济和社会发展第十四个五年规划和二〇三五年远景目标的建议》提出，"十四五"期间要在奋勇争先、更加出彩上迈出更大步伐，全省乡村振兴实现更大突破，农业农村现代化走在全国前列。2021年3月召开的省委农村工作会议强调，要做好新发展阶段"三农"工作，推动乡村振兴实现更大突破、走在全国前列，并具体提出要努力在巩固拓展脱贫攻坚成果、提升粮食核心竞争力、农业高质量发展、乡村建设、城乡融合发展等五个方面走在前列。这为做好新发展阶段"三农"工作提出了新要求、作出了新部署、明确了新目标，为实现巩固拓展脱贫攻坚成果同乡村振兴有效衔接提供了遵循。

更扬风帆立潮头，再踏层峰辟新天。随着"三农"工作重心的历史性转移，在全面建设社会主义现代化国家、实现第二个百年奋斗目标的新征程中，古老厚重的中原大地将迎来新的历史机遇，并在实践中读懂百年大党的"三农"情结，读懂国家安全的"三农"支撑，读懂民族复兴的"三农"基石，把准全面推进乡村振兴的历史逻辑、理论逻辑、实践逻辑，以奋勇争先、走在前列的担当和作为，焕发新的生机和活力，走出具有河南特色的乡村振兴之路，打造中原特色鲜明的现代版"富春山居图"。

目　录

第一章　脱贫攻坚与乡村振兴的顶层设计

农为邦本，本固邦宁。中国共产党自成立之日起，就高度重视"三农"工作，坚持把为中国人民谋幸福、为中华民族谋复兴作为初心使命，团结带领中国人民为创造自己的美好生活进行了长期艰辛奋斗。特别是党的十八大以来，以习近平同志为核心的党中央驰而不息重农强农，坚持把解决好"三农"问题作为全党工作的重中之重，把脱贫攻坚摆在治国理政的突出位置，把脱贫攻坚作为全面建成小康社会的底线任务和标志性工程，把乡村振兴战略作为新时代"三农"工作总抓手，推动农业农村取得历史性成就、发生历史性变革，并将继续引领"三农"工作重心的历史性转移，全面推进乡村振兴，促进农业高质高效、乡村宜居宜业、农民富裕富足。

第一节　用大历史观来看待"三农"问题

党的十八大以来，习近平总书记关于"三农"工作作出了一系列重要论述，科学回答了新时代"三农"工作的重大理论和实践问题，是习近平新时代中国特色社会主义思想的重要组成部分，是做好新发展阶段"三农"工作的行动纲领和根本遵循。

一　新时代解决好"三农"问题的极端重要性

习近平总书记强调："要坚持用大历史观来看待农业、农村、农民问题，只有深刻理解了'三农'问题，才能更好理解我们这个党、这个国家、这个民族。"① 这是做好新时代"三农"工作重大意义的深刻阐释，也是理解和把握"三农"工作极端重要性的遵循。

（一）解决好"三农"问题关乎中华民族伟大复兴战略全局

习近平总书记强调，"我们党成立以后，充分认识到中国革命的基本问题是农民问题，把为广大农民谋幸福作为重要使命。改革开放以来，我们党领导农民率先拉开改革大幕，不断解放和发展农村社会生产力，推动农村全面进步"②。党的十八大以来，党中央组织推进人类历史上规模空前、力度最大、惠及人口最多的脱贫攻坚战，启动实施乡村振兴战略，农业综合生产能力上了大台阶，农民收入较 2010 年翻一番多，农村民生显著改善，乡村面貌焕然一新，贫困地区发生翻天覆地的变化，解决困扰中华民族几千年的绝对贫困问题取得历史性成就，为全面建成小康社会作出了重大贡献，为开启全面建设社会主义现代化国家新征程奠定了坚实基础。同时，也必须看到，全面建设社会主义现代化国家，实现中华民族伟大复兴，最艰巨最繁重的任务依然在农村，最广泛最深厚的基础依然在农村。解决好发展不平衡不充分问题，重点难点在"三农"，迫切需要补齐农业农村短板弱项，推动城乡协调发展。2014 年 5 月，习近平总书记在河南考察时强调，粮食安全、"三农"工作是一切工作的重要之基，"三农"工作要常抓不懈，要着力做好"三农"工作。因此，新发展阶段"三农"工作依然极端重要，须臾不可放松，务必抓紧抓实③。要把全面推进乡村振兴作为实现中华民族伟大复兴的一项重大任务，举全党全社会之力加快农业农村现代化，让广大农民过上更加美好的生活。

---

① 《习近平在中央农村工作会议上强调坚持把解决好"三农"问题作为全党工作重中之重促进农业高质高效乡村宜居宜业农民富裕富足》，《人民日报》2020 年 12 月 30 日，第 1 版。
② 《习近平在中央农村工作会议上强调坚持把解决好"三农"问题作为全党工作重中之重促进农业高质高效乡村宜居宜业农民富裕富足》，《人民日报》2020 年 12 月 30 日，第 1 版。
③ 《中共中央国务院关于全面推进乡村振兴加快农业农村现代化的意见》，《人民日报》2021 年 2 月 22 日，第 1 版。

（二）解决好"三农"问题关乎科学应对世界百年未有之大变局

当今世界正经历百年未有之大变局，国际环境日趋复杂，不稳定性不确定性明显增加，新冠肺炎疫情影响广泛深远，经济全球化遭遇逆流，世界进入动荡变革期，单边主义、保护主义、霸权主义对世界和平与发展构成威胁①。稳住农业基本盘、守好"三农"基础，是应变局、开新局的"压舱石"。因此，应对国内外各种风险挑战，基础支撑在"三农"，迫切需要稳住农业基本盘，守好"三农"基础。在现代化进程中，如何处理好工农关系、城乡关系，在一定程度上决定着现代化的成败。从世界各国现代化历史来看，有的国家没有处理好工农关系、城乡关系，农业发展跟不上，农村发展跟不上，农产品供应不足，不能有效吸纳农村劳动力，大量失业农民涌向城市贫民窟，乡村和乡村经济走向凋敝，工业化和城镇化走入困境，甚至造成社会动荡，最终陷入"中等收入陷阱"。我国作为中国共产党领导的社会主义国家，应该有能力、有条件处理好工农关系、城乡关系，顺利推进我国社会主义现代化进程②。

（三）解决好"三农"问题关乎有效构建新发展格局

构建新发展格局既是应对世界大变局的战略举措，也是顺应国内发展阶段变化、把握发展主动权的先手棋。亿万农民同步迈向全面现代化，能够释放出巨量的消费和投资需求，把战略基点放在扩大内需上，农村有巨大空间，可以大有作为。城乡经济循环既是国内大循环的题中应有之义，也是确保国内国际双循环比例关系健康的关键因素。因此，构建新发展格局，潜力后劲在"三农"，迫切需要扩大农村需求，畅通城乡经济循环。一方面，我国拥有 14 亿人口，不管工业化、城镇化进展到哪

---

① 《中共中央关于制定国民经济和社会发展第十四个五年规划和二〇三五年远景目标的建议》，《人民日报》2020 年 11 月 4 日，第 1 版。
② 习近平：《把乡村振兴战略作为新时代"三农"工作总抓手》，《求是》2019 年第 11 期。

一步，农业都要发展，乡村都不会消亡，城乡将长期共生并存，2020年我国常住人口城镇化率为63.89%，即便达到70%，农村仍将有4亿多人口，需要通过乡村建设和乡村振兴，开启城乡融合发展和现代化建设新局面。另一方面，农村基础设施、公共服务等方面还有明显薄弱环节和短板，扩内需、稳投资还有相当大的潜力和空间。

二 加强党对"三农"工作的全面领导

无论是脱贫攻坚，还是乡村振兴，加强党的领导都是根本。提高党把方向、谋大局、定政策、促改革的能力和定力，确保党始终总览全局、协调各方，健全党领导农村工作的组织体系、制度体系、工作机制，提高新时代党全面领导"三农"工作能力和水平，对解决好"三农"问题至关重要。

（一）构建五级书记齐抓共管的工作机制

中央统筹、省负总责、市县乡抓落实的农村工作领导体制，贯穿于脱贫攻坚和乡村振兴实践的各领域和全过程，党委和政府一把手是第一责任人，省市县乡村五级书记齐抓共管，并于2019年9月出台《中国共产党农村工作条例》，进一步明确党全面领导农村工作的体制机制。在脱贫攻坚中，中西部22个省份党政主要负责同志向中央签署脱贫攻坚责任书、立下"军令状"，脱贫攻坚期内保持贫困县党政正职稳定。在乡村振兴中，要求将脱贫攻坚工作中形成的组织推动、要素保障、政策支持、协作帮扶、考核督导等工作机制，根据实际需要运用到推进乡村振兴，建立健全上下贯通、精准施策、一抓到底的乡村振兴工作体系，省、市、县级党委要定期研究乡村振兴工作，县委书记应当把主要精力放在"三农"工作上①。

① 《中共中央国务院关于全面推进乡村振兴加快农业农村现代化的意见》，《人民日报》2021年2月22日，第1版。

（二）培养造就"一懂两爱三过硬"的"三农"工作队伍

脱贫攻坚和乡村振兴，关键在人、关键在干。"三农"工作队伍是党的"三农"事业的基础和支撑，是推进脱贫攻坚和乡村振兴的中坚力量。对攻克贫中之贫、坚中之坚，习近平总书记多次强调要"尽锐出战"，培育懂扶贫、会帮扶、作风硬的扶贫干部队伍，增强精准扶贫精准脱贫工作能力。党的十九大报告首次指出要培养造就一支懂农业、爱农村、爱农民的"三农"工作队伍；2020 年 12 月召开的中央农村工作会议强调，要建设一支政治过硬、本领过硬、作风过硬的乡村振兴干部队伍，选派一批优秀干部到乡村振兴一线岗位，把乡村振兴作为培养锻炼干部的广阔舞台。"一懂两爱三过硬"成为新时代对"三农"工作队伍的基本要求，对于形成人才向农村基层流动的用人导向，吸引各类人才在乡村振兴中建功立业、建设美好家园，激发广大农民群众积极性、主动性、创造性，具有重要的引领和指导意义。

（三）加强党的农村基层组织建设

脱贫攻坚和乡村振兴的各项政策，最终要靠农村基层党组织来落实。因此，要选优配强乡镇领导班子、村"两委"成员特别是村党组织书记。在脱贫攻坚中，深入推进抓党建促脱贫攻坚，将抓党建促脱贫攻坚情况作为县乡党委书记抓基层党建工作述职评议考核的重点内容，突出抓好以村党组织为核心的村级组织配套建设，全面强化贫困地区农村基层党组织领导核心地位，切实提升贫困村党组织的组织力，把基层党组织建设成为带领群众脱贫致富的坚强战斗堡垒。集中精锐力量投向脱贫攻坚主战场，全国累计选派 25.5 万个驻村工作队、300 多万名第一书记和驻村干部，同近 200 万名乡镇干部和数百万村干部一道奋战在扶贫一线，鲜红的党旗始终在脱贫攻坚主战场上高高飘扬。在乡村振兴中，充分发挥农村基层党组织领导作用，持续抓党建促乡村振兴，突出抓基层、强基础、固基本的工作导向，推动各类资源向基层下沉，为基层干事创业创造更好的条件。2021年中央一号文件提出在有条件的地方积极推行村党组织书记通过法定程序担任村民委员会主任，同时特别指出要因地制宜、不搞"一刀切"，并强调要坚持和完善向重点乡村选派驻村第一书记和工作队制度，加大在优秀农村青年中发展党员力度，加强对农村基层干部激励关怀，提高工资补助待遇，改善工作生活条件，切实帮助解决实际困难。

（四）完善考核落实机制

"一分部署，九分落实。"责任落实、考核监督，是"三农"工作务实求效的重要保证。在脱贫攻坚中，层层签订脱贫攻坚责任书，扶贫开发任务重的省（自治区、直辖市）党政主要领导向中央签署脱贫责任书，每年向中央作扶贫脱贫进展情况的报告，对落实不力的部门和地区，国务院扶贫开发领导小组向党中央、国务院报告并提出责任追究建议，对未完成年度减贫任务的省份对党政主要领导进行约谈。中央制定省级党委和政府扶贫开发工作成效考核办法，国务院扶贫开发领导小组制定东西部扶贫协作成效评价办法、中央单位定点扶贫工作成效评价办法，组织省际交叉考核、第三方评估、扶贫资金绩效评价和记者暗访，实行最严格的考核评估。党中央、国务院审定考核结果，较真碰硬促进真抓实干。党中央开展脱贫攻坚专项巡视，国务院扶贫开发领导小组每年组织开展脱贫攻坚督查巡查，8个民主党派中央开展脱贫攻坚民主监督工作，纪检监察、检察、审计和社会各方面加大监督力度。设立12317扶贫监督举报电话。2020年至2021年初，还对脱贫摘帽县进行普查，全面了解贫困人口脱贫实现情况。在乡村振兴中，各省（自治区、直辖市）党委和政府每年向党中央、国务院报告实施乡村振兴战略进展情况，对市县党政领导班子和领导干部开展乡村振兴实绩考核，纳入党政领导班子和领导干部综合考核评价内容，加强考核结果应用，注重提拔使用乡村振兴实绩突出的市县党政领导干部，对考核排名落后、履职不力的市县党委和政府主要负责同志进行约谈，建立常态化约谈机制。将巩固拓展脱贫攻坚成果纳入乡村振兴考核。强化乡村振兴督查，创新完善督查方式，及时发现和解决存在的问题，推动政策举措落实落地。持续纠治形式主义、官僚主义，将减轻村级组织不合理负担纳入中央基层减负督查重点内容。

第二节 把脱贫攻坚摆在治国理政的突出位置

贫困是人类社会的顽疾。反贫困始终是古今中外治国安邦的一件大事。一部中国史，就是一部中华民族同贫困作斗争的历史①。党的十八大以来，以习近平同志为核心的党中央站在全面建成小康社会、实现中华民族伟大复兴中国梦的战略高度，立足我国国情，把握减贫规律，把脱贫攻坚摆在治国理政的突出位置，作为实现第一个百年奋斗目标的重点任务，纳入"五位一体"总体布局和"四个全面"战略布局，作出一系列重大部署和安排，出台一系列超常规政策举措，构建了一整套行之有效的政策体系、工作体系、制度体系，推动中国减贫事业取得巨大成就，提前 10 年实现《联合国 2030 年可持续发展议程》减贫目标，实现了全面小康路上一个都不掉队，在促进全体人民共同富裕的道路上迈出了坚实一步，走出了一条中国特色减贫道路，谱写了人类减贫史上的辉煌篇章。

一 一以贯之一心为民久久为功善作善成

党的十八大以来，党中央鲜明提出，全面建成小康社会最艰巨最繁重的任务在农村特别是在贫困地区，没有农村的小康特别是没有贫困地区的小康，就没有全面建成小康社会；强调贫穷不是社会主义，如果贫困地区长期贫困，面貌长期得不到改变，群众生活水平长期得不到明显提高，那就没有体现我国社会主义制度的优越性，那也不是社会主义，

---

① 《在全国脱贫攻坚总结表彰大会上的讲话》，《人民日报》2021 年 2 月 26 日，第 2 版。

必须时不我待抓好脱贫攻坚工作；强调脱贫攻坚战只能打赢打好，没有任何退路和弹性。2012 年底，党的十八大召开后不久，党中央就突出强调，"小康不小康，关键看老乡，关键看贫困的老乡能不能脱贫"，承诺"决不能落下一个贫困地区、一个贫困群众"，拉开了新时代脱贫攻坚的序幕。2013 年，党中央提出精准扶贫理念，创新扶贫工作机制。2015 年，党中央召开扶贫开发工作会议，提出实现脱贫攻坚目标的总体要求，实行扶持对象、项目安排、资金使用、措施到户、因村派人、脱贫成效"六个精准"，实行发展生产、易地搬迁、生态补偿、发展教育、社会保障兜底"五个一批"，发出打赢脱贫攻坚战的总攻令。2017 年，党的十九大把精准脱贫作为三大攻坚战之一进行全面部署，锚定全面建成小康社会目标，聚力攻克深度贫困堡垒，决战决胜脱贫攻坚。2020 年，为有力应对新冠肺炎疫情和特大洪涝灾情带来的影响，党中央要求全党全国以更大的决心、更强的力度，做好"加试题"、打好收官战，信心百倍向着脱贫攻坚的最后胜利进军。

在脱贫攻坚战打响以后，习近平总书记先后 7 次主持召开中央扶贫工作座谈会，50 多次调研扶贫工作，走遍 14 个集中连片特困地区坚持看真贫，坚持了解真扶贫、扶真贫、脱真贫的实际情况。每年的新年贺词，都有关于扶贫的论述。每年新年第一次国内考察，都是到贫困地区。每年全国"两会"期间，习近平总书记都会和代表委员讨论脱贫工作。每年至少要召开一次脱贫攻坚的座谈会，对阶段性重点工作作部署、提要求。对每年的脱贫攻坚考核，总书记要主持两次会议，一次中央政治局常委会议，一次中央政治局会议，听考核情况的汇报，好的表扬，差的约谈。

在脱贫攻坚的不同阶段，习近平总书记强调的工作重点各有侧重。在脱贫攻坚初期，反复强调打赢脱贫攻坚战的重要性、紧迫性、艰巨性，明确了目标任务，确定了基本方略，要求采取超常规政策举措，强化保障措施。在脱贫攻坚中期，反复强调抓好落实，要求尽锐出战，集中力量攻克深度贫困堡垒，解决"两不愁三保障"突出问题，提高脱贫质量，加强作风能力建设，克服形式主义、官僚主义，防止数字脱贫虚假脱贫。在脱贫攻坚后期，突出强调要绷紧弦加把劲，防止松劲懈怠，保持攻坚态势，决战决胜、一鼓作气，善始善终、善作善成，不获全胜决不收兵。特别是到 2020 年收官阶段，面临突如其来的新冠肺炎疫情，习近平总书记多次强调，在抗击疫情的同时，脱贫攻坚也不能等一等、缓一缓，要高质量完成目标任务，确保脱贫攻坚全面收官。

二　实施精准扶贫精准脱贫基本方略

贫有百样，困有千种。脱贫攻坚，精准是要义。习近平总书记 2013 年 11 月 3 日在湖南湘西州花垣县十八洞村考察时，首次提出精准扶贫的重要思想，之后在多个场合反复强调，脱贫攻坚，贵在精准，重在精准，成败之举在于精准。坚持精准方略，就是要坚持精准扶贫、精准脱贫，坚持扶持对象精准、项目安排精准、资金使用精准、措施到户精准、因村派人（第一书记）精准、脱贫成效精准等"六个精准"，解决好扶持谁、谁来扶、怎么扶、如何退问题，做到扶真贫、真扶贫，脱真贫、真脱贫，不搞大水漫灌，不搞"手榴弹炸跳蚤"，因村因户因人施策，对症下药、精准滴灌、靶向治疗，扶贫扶到点上、扶到根上。

（一）坚持精准施策

坚持对扶贫对象实行精细化管理、对扶贫资源实行精确化配置、对扶贫对象实行精准化扶持，建立了全国建档立卡信息系统，确保扶贫资源真正用在扶贫对象上、真正用在贫困地区。围绕扶持谁、谁来扶、怎么扶、如何退等问题，打出了一套政策组合拳，因村因户因人施策，因贫困原因施策，因贫困类型施策，对症下药、精准滴灌、靶向治疗，真正发挥拔穷根的作用。要求下足绣花功夫，扶贫扶到点上、扶到根上、扶到家庭，防止平均数掩盖大多数。习近平总书记在就《中共中央关于制定国民经济和社会发展第十三个五年规划的建议》进行说明中指出，通过实施脱贫攻坚工程，实施精准扶贫、精准脱贫，7017 万农村贫困人口脱贫目标是可以实现的。2011～2014年，每年农村脱贫人口分别为4329万、2339万、1650万、1232万。因此，通过采取过硬的、管用的举措，今后每年减贫1000万人的任务是可以完成的。具体讲，到2020年，通过产业扶持，可以解决3000万人脱贫；通过转移就业，可以解决1000万人脱贫；通过易地搬迁，可以解决1000万人脱贫，总计5000万人左右。还有2000多万完全或部分丧失劳动能力的贫困人口，可以通过全部纳入低保覆盖范围，实现社保政策兜底脱贫①。

（二）坚持目标标准

扶贫目标标准是确定扶贫对象、制定帮扶措施、考核脱贫成果的重要"度量衡"。脱贫攻坚的目标就是要做到"两个确保"，即确保现行标准下的农村人口全部脱贫，消除绝对贫困；确保贫困县全部摘帽，解决区域性整体贫困。党中央反复强调，脱贫攻坚期内，扶贫标准就是稳定实现贫困人口"两不愁三保障"，确保贫困人口不愁吃、不愁穿；保障贫困家庭孩子接受九年义务教育，确保有学上、上得起学；保障贫困人口基本医疗需求，确保大病和慢性病得到有效救治和保障；保障贫困人口基本居住条件，确保住上安全住房；贫困地区基本公共服务领域主要指标接近全国平均水平，主要有：贫困地区具备条件的乡镇和建制村通硬化路，贫困村全部实现通动力电，全面解决贫困人口住房和饮水安全问题，贫困村达到人居环境干净整洁的基本要求，切实解决义务教育学生因贫失学辍学问题，基本养老保险和基本医疗保险、大病保险实现贫困人口全覆盖，最低生活保障实现应保尽保②。并强调，要瞄准目标、严把标准，始终坚持、不能偏离，既不能降低标准、虚假脱贫、影响成色，也不能脱离实际、拔高标准、吊高胃口，避免陷入"福利陷阱"，防止产生贫困村和非贫困村、贫困户和非贫困户待遇的"悬崖效应"，

---

① 《中共中央国务院关于打赢脱贫攻坚战三年行动的指导意见》，《人民日报》2018年8月20日，第1版。

② 《关于〈中共中央关于制定国民经济和社会发展第十三个五年规划的建议〉的说明》，《求是》2015年第22期。

留下后遗症。

（三）坚持提质增效

脱贫既要看数量，又要看质量。党中央反复强调，要始终坚持把提高脱贫质量放在首位。牢固树立正确政绩观，不急功近利，不好高骛远，更加注重帮扶的长期效果，夯实稳定脱贫、逐步致富的基础。合理确定脱贫时序，不搞层层加码，不赶时间进度、搞冲刺，不搞拖延耽误，确保脱贫攻坚成果经得起历史和实践检验。对贫困退出，严格执行贫困退出标准和程序，规范贫困县、贫困村、贫困人口退出组织实施工作。指导地方修订完善扶贫工作考核评估指标和贫困县验收指标，对超出"两不愁三保障"标准的指标，予以剔除或不作为硬性指标，取消行业部门与扶贫无关的搭车任务。改进贫困县退出专项评估检查，由各省份统一组织，因地制宜制定符合贫困地区实际的检查方案，并对退出贫困县的质量负责。中央结合脱贫攻坚督查巡查工作，对贫困县退出进行抽查。

三　构建全社会参与的大扶贫格局

党的十九届四中全会指出，我国国家制度和国家治理体系具有多方面的显著优势，其中第一条就是坚持党的集中统一领导，坚持党的科学理论，保持政治稳定，确保国家始终沿着社会主义方向前进。打赢脱贫攻坚战是我国国家制度和国家治理体系显著优势的生动体现，充分发挥我国社会主义制度能够集中力量办大事的政治优势，在形成脱贫攻坚的共同意志、共同行动方面，表现得尤为淋漓尽致。

扶贫开发是全党全社会的共同责任，因此，需要调动全社会扶贫积极性，强化政府责任，引导市场、社会协同发力，动员和凝聚全社会力量广泛参与，构建专项扶贫、行业扶贫、社会扶贫互为补充的大扶贫格局。党中央广泛动员全党全国各族人民以及社会各方面力量共同向贫困宣战，举国同心，合力攻坚，党政军民学劲往一处使，东西南北中拧成一股绳。2014 年 8 月 1 日，国务院决定从 2014 年起，将每年 10 月 17 日设立为"扶贫日",弘扬中华民族扶贫济困的传统美德,培育和践行社会主义核心价值观,动员社会各方面力量共同向贫困宣战,形成扶贫开发工作强大合力。强化东西部扶贫协作,推动省市县各层面结对帮扶,促进人才、资金、技术向贫困地区流动。组织开展定点扶贫,中央和国家机关各部门、民主党派、人民团体、国有企业和人民军队等都积极行动,所有的国家扶贫开发工作重点县都有帮扶单位。各行各业发挥专业优势,开展产业扶贫、科技扶贫、教育扶贫、文化扶贫、健康扶贫、消费扶贫。民营企业、社会组织和公民个人热情参与,"万企帮万村"行动蓬勃开展。

千千万万的扶贫善举彰显了社会大爱,各种资源要素向贫困地区配置,各种市场主体到贫困地区投资兴业,形成跨地区、跨部门、跨单位、全社会共同参与的社会扶贫体系,汇聚起排山倒海的磅礴力量,充分体现了中国共产党领导和我国社会主义制度的显著优势,彰显了中国人民万众一心、同甘共苦的团结伟力。

四 建立健全行之有效的政策体系、制度体系和工作体系

脱贫攻坚政策体系覆盖面广、含金量高,脱贫攻坚制度体系完备、上下贯通,脱贫攻坚工作体系目标明确、执行力强,为打赢脱贫攻坚战提供了坚强支撑,为全面推进乡村振兴提供了宝贵经验。

(一) 强化政策支持

脱贫攻坚 8 年中,中共中央、国务院制定了《关于打赢脱贫攻坚战的决定》《关于打赢脱贫攻坚战三年行动的指导意见》等重要文件,中共中央办公厅、国务院办公厅制定了 14 个配套文件,中央和国家机关出台了 200 多个扶贫政策文件或实施方案,完成"四梁八柱"顶层设计。有关部门还在资产收益扶贫政策、旅游扶贫、金融扶贫、基础设施建设减贫、科技扶贫、网络扶贫、产业扶贫、消费扶贫、电商扶贫、光伏扶贫、生态扶贫、危房改造等很多方面进行了探索和创新,完善了扶贫政

策体系，丰富了扶贫政策内容。除了部门政策之外，国家还针对革命老区、深度贫困地区、特困地区等制定了一系列更有针对性的政策。各地也相继出台和完善"1+N"的脱贫攻坚系列文件。这些政策举措涵盖贫困地区基础设施、公共服务、产业就业、生态建设、社会保障等重点领域，涉及资金、土地、科技、人才等支撑保障，扶贫领域很多"老大难"问题都有了更为精准的针对性措施，解决了许多长期想办但没有办成的事。

（二）强化投入保障

脱贫攻坚中，充分发挥政府投入的主体和主导作用，宁肯少上几个大项目，也优先保障脱贫攻坚资金投入。扶贫资金由过去的中央财政投入为主，转变为现在的中央、省、市县投入"三三制"局面，2013～2019年，中央财政专项扶贫资金年均增长21%，2016～2019年，连续4年每年新增200亿元，省级财政专项扶贫资金年均增长27.4%，市县两级投入大幅增加。8年来，中央、省、市县财政专项扶贫资金累计投入近1.6万亿元，其中中央财政累计投入6601亿元。打响脱贫攻坚战以来，土地增减挂指标跨省域调剂和省域内流转资金4400多亿元，扶贫小额信贷累计发放7100多亿元，扶贫再贷款累计发放6688亿元，金融精准扶贫贷款发放9.2万亿元，东部9省市共向扶贫协作地区投入财政援助和社会帮扶资金1005多亿元，东部地区企业赴扶贫协作地区累计投资1万多亿元①。加强贫困县财政涉农资金整合，统筹整合使用财政涉农资金，强化扶贫资金监管，确保把钱用到刀刃上。真金白银的投入，为打赢脱贫攻坚战提供了强大资金保障。

（三）强化扶智扶志

习近平总书记于2019年9月在河南考察时强调，脱贫攻坚既要扶智

---

① 《在全国脱贫攻坚总结表彰大会上的讲话》，《人民日报》2021年2月26日，第2版。

也要扶志，既要输血更要造血，建立造血机制，增强致富内生动力，防止返贫。在脱贫攻坚中，坚持开发式扶贫方针，坚持把发展作为解决贫困的根本途径，改善发展条件，增强发展能力，实现由"输血式"扶贫向"造血式"帮扶转变，让发展成为消除贫困最有效的办法、创造幸福生活最稳定的途径。紧紧扭住教育这个脱贫致富的根本之策，强调再穷不能穷教育、再穷不能穷孩子，不让孩子输在起跑线上，努力让每个孩子都有人生出彩的机会，尽力阻断贫困代际传递。坚持扶贫同扶志扶智相结合，正确处理外部帮扶和贫困群众自身努力的关系，强化脱贫光荣导向，更加注重培养贫困群众依靠自力更生实现脱贫致富的意识，更加注重提高贫困地区和贫困人口自我发展能力，激励和引导他们依靠自己的努力改变命运，使脱贫具有可持续的内生动力。

（四）强化从严从实

脱贫攻坚，从严从实是要领。在实践中，坚持脱贫攻坚与锤炼作风、锻炼队伍相统一，把脱贫攻坚战场作为培养干部的重要阵地，强化基层帮扶力量，密切党同人民群众血肉联系，提高干部干事创业本领，培养了解国情和农村实际的干部队伍。坚持把全面从严治党要求贯穿脱贫攻坚工作全过程和各环节，实施经常性的督查巡查和最严格的考核评估，确保脱贫过程扎实、脱贫结果真实，使脱贫攻坚成效经得起实践和历史检验。

第三节　走中国特色社会主义乡村振兴道路

民族要复兴，乡村必振兴。党的十九大作出了实施乡村振兴战略的重大决策部署，并在此后相继出台《中共中央国务院关于实施乡村振兴战略的意见》《乡村振兴战略规划（2018～2022）》等。在经过三年卓有成效的积极探索后，党的十九届五中全会提出全面推进乡村振兴并进行总体部署，为当前和今后一个时期用乡村振兴统揽新发展阶段"三农"工作、全面推进乡村振兴落地见效指明了方向。2021 年 4 月 29 日，十三届全国人大常委会第 28 次会议通过《中华人民共和国乡村振兴促进法》，并于 2021 年 6 月 1 日起施行，为全面推进乡村振兴提供了法治保障。

一　把牢新时代"三农"工作总抓手

实施乡村振兴战略，是解决新时代我国社会主要矛盾、实现"两个一百年"奋斗目标和中华民族伟大复兴中国梦的必然要求，是新时代"三农"工作的总抓手。2019 年 3 月，习近平总书记在参加十三届全国人大二次会议河南代表团审议时强调，乡村振兴是包括产业振兴、人才振兴、文化振兴、生态振兴、组织振兴的全面振兴，实施乡村振兴战略的总目标是农业农村现代化，总方针是坚持农业农村优先发展，总要求是产业兴旺、生态宜居、乡风文明、治理有效、生活富裕，制度保障是建立健全城乡融合发展体制机制和政策体系。

（一）围绕农业农村现代化的总目标

长期以来，我国工农城乡发展中不平衡问题比较突出，而农业农村发展中不平衡问题也比较突出，较之于取得长足进步的农业现代化而言，农村发展不充分问题突出，在基础设施、公共服务、社会治理等方面差距相当大。因此，推进农业农村现代化是全面建设社会主义现代化国家的重大任务，是解决发展不平衡不充分问题的重要举措，是推动农业农村高质量发展的必然选择。习近平总书记强调，农村现代化既包括"物"的现代化，也包括"人"的现代化，还包括乡村治理体系和治理能力的现代化，要坚持农业现代化和农村现代化一体设计、一并推进，实现农业大国向农业强国跨越①。

在总目标具体阐释层面，党的十九大提出，要推动农业全面升级、

① 习近平：《把乡村振兴战略作为新时代"三农"工作总抓手》，《求是》2019 年第 11 期。

农村全面进步、农民全面发展。2013 年 12 月召开的中央农村工作会议上，习近平总书记指出，"中国要强，农业必须强；中国要美，农村必须美；中国要富，农民必须富。农业基础稳固，农村和谐稳定，农民安居乐业，整个大局就有保障，各项工作都会比较主动"，从而擘画出"农业强、农村美、农民富"的建设目标。2020 年 12 月召开的中央农村工作会议上，习近平总书记强调，"坚持把解决好'三农'问题作为全党工作重中之重，举全党全社会之力推动乡村振兴，促进农业高质高效、乡村宜居宜业、农民富裕富足"，从而提出"三农"新目标。

（二）坚持农业农村优先发展总方针

坚持农业农村优先发展的总方针，就是要始终把解决好"三农"问题作为全党工作重中之重，牢固树立农业农村优先发展政策导向，把实现乡村振兴作为全党的共同意志、共同行动，做到认识统一、步调一致，在干部配备上优先考虑，在要素配置上优先满足，在资金投入上优先保障，在公共服务上优先安排，真正扭转实际工作中"三农"工作"说起来重要、干起来次要、忙起来不要"的倾向，把落实"四个优先"的要求作为做好"三农"工作的头等大事，扛在肩上、抓在手上，同政绩考核联系到一起，层层落实责任，加快补齐农业农村短板，不断缩小城乡差距，让农业成为有奔头的产业，让农民成为有吸引力的职业，让农村成为安居乐业的家园。

（三）贯彻"产业兴旺、生态宜居、乡风文明、治理有效、生活富裕"总要求

产业兴旺、生态宜居、乡风文明、治理有效、生活富裕，"二十个字"的总要求，反映了乡村振兴战略的丰富内涵。与党的十六届五中全会提出的"生产发展、生活宽裕、乡风文明、村容整洁、管理民主"的社会主义新农村建设总要求相比，此时，中国特色社会主义进入了新时代，社会主要矛盾、农业主要矛盾发生了很大变化，广大农民群众有了

更高的期待，需要对农业农村发展提出更高要求。产业兴旺，是解决农村一切问题的前提，从"生产发展"到"产业兴旺"，反映了农业农村经济适应市场需求变化、加快优化升级、促进产业融合的新要求。生态宜居，是乡村振兴的内在要求，从"村容整洁"到"生态宜居"，反映了农村生态文明建设质的提升，体现了广大农民群众对建设美丽家园的追求。乡风文明，是乡村振兴的紧迫任务，重点是弘扬社会主义核心价值观，保护和传承农村优秀传统文化，加强农村公共文化建设，开展移风易俗，改善农民精神风貌，提高乡村社会文明程度。治理有效，是乡村振兴的重要保障，从"管理民主"到"治理有效"，是要推进乡村治理能力和治理水平现代化，让农村既充满活力又和谐有序。生活富裕，是乡村振兴的主要目的，从"生活宽裕"到"生活富裕"，反映了广大农民群众日益增长的美好生活需要。因此，"二十个字"乡村振兴总要求是我国发展新的历史方位与"三农"发展时代要求的同频共振，是"五位一体"总体布局、"四个全面"战略布局在"三农"工作的体现。实施乡村振兴战略，要顺应农民新期盼，立足国情农情，以产业兴旺为重点、生态宜居为关键、乡风文明为保障、治理有效为基础、生活富裕为根本，统筹推进农村经济建设、政治建设、文化建设、社会建设、生态文明建设和党的建设，促进农业全面升级、农村全面进步、农民全面发展。

（四）完善城乡融合发展体制机制和政策体系的制度保障

建立健全城乡融合发展的体制机制和政策体系是乡村振兴的关键。2019 年 4 月，《中共中央　国务院关于建立健全城乡融合发展体制机制和政策体系的意见》的出台，从城乡要素合理配置、城乡基本公共服务普惠共享、城乡基础设施一体化发展、乡村经济多元化发展、农民收入持续增长等方面作出了具体部署。县域作为我国承上启下的行政区划单元，是乡村振兴的主战场，2020 年中央农村工作会议强调，要把县域作为城乡融合发展的重要切入点，赋予县级更多资源整合使用的自主权，强化县城综合服务能力。2014年3月，习近平总书记在调研指导兰考县党的群众路线教育实践活动时提出县域治理"三起来"重要指示，强调要准确把握县域治理特点和规律，把强县和富民统一起来，把改革和发展结合起来，把城镇和乡村贯通起来，为新时代推动县域城乡融合发展、全面推进乡村振兴，加快形成工农互促、城乡互补、协调发展、共同繁荣的新型工农城乡关系，提供了根本遵循。

二 "五位一体"统筹推进"五个振兴"

实施乡村振兴战略是一篇大文章。乡村振兴是包括产业振兴、人才振兴、文化振兴、生态振兴、组织振兴的全面振兴，"五个振兴"各有侧重、相互作用、辩证统一，是不可分割的有机整体，必须通盘研究谋划、整体部署推进。习近平总书记强调，在实施乡村振兴战略中要注意处理好长期目标和短期目标的关系、顶层设计和基层探索的关系、充分发挥市场决定性作用和更好发挥政府作用的关系、增强群众获得感和适应发展阶段的关系①，并从走城乡融合发展之路、共同富裕之路、质量兴农之路、乡村绿色发展之路、乡村文化兴盛之路、乡村善治之路、中国特色减贫之路等七个方面提出要走中国特色社会主义乡村振兴道路②，强调要加快发展乡村产业、加强社会主义精神文明建设、加强农村生态文明建设、深化农村改革、实施乡村建设行动、推动城乡融合发展见实效、加强和改进乡村治理等七个方面的战略重点③，这些都为统筹推进"五个振兴"提供了战略遵循。

（一）产业振兴是物质基础

产业振兴是物质基础。产业发展起来了，农民就业增收才有出路，

---

① 习近平：《把乡村振兴战略作为新时代"三农"工作总抓手》，《求是》2019年第11期。
② 《中央农村工作会议在北京举行　习近平作重要讲话》，《人民日报》2017年12月31日，第1版。
③ 《习近平在中央农村工作会议上强调坚持把解决好"三农"问题作为全党工作重中之重促进农业高质高效乡村宜居宜业农民富裕富足》，《人民日报》2020年12月30日，第1版。

农村全面进步才有支撑。推进乡村振兴，要紧紧扭住产业振兴这个重点，围绕发展现代农业，围绕农村一二三产业融合发展，构建乡村产业体系，实现产业兴旺，不断提高农业综合效益和竞争力。要发展现代农业，确保国家粮食安全，调整优化农业结构，加快构建现代农业产业体系、生产体系、经营体系，推进农业由增产导向转向提质导向，提高农业创新力、竞争力、全要素生产率，提高农业质量、效益、整体素质。

（二）人才振兴是关键所在

只有人气旺，产业才能兴旺，乡村才有希望。推进乡村振兴，必须把人力资本开发放在首要位置，强化乡村振兴人才支撑，培育本土人才、吸引在外人才，让愿意留在乡村、建设家乡的人留得安心，让愿意上山下乡、回报乡村的人更有信心，激励各类人才在农村广阔天地大施所能、大展才华、大显身手，打造一支强大的乡村振兴人才队伍，在乡村形成人才、土地、资金、产业汇聚的良性循环。

（三）文化振兴是重要基石

文化振兴是铸魂工程，优秀乡村文化能够提振农村精气神，增强农民凝聚力，孕育社会好风尚。推进乡村振兴，必须以社会主义核心价值观为引领，传承发展农村优秀传统文化，促进乡村文明。要加强农村思想道德建设和公共文化建设，以社会主义核心价值观为引领，深入挖掘优秀传统农耕文化蕴含的思想观念、人文精神、道德规范，培育挖掘乡土文化人才，弘扬主旋律和社会正气，培育文明乡风、良好家风、淳朴民风，改善农民精神风貌，提高乡村社会文明程度，焕发乡村文明新气象。

（四）生态振兴是内在要求

良好的生态环境是农村最大优势和宝贵财富。环境好了，生活才能更好，农村才能更具吸引力、农业才能更具竞争力。推进乡村振兴，必须守住生态环保红线,把绿水青山、田园风光变成"聚宝盆",绘就村美人和、人与自然和谐相处的新画卷。2019 年 3 月,习近平总书记在参加十三届全国人大二次会议河南代表团审议时强调,要树牢绿色发展理念。推动生产、生活、生态协调发展,扎实推进农村人居环境三年整治行动,加强农业生态环境保护和农村污染防治,统筹推进山水林田湖草系统治理,完善农产品产地环境监测网络,加大农业面源污染治理力度,开展农业节肥节药行动,完善农产品原产地可追溯制度和质量标识制度,严厉打击食品安全犯罪,保证让老百姓吃上安全放心的农产品。

(五)组织振兴是根本保障

农村许多问题都可归结为一个"散"字。只有党组织建强了、带头人选好了,民心才能聚起来、村风才能好起来,群众才能跟着干起来。2014 年 5 月,习近平总书记在河南考察时强调,乡镇工作牵着工业化信息化城镇化农业现代化"四化"的两头,一头是建设好新农村、实现农业现代化,另一头是加快农民有序进城、科学推进新型城镇化;乡镇要从实际出发,坚持问题导向,坚持高标准,把改进作风和增强党性结合起来,把为群众办实事和提高群众工作能力结合起来,把抓发展和抓党建结合起来,以实实在在的成效取信于民。因此,要打造千千万万个坚强的农村基层党组织,培养千千万万名优秀的农村基层党组织书记,深化村民自治实践,发展农民合作经济组织,建立健全党委领导、政府负责、社会协同、公众参与、法治保障的现代乡村社会治理体制,确保乡村社会充满活力、安定有序。

三 扛稳粮食安全这个重任

洪范八政,食为政首。解决好吃饭问题,始终是治国理政的头等大事;要确保中国人的饭碗任何时候都要牢牢端在自己手上,饭碗应该主要装中国粮;要保中华民族的"铁饭碗"。2014 年 5 月,习近平总书记在河南考察时强调,悠悠万事吃饭为大,农业是安天下稳民生的战略产业；在我们这样一个人口大国，必须把饭碗牢牢端在自己手上；粮食安全要警钟长鸣，粮食生产要高度重视，"三农"工作要常抓不懈。2019年3月，习近平总书记在参加十三届全国人大二次会议河南代表团审议时强调，确保重要农产品特别是粮食供给，是实施乡村振兴战略的首要任务。

（一）构建国家粮食安全新战略

习近平总书记在 2013 年中央农村工作会议上指出，中国人的饭碗任何时候都要牢牢端在自己手上，我们的饭碗应该主要装中国粮；在 2013 年中央经济工作会议上指出，要坚持以我为主、立足国内、确保产能、适度进口、科技支撑的国家粮食安全战略，确保谷物基本自给、口粮绝对安全。这是对国家粮食安全战略的新发展新调整，首次把粮食安全的核心目标更明确地界定为谷物安全，依靠自己保口粮，集中国内资源保重点，同时有保有放，在谷物之外，增加了通过国际市场弥补粮食缺口的空间，提出善于用好两个市场、两种资源，适当增加进口和加快农业走出去步伐，把握好进口规模和节奏；同时，提出"数量质量并重，更加注重农产品质量和食品安全"的新粮食安全观，并强调粮食安全与生态安全统筹兼顾，注重永续发展，转变农业发展方式，发展节水农业、循环农业。2020 年中央农村工作会议上，习近平总书记进一步强调，粮食多一点少一点是战术问题，粮食安全是战略问题；要牢牢把住粮食安全主动权，粮食生产年年要抓紧。

（二）解决好种子和耕地问题

保障粮食安全，关键在于落实藏粮于地、藏粮于技战略。2014 年 5 月，习近平总书记在河南考察调研时强调，粮食生产根本在耕地，命脉在水利，出路在科技，动力在政策，这些关键点要一个一个抓落实、抓到位。2020 年中央经济工作会议和中央农村工作会议强调，要严防死守 18 亿亩耕地红线，采取"长牙齿"的硬措施，落实最严格的耕地保护制度，坚决遏制耕地"非农化"、防止"非粮化",规范耕地占补平衡。要建设高标准农田,加强农田水利建设,真正实现旱涝保收、高产稳产。要把黑土地保护作为一件大事来抓,把黑土地用好养好。要坚持农业科技自立自强,加快推进农业关键核心技术攻关,加强种质资源保护和利用,加强种子库建设。尊重科学、严格监管,有序推进生物育种产业化应用。开展种源"卡脖子"技术攻关,立志打一场种业翻身仗。

(三) 提升粮食核心竞争力

产业强,粮食安。粮食产业经济基础性强、涉及面广,事关国家粮食安全和经济社会发展大局,事关粮食生产者、经营者、消费者切身利益,因此,做强粮食产业经济,是从更高层次上保障国家粮食安全。2014 年 5 月,习近平总书记在河南考察调研时强调,粮食生产这个优势、这张王牌任何时候都不能丢。要立足打造全国粮食生产核心区这一目标和任务,在提高粮食生产能力上开辟新途径、挖掘新空间、培育新优势、取得新突破。2019 年 3 月,习近平总书记参加十三届全国人大二次会议河南代表团审议时进一步强调,要发挥好粮食生产这个优势,抓住粮食这个核心竞争力,延伸粮食产业链、提升价值链、打造供应链,不断提高农业质量效益和竞争力,实现粮食安全和现代高效农业相统一。2020 年中央经济工作会议和中央农村工作会议强调,要深入推进农业供给侧结构性改革,推动品种培优、品质提升、品牌打造和标准化生产。《国民经济和社会发展第十四个五年规划和 2035 年远景目标纲要》提出,以粮食生产功能区和重要农产品生产保护区为重点,建设国家粮食安全产业带。

(四) 调动和保护好农民种粮和地方政府重农抓粮积极性

2013 年中央农村工作会议强调,要调动和保护好"两个积极性",让农民种粮有利可图、让主产区抓粮有积极性,要探索形成农业补贴同粮食生产挂钩机制,让多生产粮食者多得补贴,把有限资金真正用在刀刃上。中央和地方要共同负责，中央承担首要责任，各级地方政府要树立大局意识，增加粮食生产投入，自觉承担维护国家粮食安全责任。2020 年中央农村工作会议进一步提出，要调动农民种粮积极性，稳定和加强种粮农民补贴，提升收储调控能力，坚持完善最低收购价政策，扩大完全成本和收入保险范围；并明确主产区、主销区、产销平衡区都有责任保面积、保产量，饭碗要一起端，责任要一起扛；地方各级党委和政府要扛起粮食安全的政治责任，实行党政同责，"米袋子"省长要负责，书记也要负责。

（五）高度重视节约粮食

粮食安全涉及粮食生产、储存、流通及消费各个环节，需要从每一个环节发力，粮食减损降耗和制止粮食浪费成为重要着力点。2013 年 1 月，习近平总书记在新华社《网民呼吁遏制餐饮环节"舌尖上的浪费"》材料上批示指出，浪费之风务必狠刹！要大力弘扬中华民族勤俭节约的优秀传统，大力宣传节约光荣、浪费可耻的思想观念，努力使厉行节约、反对浪费在全社会蔚然成风。2013 年中央农村工作会议强调，要高度重视节约粮食，节约粮食要从娃娃抓起，从餐桌抓起，让节约粮食在全社会蔚然成风。2020 年 8 月，习近平总书记对制止餐饮浪费行为作出重要指示强调，餐饮浪费现象，触目惊心、令人痛心！要加强立法，强化监管，采取有效措施，建立长效机制，坚决制止餐饮浪费行为。

四　补齐农村基础设施这个短板

2019 年 3 月，习近平总书记在参加十三届全国人大二次会议河南代表团审议时强调，要补齐农村基础设施这个短板。按照先规划后建设的原则，通盘考虑土地利用、产业发展、居民点布局、人居环境整治、生态保护和历史文化传承，编制多规合一的实用性村庄规划，加大投入力度，创新投入方式，引导和鼓励各类社会资本投入农村基础设施建设，逐步建立全域覆盖、普惠共享、城乡一体的基础设施服务网络，重点抓好农村交通运输、农田水利、农村饮水、乡村物流、宽带网络等基础设施建设。

五　夯实乡村治理这个根基

2019 年 3 月，习近平总书记在参加十三届全国人大二次会议河南代表团审议时强调，要夯实乡村治理这个根基。采取切实有效措施，强化农村基层党组织领导作用，选好配强农村党组织书记，整顿软弱涣散村党组织，深化村民自治实践，加强村级权力有效监督。完善城乡居民基本养老保险制度和基本医疗保险、大病保险制度，完善最低生活保障制度，完善农村留守儿童、妇女、老年人关爱服务体系。推进移风易俗，培育文明乡风、良好家风、淳朴民风，健全矛盾纠纷多元化解机制，深入开展扫黑除恶专项斗争。

六　用好深化改革这个法宝

2019 年 3 月，习近平总书记在参加十三届全国人大二次会议河南代表团审议时强调，要用好深化改革这个法宝。推动人才、土地、资本等要素在城乡间双向流动和平等交换，激活乡村振兴内生活力，巩固和完善农村基本经营制度，完善农村承包地"三权分置"办法，发展多种形式农业适度规模经营，突出抓好家庭农场和农民合作社两类农业经营主体发展，支持小农户和现代农业发展有机衔接，建立健全集体资产各项管理制度，完善农村集体产权权能，发展壮大新型集体经济，赋予双层经营体制新的内涵。

七　深入实施乡村建设行动

党的十九届五中全会提出，把乡村建设摆在社会主义现代化建设的重要位置，实施乡村建设行动。乡村建设是实施乡村振兴战略的重要任务，也是国家现代化建设的重要内容。要牢固树立农业农村优先发展政策导向，优化生产生活生态空间，持续改善村容村貌和人居环境，建设美丽宜居乡村①。

（一）强化乡村建设的规划引领

统筹县域城镇和村庄规划建设，通盘考虑土地利用、产业发展、居民点建设、人居环境整治、生态保护、防灾减灾和历史文化传承。科学编制县域村庄布局规划，因地制宜、分类推进村庄建设，规范开展全域土地综合整治，保护传统村落、民族村寨和乡村风貌，严禁随意撤并村庄搞大社区、违背农民意愿大拆大建。优化布局乡村生活空间，严格保护农业生产空间和乡村生态空间，科学划定养殖业适养、限养、禁养区域。鼓励有条件的地区编制实用性村庄规划。

（二）提升乡村基础设施和公共服务水平

以县域为基本单元推进城乡融合发展，强化县城综合服务能力和乡镇服务农民功能。健全城乡基础设施统一规划、统一建设、统一管护机制，推动市政公用设施向郊区乡村和规模较大中心镇延伸，完善乡村水、电、路、气、邮政通信、广播电视、物流等基础设施，提升农房建设质量。推进城乡基本公共服务标准统一、制度并轨，增加农村教育、医疗、养老、文化等服务供给，推进县域内教师医生交流轮岗，鼓励社会力量兴办农村公益事业。提高农民科技文化素质，推动乡村人才振兴。

（三）改善农村人居环境

开展农村人居环境整治提升行动，稳步解决"垃圾围村"和乡村黑臭水体等突出环境问题。推进农村生活垃圾就地分类和资源化利用，以乡镇政府驻地和中心村为重点梯次推进农村生活污水治理。支持因地制宜推进农村厕所革命。推进农村水系综合整治。深入开展村庄清洁和绿化行动，实现村庄公共空间及庭院房屋、村庄周边干净整洁。

---

① 《中华人民共和国国民经济和社会发展第十四个五年规划和2035年远景目标纲要》，《人民日报》2021年3月13日，第8版。

第四节 全面推进"三农"工作重心的历史性转移

2019 年 9 月，习近平总书记在河南考察时强调，贫困帽子摘了，攻坚精神不能放松；追求美好生活，是永恒的主题，是永远的进行时；要发扬自力更生、自强不息的精神，不仅要脱贫，还要致富，继续在致富路上奔跑，走向更加富裕的美好生活。在如期完成新时代脱贫攻坚目标任务后，我国"三农"工作进入全面推进乡村振兴、加快农业农村现代化的新发展阶段。这是"三农"工作重心的历史性转移，也是农业农村发展新的历史方位。习近平总书记强调，脱贫摘帽不是终点，而是新生活、新奋斗的起点；全面实施乡村振兴战略的深度、广度、难度都不亚于脱贫攻坚，必须加强顶层设计，以更有力的举措、汇聚更强大的力量来推进；要坚决守住脱贫攻坚成果，做好巩固拓展脱贫攻坚成果同乡村振兴有效衔接，工作不留空当，政策不留空白①。

2020 年 12 月 16 日，中共中央、国务院出台《关于实现巩固拓展脱贫攻坚成果同乡村振兴有效衔接的意见》进行专门部署，并强调实现巩固拓展脱贫攻坚成果同乡村振兴有效衔接，就是要将巩固拓展脱贫攻坚成果放在突出位置，做好过渡期内领导体制、工作体系、发展规划、政策举措、考核机制等有效衔接，从以解决建档立卡贫困人口"两不愁三保障"为重点转向实现乡村产业兴旺、生态宜居、乡风文明、治理有效、生活富裕，从集中资源支持脱贫攻坚转向巩固拓展脱贫攻坚成果和全面推进乡村振兴，建立农村低收入人口和欠发达地区帮扶机制，健全乡村振兴领导体制和工作体系，加快推进脱贫地区乡村产业、人才、文化、生态、组织等全面振兴，为全面建设社会主义现代化国家开好局、起好步奠定坚实基础②。

---

① 《习近平在中央农村工作会议上强调坚持把解决好"三农"问题作为全党工作重中之重促进农业高质高效乡村宜居宜业农民富裕富足》，《人民日报》2020 年 12 月 30 日，第 1 版。
② 《中共中央国务院关于实现巩固拓展脱贫攻坚成果同乡村振兴有效衔接的意见》，《人民日报》2021 年 3 月 23 日，第 1~2 版。

一 巩固拓展脱贫攻坚成果

打赢脱贫攻坚战之后，一些脱贫户存在返贫致贫风险，巩固"两不愁三保障"成果仍需持续用力，产业扶贫和易地扶贫搬迁的帮扶成效还不稳定，巩固脱贫攻坚成果的任务仍然比较重。要在巩固拓展脱贫攻坚成果上下更大功夫、想更多办法、给予更多后续帮扶支持，对脱贫县、脱贫村、脱贫人口扶上马送一程，确保脱贫群众不返贫。健全防止返贫监测和帮扶机制，对脱贫不稳定户、边缘易致贫户开展常态化监测预警，建立健全快速发现和响应机制，及时纳入帮扶政策范围。巩固"两不愁三保障"成果。做好易地扶贫搬迁后续帮扶工作，加强就业产业扶持和后续配套设施建设，确保搬迁群众住得下、能融入、可致富。加强扶贫项目资金资产管理和监督，确保公益性资产持续发挥作用、经营性资产不流失或被侵占。推动特色产业可持续发展，注重扶贫产业长期培育，扩大支持对象，延长产业链条，抓好产销衔接。

二 提升脱贫地区整体发展水平

贫困地区脱贫摘帽以后，整体发展水平仍然较低，自我发展能力仍然较弱，需要接续推进脱贫地区乡村全面振兴，增强其巩固脱贫成果及内生发展能力。

（一）推动脱贫地区乡村特色产业发展壮大

注重产业后续长期培育，尊重市场规律和产业发展规律，提高产业市场竞争力和抗风险能力。以脱贫县为单位规划发展乡村特色产业，实施特色种养业提升行动，完善全产业链支持措施。加快脱贫地区农产品和食品仓储保鲜、冷链物流设施建设，支持农产品流通企业、电商、批发市场与区域特色产业精准对接。现代农业产业园、科技园、产业融合发展示范园继续优先支持脱贫县。支持脱贫地区培育绿色食品、有机农产品、地理标志农产品，打造区域公用品牌。继续大力实施消费帮扶。

（二）持续提升脱贫地区基础设施和公共服务水平

继续加大对脱贫地区交通、水利、电力、通信网络、物流体系等基础设施建设的支持力度，按照实施乡村建设行动统一部署，支持脱贫地区因地制宜推进农村厕所革命、生活垃圾和污水治理、村容村貌提升。继续改善义务教育办学条件，保持现有健康帮扶政策基本稳定，继续实施农村危房改造和地震高烈度设防地区农房抗震改造，继续加强脱贫地区村级综合服务设施建设，提升为民服务的能力和水平。

（三）持续完善帮扶协作机制

坚持行政推动与市场机制有机结合，发挥集中力量办大事的优势，广泛动员社会力量参与，形成巩固拓展脱贫攻坚成果、全面推进乡村振兴的强大合力。在财政、金融、土地、人才、基础设施建设、公共服务等方面，集中支持一批乡村振兴重点帮扶县。坚持先富带后富，坚持和完善东西部协作和对口支援、社会力量参与帮扶等机制，进一步优化结对帮扶关系和协作帮扶方式，强化产业合作和劳务协作。

三　加强对农村低收入人口常态化帮扶

农村低收入人口受身体素质、职业技能、家庭负担、发展环境等制约，获得发展机会、资源要素的能力较差，如果没有政府和社会帮扶，收入增长和生活改善就难以跟上全社会步伐。坚持扶志扶智相结合，防止政策养懒汉和泛福利化倾向，发挥奋进致富典型示范引领作用，激励有劳动能力的低收入人口勤劳致富。

（一）加强农村低收入人口监测

对农村低保对象、农村特困人员、农村易返贫致贫人口，以及因病因灾因意外事故等刚性支出较大或收入大幅缩减导致基本生活出现严重困难等农村低收入人口开展动态监测。充分利用民政、扶贫、教育、人力资源社会保障、住房城乡建设、医疗保障等政府部门现有数据平台，加强数据比对和信息共享，完善基层主动发现机制。健全多部门联动的风险预警、研判和处置机制，实现对农村低收入人口风险点的早发现和早帮扶。完善农村低收入人口定期核查和动态调整机制。

（二）健全农村低收入人口常态化帮扶机制

加强对农村低收入人口分类帮扶。健全农村社会保障和救助制度，以现有社会救助和社会保障体系为基础，健全农村低收入人口分类帮扶机制，分层分类实施社会救助，合理确定农村医疗保障待遇水平，完善养老保障和儿童关爱服务，织密兜牢丧失劳动能力人口基本生活保障底线。特别是对建档立卡贫困户中完全丧失劳动能力或部分丧失劳动能力、无法通过产业就业获得稳定收入的人口，应保尽保、应兜尽兜，切实保障他们的基本生活。

四　推进工作机制和政策体系有效衔接

党中央决定，脱贫攻坚目标任务完成后，对摆脱贫困的县，从脱贫之日起设立五年过渡期。过渡期内要保持主要帮扶政策总体稳定。对现有帮扶政策逐项分类优化调整，合理把握调整节奏、力度、时限，逐步实现由集中资源支持脱贫攻坚向全面推进乡村振兴平稳过渡。

（一）建立健全领导体制

坚持党的全面领导，健全中央统筹、省负总责、市县乡抓落实的工作机制，充分发挥各级党委总揽全局、协调各方的领导作用，省市县乡村五级书记抓巩固拓展脱贫攻坚成果和乡村振兴，建立统一高效的实现巩固拓展脱贫攻坚成果同乡村振兴有效衔接的决策议事协调工作机制。过渡期内严格落实"四个不摘"要求，摘帽不摘责任，防止松劲懈怠；摘帽不摘政策，防止急刹车；摘帽不摘帮扶，防止一撤了之；摘帽不摘监管，防止贫困反弹。

（二） 加强工作体系衔接

脱贫攻坚任务完成后，要及时做好巩固拓展脱贫攻坚成果同全面推进乡村振兴在工作力量、组织保障、规划实施、项目建设、要素保障方面的有机结合，做到一盘棋、一体化推进，建立健全上下贯通、各司其职、一抓到底的乡村振兴工作体系。坚持和完善驻村第一书记和工作队、东西部协作、对口支援、社会帮扶等制度，并根据形势和任务变化进行完善。持续加强脱贫村党组织建设，选好用好管好乡村振兴带头人。党中央决定，适时组织开展巩固脱贫成果后评估工作，压紧压实各级党委和政府巩固脱贫攻坚成果责任，坚决守住不发生规模性返贫的底线。

（三） 加强政策体系衔接

过渡期内，在主要帮扶政策保持总体稳定的基础上，分类优化调整，合理把握调整节奏、力度和时限。在财政投入政策上，在保持财政支持政策总体稳定的前提下，合理安排财政投入规模，优化支出结构，调整支持重点。在金融服务政策上，继续发挥再贷款作用，进一步完善针对脱贫人口的小额信贷政策，加大对脱贫地区优势特色产业信贷和保险支持力度。在土地支持政策上，新增建设用地计划指标，优先保障巩固拓展脱贫攻坚成果和乡村振兴用地需要。在人才智力支持政策上，延续脱贫攻坚期间各项人才智力支持政策，建立健全引导各类人才服务乡村振兴长效机制。

第二章　脱贫攻坚与乡村振兴的内在逻辑

脱贫攻坚的全面胜利，标志着我国社会主义现代化建设步入新阶段。站在历史的新起点，既要看到我们党带领全国各族人民取得了脱贫攻坚的伟大胜利，也要看到离中华民族伟大复兴的第二个百年目标还有很长一段路要走。"脱贫摘帽不是终点，而是新生活、新奋斗的起点。要接续推进全面脱贫与乡村振兴有效衔接。"① 2020 年中央一号文件也强调，要抓紧研究制定脱贫攻坚与实施乡村振兴战略有机衔接的意见。党的十九届五中全会指出，要实现巩固拓展脱贫攻坚成果同乡村振兴有效衔接。2020 年 12 月出台的《中共中央　国务院关于实现巩固拓展脱贫攻坚成果同乡村振兴有效衔接的意见》指出，"打赢脱贫攻坚战、全面建成小康社会后，要在巩固拓展脱贫攻坚成果的基础上，做好乡村振兴这篇大文章，接续推进脱贫地区发展和群众生活改善"。从理论逻辑、实践逻辑和历史逻辑来看，脱贫攻坚与乡村振兴都具有深刻的内在关联，二者在基本目标和要求上有着内在的兼容性、互补性，但在作用对象、贫困瞄准、施策方式等方面则有着明显差异。因而，二者有效衔接既具有必要性、紧迫性，又有可行性。做好巩固拓展脱贫攻坚成果同乡村振兴有效衔接，关系到构建以国内大循环为主体、国内国际双循环相互促进的新发展格局，关系到全面建设社会主义现代化国家全局和实现第二个百年奋斗目标。需要充分认识实现巩固拓展脱贫攻坚成果同乡村振兴有效衔接的重要性、紧迫性，统筹安排、

① 《习近平：在决战决胜脱贫攻坚座谈会上的讲话》，新华网，2020 年 3 月 6 日。

强力推进，让包括脱贫群众在内的广大人民过上更加美好的生活。①

第一节　脱贫攻坚与乡村振兴的内在联系

脱贫攻坚与乡村振兴相辅相成、一脉相承，具有深刻的内在关联。对于贫困地区来说，脱贫攻坚是乡村振兴的前提和基础，是实施乡村振兴战略初期的优先任务和必须攻克的堡垒，也是乡村振兴的最大短板；实施乡村振兴则是巩固拓展脱贫成果、使已经摆脱绝对贫困的人口不返贫，进而实现人民共同富裕的根本路径。因此，总的来说，脱贫攻坚与乡村振兴具有理论、实践和历史等多维层面的内在关联。

一　理论逻辑：脱贫攻坚与乡村振兴的内在统一性

脱贫攻坚是乡村振兴的首要任务和必要条件，乡村振兴是脱贫攻坚的逻辑延续，二者具有共同的目标取向和价值取向，相辅相成、互为促进。

（一）　二者具有共同的目标取向

脱贫攻坚与乡村振兴的最终目标都是实现共同富裕，都是解决"三农"问题、推进农业农村现代化，最终实现农业强、农村美、农民富，二者"统一于'两个百年'奋斗目标、建成社会主义现代化强国、实现中华民族伟大复兴的历史进程中"。脱贫攻坚是中国共产党决胜全面建成小康社会、实现第一个百年奋斗目标的重要政治任务，也是解决我国"三农"问题的重要抓手。习近平总书记指出，"消除贫困、改善民生、实现共同富裕，是社会主义的本质要求，是我们党的重要使命""如果贫困地区长期贫困，面貌长期得不到改变，群众生活长期得不到明显提高，那就没有体现我国社会主义制度的优越性，那也不是社会主义"。乡村振兴是基于我国社会主要矛盾的变

---

① 《中共中央　国务院关于实现巩固拓展脱贫攻坚成果同乡村振兴有效衔接的意见》，《人民日报》2021年3月23日，第1~2版。

化作出的重大战略部署，乡村振兴立足于"第二个百年"的奋斗目标，是推进乡村建设行动的重大战略决策，以期从根本上解决我国"三农"问题以及农村人口未来的相对贫困问题。乡村振兴是关系到我国全面建设社会主义现代化国家的全局性、历史性任务。因此，二者的最终目标具有统一性，均是实现农业农村现代化和全体人民共同富裕，彰显社会主义制度的优越性。[①]

（二）二者相辅相成互为补充

党的十八大以来，以习近平同志为核心的党中央把脱贫攻坚工作纳入"五位一体"的总体布局和"四个全面"的战略布局，作为实现第一个百年奋斗目标的重点任务，旨在让群众彻底摆脱困顿，过上幸福快乐的小康生活。而贫困群众发家致富，不仅是乡村振兴的首要目标，也是实施乡村振兴战略的必要物质基础。2018 年中央一号文件《中共中央国务院关于实施乡村振兴战略的意见》指出，乡村振兴，摆脱贫困是前提，必须坚持精准扶贫、精准脱贫，把提高脱贫质量放在首位，既不降低扶贫标准，也不吊高胃口，采取更加有力的举措、更加集中的支持、更加精细的工作，坚决打好精准脱贫这场对全面建成小康社会具有决定性意义的攻坚战。[②] 从某种意义上说，脱贫攻坚是乡村振兴的"基础版"，乡村振兴是农民群众脱贫后的更高层次追求，是脱贫攻坚的"升级版"。实施乡村振兴战略的总体要求，是要"坚持农业农村优先发展，按照产业兴旺、生态宜居、乡风文明、治理有效、生活富裕的总要求，建立健全城乡融合发展体制机制和政策体系，统筹推进农村经济建设、政治建设、文化建设、社会建设、生态文明建设和党的建设，加快推进乡村治理体系和治理能力现代化，加快推进农业农村现代化，走中国特色社会主义乡村振兴道路，让农业成为有奔头的产业，让农民成为有吸引力的职业，让农村成为安居乐业

---

① 姜正君：《脱贫攻坚与乡村振兴的衔接贯通：逻辑、难题与路径》，《西南民族大学学报》（人文社会科学版）2020 年第 12 期。
② 2018 年中央一号文件《中共中央国务院关于实施乡村振兴战略的意见》。

的美丽家园。"① 因此，二者是内在统一的，乡村振兴，摆脱贫困是前提，打好脱贫攻坚战，本身就是实施乡村振兴战略的重要内容。打赢脱贫攻坚战是实施乡村振兴战略的前提和基础，实施乡村振兴战略为脱贫攻坚提供新的目标和长效保障，是巩固拓展脱贫攻坚成果的根本途径，二者相辅相成、互为促进。

二 实践逻辑：脱贫攻坚与乡村振兴的行为耦合性

从实践层面看，脱贫攻坚与乡村振兴在实践策略、实施范围和主体、实践路径等方面存在耦合或相通之处。

（一）实践策略具有耦合性

脱贫攻坚由不同的多个要素系统组成，如产业脱贫系统、文化脱贫系统、生态脱贫系统、人才脱贫系统、党建脱贫系统等，正是这些要素系统之间相互耦合作用，才推动贫困地区脱贫摘帽，为乡村振兴奠定扎实基础；乡村振兴更是由多个要素系统构成，包括产业融合系统、文化传承系统、生态文明建设系统、乡村善治系统、人力资源开发系统等，正是这些要素系统之间相互作用并叠加产生耦合效应，才协同推动乡村全面振兴。在脱贫攻坚与乡村振兴两大战略的要素系统协同发挥作用时，产业脱贫系统与产业融合系统、文化脱贫系统与文化传承系统、人才脱贫系统与人力资源系统、生态脱贫系统与生态发展系统、治理脱贫系统与乡村善治系统相互耦合、相互作用，形成乡村振兴语境下的产业耦合、生态耦合、文化耦合、治理耦合、人才耦合、脱贫耦合等在内的多元耦合系统。因此，脱贫攻坚与乡村振兴两大战略系统在功能作用上具有较强的耦合性。在脱贫攻坚和乡村振兴的交汇期和融合期，应积极发挥两大战略在功能作用上的耦合性，不断在政治、经济、社会、人才、生态等领域实现完美对接，打好政策"组合拳"。

---

① 2018 年中央一号文件《中共中央国务院关于实施乡村振兴战略的意见》

（二）实施范围和主体具有相通性

由于农村特殊的自然环境以及长期以来城乡的二元发展，我国贫困问题主要集中在农村，因此精准扶贫的战略重心在农村。乡村振兴，顾名思义直接针对乡村，这就使得精准扶贫和乡村振兴两大战略的主阵地趋同。贫困农村地区既是精准扶贫、精准脱贫的主战场，也是乡村振兴的"短板"，在目前及今后一段时间内，也是乡村振兴的重点扶持区域。

同时，脱贫攻坚和乡村振兴都强调农民的主体意识和主体地位，强调农民的内生动力和发展能力建设。农民既是脱贫攻坚的生力军，也是实施乡村振兴战略的主力军。中国革命、社会主义建设以及改革开放以来的成功经验告诉我们："农民是农业生产的主体，是农村生产力中最活跃的因素，是农村社会进步的推动者。"《中共中央 国务院关于实现巩固拓展脱贫攻坚成果同乡村振兴有效衔接的意见》明确指出，要"注重培养贫困群众依靠自力更生实现脱贫致富的意识，更加注重提高贫困地区和贫困人口自我发展能力"；还提出，"坚持农民主体地位""切实发挥农民在乡村振兴中的主体作用，调动亿万农民的积极性、主动性、创造性"。虽然脱贫攻坚针对的是贫困群体，但脱贫攻坚仅靠贫困群体自身是不够的，除了帮扶干部的大力支持，周围的"先富"或脱贫经验的示范与引导，以及左邻右舍乃至全社会的倾心帮助，同样是不可或缺的。因此，脱贫攻坚的主体实际上是包括贫困农民在内的全体农民。乡村振兴战略同样面向全体农民，农民不仅是乡村振兴的受益者，也是乡村振兴战略的实践者，还是实施效果的直接评价者。只有切实保障农民的受益者和实施者的主体地位，乡村产业的振兴、生态家园的打造、乡风文明的建设以及治理有效的实现才能获得他们的鼎力支持。

（三）实现路径有交集

脱贫攻坚的实现路径主要有产业扶贫、教育扶贫、生态扶贫、医疗扶贫、慈善扶贫、低保兜底等，其中产业扶贫被视为精准扶贫的根本之策，因为唯有产业充分发展、农民充分就业，才能形成脱贫致富长效机制。同时，扶贫要先扶志扶智，因而教育扶贫也至关重要。并且脱贫攻坚通过"五个一批"路径来实现"收官"，即"通过扶持生产和就业发展一批，通过易地搬迁安置一批，通过生态保护脱贫一批，通过教育扶贫脱贫一批，通过低保政策兜底一批"，故有多维贫困的治理特点。而乡村振兴覆盖产业、人才、文化、生态、组织这五个方面的振兴目标及实施路径，在乡村振兴规划中，"产业兴旺"被放在首要位置，人才振兴也被视为关键之举，其他如生态扶贫、基础设施建设等扶贫举措，在乡村振兴的实现路径中同样可见。因此，二者的实现路径存在交集，这也使得乡村振兴和脱贫攻坚能够共享相关政策及资源。

三 历史逻辑：脱贫攻坚与乡村振兴的时间连续性

习近平总书记指出："确保到 2020 年贫困地区和贫困群众同全国一道进入全面小康社会，为实施乡村振兴战略打好基础。"《中共中央国务院关于实施乡村振兴战略的意见》也明确提到，乡村振兴，摆脱贫困是前提。由此可见，脱贫攻坚是乡村振兴的前提和基础，脱贫攻坚是乡村振兴战略实施的优先任务，不解决农村的绝对贫困问题，乡村振兴就不可能实现，而乡村振兴则是更高层面的任务要求，是巩固脱贫成果、提升脱贫质量的有效手段，是农村富裕的持续保障，是农村美、农民富的深化发展，是脱贫攻坚的拓展和深化。

（一）脱贫攻坚是乡村振兴战略实施的优先任务

脱贫攻坚的目标是到 2020 年农村贫困人口如期脱贫、贫困县全部摘帽、解决区域整体性贫困问题。脱贫攻坚只有五六年的实践时间，2020 年就是收官之年，是一项形势紧迫而任务艰巨的战略任务。党的十九大强调："坚决打赢脱贫攻坚战。让贫困人口和贫困地区同全国一道进入全面小康社会是我们党的庄严承诺。要动员全党全国全社会力量，坚持精准扶贫、精准脱贫，确保到二〇二〇年我国现行标准下贫困县全部摘帽，做到脱真贫、真脱贫。"同时，党的十九大首次提出了乡村振兴战略。脱贫攻坚工作的绩效衡量主要看以收入为主的相关经济指标，重点还是经济领域；乡村振兴战略考量的则是在一定经济基础之上，包括了政治、文化、社会、生态文明在内的全面而系统的乡村发展，是一项涉及农村各领域全面发展的长远战略规划。只有在妥善解决绝对贫困问题后，才有可能解决相对贫困的问题，乡村振兴中文化、治理、民生、生态等内容才有实现的根本基础，未来才能逐步实现 2050 年乡村全面振兴的终极目标。因此，脱贫攻坚是乡村振兴战略的基础，也是乡村振兴战略实施的优先任务。就贫困地区而言，2020 年之前的乡村振兴，核心还是脱贫攻坚，在 2020 年全面小康的基础上，持续巩固脱贫成果；同时推进乡村的全面发展，到 2035 年基本实现农业农村的现代化；到 2050 年新中国成立一百周年之际，要实现乡村的全面振兴。[①]

（二）乡村振兴是脱贫攻坚的拓展和深化

长远来看，脱贫攻坚的终极任务就是要促进乡村的全面振兴，使贫困乡村同全国其他乡村一样最终实现乡村振兴的总要求，从产业、生态、乡风、治理、幸福感提升等多个维度彻底解决"三农"问题，从根本上遏制脱贫人口因病、因学、因老等各方面原因返贫的现象，为贫困乡村、贫困户持久稳定脱贫提供长效保障。因此，乡村振兴是更高层面的任务要求，是脱贫攻坚的延续、拓展和深化，是从党的十九大开始持续到 2050 年的战略部署，是巩固拓展脱贫攻坚成果的必然要求。乡村振兴通过增强乡村内生发展机制提升贫困人口稳定脱贫能力，并将他们摆脱贫困的基本需求升级为实现共同富裕的高层次追求。

脱贫攻坚直接关系第一个百年奋斗目标的实现，而乡村振兴侧重于第二个百年奋斗目标的实现。这客观上决定了二者之间存在前后接续的关系，即先完成脱贫攻坚任务，再开展乡村振兴工作。但这种前后接续的关

---

① 梁萌：《脱贫攻坚与乡村振兴有效衔接的逻辑与实现路径》，《当代农村财经》2021 年第 1 期。

系又不是机械而纯粹的，首先农村有贫困地区和非贫困地区之分，在贫困地区二者的接续关系是比较明显的，但在非贫困地区就可能不明显了；完全没有贫困人口的非贫困地区没有脱贫攻坚任务，只有乡村振兴工作，当然接续关系就无从谈起；而有贫困人口的非贫困地区脱贫攻坚工作也必然存在，但主要工作是乡村振兴，于是二者在这类地区就表现为交织关系，而不是接续工作。而从另一角度来看，脱贫攻坚的成果需要持续巩固，返贫和新的贫困发生不可避免，2020 年脱贫攻坚的收官并不意味着脱贫工作的彻底结束，虽然乡村振兴将成为今后工作的主要内容，但脱贫工作也必须兼顾，因此在一段时期内，脱贫攻坚将与乡村振兴交织在一起，必须统筹推进。①

第二节　脱贫攻坚与乡村振兴的区别

作为"三农"工作的两大战略和工作重点，脱贫攻坚和乡村振兴紧密相连，前者侧重于到 2020 年解决贫困群体的"两不愁三保障"和区域性整体贫困问题，消灭绝对贫困；后者则在决胜脱贫攻坚的基础上，解决脱贫后的持续发展问题，推动农业全面升级、农村全面进步、农民全面发展，从根本上解决"三农"问题，实现农业农村现代化。二者在基本目标和要求上有着内在的兼容性、互补性，但在作用对象、施策方式、战略重心等方面则有着明显差异。因而，二者有效衔接既具有必要性、紧迫性，又有可行性。

一　作用对象的区别

脱贫攻坚和乡村振兴在作用对象上有一定的交叉，但是仍然有区别（见表 2-1）。脱贫攻坚侧重于贫困问题的解决，理论上其覆盖面囊括城乡，但由于当前我国贫困问题主要发生在乡村，当前其主要实施对象是按照既定标准划定的农村贫困人口、贫困县和贫困区域。脱贫攻坚面向

---

① 孙馨月、陈艳珍：《论脱贫攻坚与乡村振兴的衔接逻辑》，《经济问题》2020 年第 9 期。

的是农村贫困地区和贫困人口，其目标任务相对单一，就是要消除绝对贫困，确保如期实现第一个百年奋斗目标，解决的是贫困人口的生存问题，保障的是农村建设发展中的基础和底线。由于有明确的针对性，精准扶贫战略对于这些贫困人口、贫困县和贫困区域而言是特惠的。而乡村振兴是在全部农村地区实施的，其目标任务更具综合性，以实现农业农村现代化为终极目标，侧重于第二个百年奋斗目标的实现，解决的是"三农"发展问题，追求的是农业农村的高质量发展。[①] 虽然乡村振兴局限于乡村，但振兴不仅仅是贫困问题的解决，而是有着更为全面和更高层次的追求，即农业强、农村美、农民富的全面实现。战略对象由农村贫困人口扩大到全部农村人口，战略范围也由农村贫困地区扩大到全部农村地区，覆盖范围更加宽泛，涵盖对象更加庞大。可见，这一战略对于整个乡村和全体农民而言是普惠的。另外，脱贫攻坚主要解决"三农"中农民的贫困问题，通过实施"五个一批"工程，进行农村基础设施、公共服务和社会保障建设，满足贫困人口住房、交通、用电、饮水等生存需求。乡村振兴则以"三农"中的农业农村为主要对象，更加注重乡村治理，解决城乡融合中发展不平衡的问题，满足农民发展需求。通过构建一二三产业融合发展体系，实现农业农村现代化建设，建成产业兴旺、生态宜居、乡风文明、治理有效、生活富裕的乡村。因此，在作用对象上，脱贫攻坚具有针对性、特殊性、局部性、特惠性的特点，乡村振兴具有综合性、整体性、全局性、普惠性的特点。

表 2-1　脱贫攻坚与乡村振兴的区别

项目	脱贫攻坚	乡村振兴
作用对象	针对性、特殊性、局部性、特惠性	综合性、整体性、全局性、普惠性
贫困瞄准	绝对贫困	相对贫困
施策方式	福利性、紧迫性、突击性、超常化、阶段性	发展性、渐进性、持久性、常态化、长期性

① 孙馨月、陈艳珍：《论脱贫攻坚与乡村振兴的衔接逻辑》，《经济问题》2020 年第 9 期。

二 贫困瞄准的区别

从贫困瞄准来看，脱贫攻坚瞄准的是绝对贫困，乡村振兴更侧重于相对贫困治理。脱贫攻坚立足第一个百年奋斗目标，瞄准农村绝对贫困问题，主要面向农村建档立卡贫困户，任务是在现行标准下实现农村人口全部脱贫和全面解决"两不愁三保障"问题。其贫困指向是深层次的贫困，解决的首要任务是基本保障和供给问题。脱贫攻坚瞄准贫困村和贫困人口，制定了"六个精准"的扶贫方略，实现了贫困人口精准脱贫，消灭了绝对贫困。乡村振兴则消除了绝对贫困的界限，以第二个百年奋斗目标为基点，瞄准农村相对贫困问题，分三个阶段逐步达到制度框架和政策体系基本形成、农业农村现代化基本实现，以及农业强、农村美、农民富全面实现的目标，解决城乡差距问题，统筹协调城乡一体化发展方式。由于脱贫摘帽后乡村内部发展的差异性仍将存在，农村仍然存在大量的低收入贫困群众，乡村振兴理应惠及农村全部人口，重点解决农村人口的相对贫困问题，同时施策解决多维贫困问题，保障农村整体发展能力的提高。① 因此，乡村振兴紧抓中国社会主要矛盾的发展和转化，瞄准城乡发展不平衡不充分问题开展农业农村的现代化建设和乡村治理工作，在促进农业发展质量和生产力水平提升的政策支持上，构建农村一二三产业融合发展体系，促进小农户和现代农业发展的有机衔接，推动农业产业高质量发展，解决农村地区的相对贫困问题。②

三 施策方式的区别

脱贫攻坚政策注重精准性和突击性，主要针对贫困户和贫困村的精准投入，比如对特殊的帮扶对象进行产业扶贫、易地搬迁扶贫、金融扶贫、教育扶贫、医疗扶贫等，通过实施一些特惠性、福利性、临时性帮

① 张克俊、付宗平、李雪：《全面脱贫与乡村振兴的有效衔接——基于政策关系二重性的分析》，《广西师范大学学报》（哲学社会科学版）2020 年第 6 期。
② 张青、郭雅媛：《脱贫攻坚与乡村振兴的内在逻辑与有机衔接》，《理论视野》2020 年第 10 期。

扶政策，以帮助实现贫困户脱贫、贫困村退出和贫困县摘帽。2015 年 6 月，习近平总书记强调，我国扶贫开发工作已进入啃硬骨头、攻坚拔寨的冲刺期，到 2020 年，7000 多万贫困人口要全部脱贫，时间十分紧迫，任务相当繁重。因此脱贫攻坚在实践中的普遍做法是不计成本和回报地向贫困户提供帮扶和物资援助，投资开发的项目也讲究瞄准性，偏向单一性、特惠性、地区性、独特性和阶段性，受众范围小，对于短期内迅速解决贫困群众的温饱问题具有立竿见影的效果，但不利于大片区域协同发展。如果说脱贫攻坚是一场决战，那么乡村振兴就是一场持久战，习近平总书记指出，实施乡村振兴战略是一项长期而艰巨的任务，一年接着一年干，久久为功，积小胜为大成。相较于脱贫攻坚，乡村振兴不仅时间上具有长期性，工作任务和内容也更具全面性，其关注的是乡村各个领域、方面和层次的问题，是对乡村发展建设的全面诊疗。乡村振兴包含农业发展质量提升、乡村绿色发展建设、农村文化繁荣兴盛、乡村治理体系构建、民生保障、制度供给、人才支撑、投入支持和党的建设等多个方面，是系统性、整体性、复杂性工程。① 因此，乡村振兴更加注重实施政策的综合性和政策给所有对象带来的普惠性效果，因而在规划中注重多方面协同发展。② 因此，从施策方式来看，脱贫攻坚具有特惠性、福利性、紧迫性、突击性、超常化、阶段性，而乡村振兴则具有普惠性、发展性、渐进性、持久性、常态化、长期性。

第三节　巩固拓展脱贫攻坚成果同乡村振兴
有效衔接的内涵与特征

脱贫攻坚与乡村振兴在基本目标和要求上有着内在的兼容性、互补性，但在作用对象、施策方式、战略重心等方面则有着明显差异。因而，

---

① 孙馨月、陈艳珍：《论脱贫攻坚与乡村振兴的衔接逻辑》《经济问题》2020 年第 9 期。
② 张克俊、付宗平、李雪：《全面脱贫与乡村振兴的有效衔接——基于政策关系二重性的分析》《广西师范大学学报》（哲学社会科学版）2020 年第 6 期。

二者有效衔接既具有必要性、紧迫性，又具有可行性，必须科学把握巩固拓展脱贫攻坚成果同乡村振兴有效衔接的内涵和特征。

一 巩固拓展脱贫攻坚成果同乡村振兴有效衔接的内涵

巩固拓展脱贫攻坚成果同乡村振兴有效衔接，内在地要求"变"与"不变"的有机统一，变化的是发展阶段、目标任务、方式方法等，不变的是诸如思想不松、力度不减等推进"三农"工作的情怀和要求，以及在衔接期内可能通用的一些具体工作机制等。概言之，巩固拓展脱贫攻坚成果同乡村振兴有效衔接，就是要顺应发展形势和战略的演进，推动工作理念、工作重点、方式方法等进行及时有效的总结、拓展和提升，实现目标任务的统一、战略思路的持续、发展阶段的贯通、政策举措的结合、发展效能的提升，从而进一步巩固提升脱贫攻坚成果，接续全面推进乡村振兴和农业农村现代化。

《中共中央 国务院关于实现巩固拓展脱贫攻坚成果同乡村振兴有效衔接的意见》指出，脱贫攻坚目标任务完成后，设立 5 年过渡期。脱贫地区要根据形势变化，厘清工作思路，做好过渡期内领导体制、工作体系、发展规划、政策举措、考核机制等有效衔接，从以解决建档立卡贫困人口"两不愁三保障"为重点转向实现乡村产业兴旺、生态宜居、乡风文明、治理有效、生活富裕，从集中资源支持脱贫攻坚转向巩固拓展脱贫攻坚成果和全面推进乡村振兴。到 2025 年，脱贫攻坚成果巩固拓展，乡村振兴全面推进，脱贫地区经济活力和发展后劲明显增强，乡村产业质量效益和竞争力进一步提高，农村基础设施和基本公共服务水平进一步提升，生态环境持续改善，美丽宜居乡村建设扎实推进，乡风文明建设取得显著进展，农村基层组织建设不断加强，农村低收入人口分类帮扶长效机制逐步完善，脱贫地区农民收入增速高于全国农民平均水平。到 2035 年，脱贫地区经济实力显著增强，乡村振兴取得重大进展，农村低收入人口生活水平显著提高，城乡差距进一步缩小，在促进全体人民共同富裕上取得更为明显的实质性进展。

二　巩固拓展脱贫攻坚成果同乡村振兴有效衔接的特征

《中共中央　国务院关于实现巩固拓展脱贫攻坚成果同乡村振兴有效衔接的意见》指出，巩固拓展脱贫攻坚成果同乡村振兴有效衔接的四个原则。一是坚持党的全面领导，坚持中央统筹、省负总责、市县乡抓落实的工作机制，充分发挥各级党委总揽全局、协调各方的领导作用，省市县乡村五级书记抓巩固拓展脱贫攻坚成果和乡村振兴，总结脱贫攻坚经验，发挥脱贫攻坚体制机制作用。二是坚持有序调整、平稳过渡，过渡期内在巩固拓展脱贫攻坚成果上下更大功夫、想更多办法、给予更多后续帮扶支持，对脱贫县、脱贫村、脱贫人口扶上马送一程，确保脱贫群众不返贫。在主要帮扶政策保持总体稳定的基础上，分类优化调整，合理把握调整节奏、力度和时限，增强脱贫稳定性。三是坚持群众主体、激发内生动力，坚持扶志扶智相结合，防止政策养懒汉和泛福利化倾向，发挥奋进致富典型示范引领作用，激励有劳动能力的低收入人口勤劳致富。四是坚持政府推动引导、社会市场协同发力，坚持行政推动与市场机制有机结合，发挥集中力量办大事的优势，广泛动员社会力量参与，形成巩固拓展脱贫攻坚成果、全面推进乡村振兴的强大合力。

结合以上内涵和基本原则，巩固拓展脱贫攻坚成果同乡村振兴有效衔接至少呈现以下四个突出特征。一是综合性，二者的衔接从实施方式上来说涉及领导体制、工作体系、发展规划、政策举措、考核机制等方面的有效衔接，从实施类别上来说涉及乡村的产业发展、生态环境、乡风文明、乡村治理、农民生活等各方面。每一个环节都缺一不可，每一个领域都需高度重视，因此，巩固拓展脱贫攻坚成果同乡村振兴有效衔接具有综合性的突出特征。二是持续性，既体现在宏观层面的发展思路、体制机制上，也体现在具体的产业发展、项目建设、支持政策上，均要求保持一定的连续性，实现目标相连、政策相通、机制相续，达到衔接期的顺利过渡和二者的融会贯通。这种衔接要坚持有序调整、平稳过渡，合理把握调整节奏、力度和时限，既要保证脱贫攻坚的成果能得到巩固，又要为乡村的全面振兴提供强大的助力。因此，巩固拓展脱贫攻坚成果同乡村振兴有效衔接具有时间上的持续性。三是创新性，除了在理念、方式方法等方面要与时俱进外，更重要的是，其内在地要求改变资源要素配置方式，要充分发挥集中力量办大事的优势，要在更好地发挥政府引导作用的同时，充分发挥市场机制的决定性作用，同时还要调动全社会的力量去参与，以增强乡村发展的内生能力。因此，必须创新理念、方式和方法，更好地促进巩固拓展脱贫攻坚成果同乡村振兴有效衔接。四是拓展性，包括相关工作标准、要求、任务等方面的升级，相关发展效应的提升如乡村产业延链补链强链、融合发展等，相关政策设计实现从特惠性向普惠性、从福利性向发展性、从超常化向常态化、从阶段性向长期性的有效转变等。因此，巩固拓展脱贫攻坚成果同乡村振兴有效衔接具有拓展性的突出特点，需要在持续跟进的同时拓展二者衔接的深度和广度。

第四节　巩固拓展脱贫攻坚成果同乡村振兴有效衔接的战略意义

反贫困是人类社会至今永恒的主题，创新贫困治理、开创人类历史上最波澜壮阔的减贫篇章，是我国对全球减贫事业的重大贡献。脱贫摘帽不是终点，而是新生活、新奋斗的起点。巩固拓展脱贫攻坚成果同乡村振兴有效衔接，既是我国攻克反贫困这一世界性难题的持续探索，也是贯通历史、立足现实、面向未来的必然选择。

一　顺利实现"两个一百年"奋斗目标交汇过渡的战略选择

从党的十九大到二十大，是"两个一百年"奋斗目标的历史交汇期，2020年则是这一历史交汇期的关键交汇点，决胜脱贫攻坚将在全面建成小康社会的同时，书写人类反贫困的新奇迹，并开辟迈向第二个"百年"奋斗目标的新起点。但也必须看到，即便是2020年后，农业农村现代化仍是国家现代化的基础支撑和突出短板，"三农"的基础性地位、全局性影响和战略性作用更加凸显，而乡村振兴战略既包含了脱贫攻坚、全面建成小康社会的目标任务，更将农业农村现代化作为总目标，所以乡村振兴将贯穿于我国现代化进程的全过程。因此，巩固拓展脱贫攻坚成果同乡村振兴有效衔接，本身就是对"三农"工作目标任务的过渡，是基于全面建设社会主义现代化国家总体奋斗目标而在关键历史交汇点上推进历史任务交替衔接的必然要求，是在打赢打好脱贫攻坚战的基础上乘势而上、顺利实现"两个一百年"奋斗目标交汇过渡的战略选择。

二　解决发展不平衡不充分问题的客观需要

中国特色社会主义进入新时代，我国社会主要矛盾已经转化为人民日益增长的美好生活需要和不平衡不充分的发展之间的矛盾。农村贫困问题以及"三农"问题是发展不平衡不充分的重要表征，治理相对贫困不仅是未来乡村振兴的重要内容，更是乡村振兴的一项长期性战略任务。巩固拓展脱贫攻坚成果同乡村振兴有效衔接，是缓解发展不平衡不充分问题的重要手段，本质上是解决发展的公平性和充分性问题。从宏观层面来看，治理农村贫困问题就是贯彻区域协调发展战略，继续促进城乡协调发展，从而减少地理空间上的发展不平衡。从中观层面来看，治理农村贫困问题意味着解决"收入分配不合理"问题，要采取措施防止收入分配差距扩大。从微观层面来看，治理农村贫困问题就是让借由脱贫攻坚战摆脱绝对贫困的 7000 多万人（其中包括多数老弱病残人口）和脱贫攻坚"悬崖效应"突出的边缘贫困人口全部达到基本生活水准以上，通过乡村振兴战略继续纾解贫困人口在就业、教育、医疗、养老、住房等方面的困难。

三　满足人民日益增长的美好生活需要的重要战略举措

巩固拓展脱贫攻坚成果同乡村振兴有效衔接，是推进农村贫困治理、实现乡村社会美好生活的重大战略举措。一方面，人民的需要是发展的。人民的需要从改革开放以来的"物质文化"转向新时代的"美好生活"，表明人民的需要日臻完善，不仅有物质和文化需要，还有政治需要、社会需要、生态需要等多维内容。也就是说脱贫攻坚和乡村振兴两大战略的实施是不断满足人民日益增长、日益多元的美好生活需要的综合性系统工程。随着绝对贫困的消除，广大农民群众对基层社会民主、法治、公平、正义、安全、环境等方面的需求日益增长，以乡村振兴战略衔接解决绝对贫困的脱贫攻坚战，就是从根本上接续乡村居民美好生活多重样态满足、自由全面发展的战略举措。另一方面，人民的需要是实践的。美好生活的创造、美好生活需要的满足，产生于新时代伟大社会实践，必须在"三农"协同发展的实践进程中得到合理解决。2020 年后农村贫困问题已由绝对贫困转为相对贫困，满足农村相对贫困人口的美好生活需要必须基于当时当地社会生产力发展水平，依托脱贫攻坚与乡村振兴有效衔接的契机，不断促进农民升级、农村进步、农民发展。[1]

四 推进乡村治理体系和治理能力现代化的题中应有之义

中国特色贫困治理与乡村治理现代化相辅相成，共同推进国家治理体系和治理能力现代化。党的十八大以来，以习近平同志为核心的党中央着眼于全面建成小康社会，以精准扶贫、精准脱贫基本方略，打响脱贫攻坚战。在此过程中，我国脱贫攻坚成效显著，初步形成集投入、动员、实施、监督、评估和考核在内的中国特色贫困治理体系。打赢脱贫攻坚战是推进乡村治理体系和治理能力现代化的成功实践，为实施乡村振兴战略提供了经验和示范。巩固拓展脱贫攻坚成果同乡村振兴有效衔接，不仅可以科学规划乡村发展前景，减少资源浪费，还能够兼顾长远发展，加快推进农业农村现代化。

---

[1] 李楠、黄合：《脱贫攻坚与乡村振兴有效衔接的价值意蕴与内在逻辑》，《学校党建与思想教育》2020 年第 22 期。

五 巩固拓展脱贫攻坚成果、创新贫困治理的迫切需要

我国脱贫攻坚的伟大实践，将谱写人类历史上最波澜壮阔的减贫篇章，为全球减贫事业作出重大贡献。同时，也要看到，反贫困是一项动态的长期的艰巨任务，当前的脱贫攻坚只是消除现行标准下的温饱型的绝对贫困，并非意味着贫困的终结，2020年后除了要对之前的脱贫攻坚成果进行巩固提升外，还势必涉及对贫困标准的重新认定，即如何进一步解决相对贫困的问题。根据国际通行标准和我国实际，目前已有按照人均可支配收入不变价格、人均年可支配收入中位数的25%及以下等依据进行测度，尽管尚未形成统一界定，但贫困人口的规模和新的贫困线下的减贫以及贫困治理，仍将是今后很长一段时期的重要任务。特别是在温饱型的绝对贫困基本消除之后，新贫困不仅仅体现在收入层面，还体现在社会公共服务获得、发展机会等方面的不平等上，这是对贫困治理的更大挑战，也将是创新和丰富减贫理论的巨大空间。所以，要针对脱贫攻坚与乡村振兴在作用对象、施策方式等方面的差异性，推进巩固拓展脱贫攻坚成果同乡村振兴有效衔接，既是巩固拓展脱贫攻坚成果的需要，也是根据形势变化进一步推动贫困治理实践创新和理论创新的迫切需要。

六 破解发展难题、推动中原更加出彩的必然要求

脱贫攻坚战是一项复杂性、系统性的工程，越是脱贫工作任务重、要求高，越要关注其可能潜藏的财政负担重和金融信贷增加的财政金融风险、产业弱质化和产业低水平重复的产业风险、"悬崖效应"和"福利陷阱"等社会风险、贫困人口返贫风险等。农业是投资大收益小、周期长见效慢且自然风险、市场风险、经营风险、道德风险和政策风险等交织叠加的高风险的弱质产业，乡村是不平衡、不充分发展最集中体现的区域，能否让乡村成为发展的洼地、投资的洼地，关乎乡村的未来，关乎乡村能否真正全面振兴。党的十九

届五中全会强调指出，要加快构建以国内大循环为主体、国内国际双循环相互促进的新发展格局，优先发展农业农村，全面推进乡村振兴。因此，巩固拓展脱贫攻坚成果同乡村振兴有效衔接，既是发挥扶贫投入效率低但消费弹性高的优势、畅通国内大循环、化解经济下行压力、实现"六稳六保"目标任务的需要，破解发展难题、防范化解风险、全面推进农业农村现代化的要求，也是立足农业大省实际、全面推进乡村振兴、推动中原更加出彩的迫切需要。

第三章　河南推进脱贫攻坚的历程与实践

消除贫困、改善民生、逐步实现共同富裕，是中国特色社会主义的本质要求。河南作为农业大省、人口大省，也是扶贫脱贫任务较重的省份之一。改革开放以来，河南深入贯彻落实党中央、国务院有关扶贫的决策部署，坚持把扶贫开发作为重要的政治任务，在全省范围内实施了有计划、有组织的大规模扶贫开发。特别是党的十八大以来，河南省坚持以习近平新时代中国特色社会主义思想为指导，坚决落实党中央、国务院关于打赢脱贫攻坚战的决策部署，把脱贫攻坚作为重大政治任务和第一民生工程，以脱贫攻坚统揽全省经济社会发展全局，举全省之力夺取脱贫攻坚战全面胜利。

第一节　改革开放以来河南推进扶贫工作的主要历程

改革开放以来，在党中央、国务院的统一领导和部署下，河南持续推进扶贫工作，有力地推动了人口大省的减贫事业，为新时代推动中原奋勇争先、更加出彩奠定了坚实的战略基础。总体来看，大致经历了以下五个阶段。

一　改革推动式扶贫（1978~1985 年）

1978 年党的十一届三中全会启动了农村改革的新进程。这一阶段农村扶贫工作的主要特点是，在开展农村经济体制改革的同时扶持贫困户。一是推行家庭联产承包责任制。20 世纪 80 年代，河南按照党中央、国务院部署，大力推行家庭联产承包责任制，激发和调动了广大农民的生产积极性，农产品产量大幅度增加。同时，农产品价格的提高和农业生产资料价格的下降，使农民收入迅速提高，大大缓解了农村的贫困问题。二是深入开展农村扶贫"双扶"活动。河南的农村扶贫工作作为社会救济的一部分，于 1979 年开始试点，1980 年铺开。扶持的对象最初为因主要劳力死亡、残废、长期患病或遭受意外不幸事故，以及人口多、劳力少等原因造成生活困难的严重困难户、贫困户，1984 年又增加烈、军属，复员、退伍军人等优抚对象（简称"双扶"）。三是把扶贫工作的重点放在老革命根据地、山区、老灾区和历史贫困地区。1984 年，河南省革命老根据地建设领导小组成立，确定对大别山区和桐柏山区的新县、商城、光山、固始、罗山、潢川、信阳、桐柏、确山 9 个县中的老区乡村进行重点扶持。1985 年，成立河南省山区建设领导小组，作出《关于帮助山区和贫困地区尽快改变面貌的决定》，确定对 25 个重点山区县和 22 个部分山区县，进一步放宽政策，改善生产条件，进行重点扶持。

截至 1985 年底，经过扶持的贫困户和优抚对象，生活都有不同程度的改善，基本脱贫 46 万多户，占扶贫总数的 48%。其中，困难最大的老苏区 9 个县，集中扶持 20 多万户，已有 30% 左右基本解决了温饱问题。按照 1985 年国家统计局根据全国农村住户调查数据、运用"热量—恩格尔系数法"测算得到的农民人均年纯收入 206 元的贫困标准，全省农村贫困人口由 1978 年的 2500 万减少到 1985 年的 1350 万。

二 大规模开发式扶贫（1986~1993 年）

20 世纪 80 年代中期，全省农村贫困问题得到明显缓解，贫困人口大幅减少，但是一些自然条件较差、生态环境恶化、经济社会发展水平较低地区的贫困问题凸显出来。这一阶段农村扶贫工作的主要特点是把扶贫与开发结合起来，把带领群众解决温饱、脱贫致富作为中心任务。一是加强对扶贫工作的领导。1986 年，国务院成立贫困地区经济开发领导小组，开始大规模的扶贫开发工作。河南省也将省老区建设领导小组和省山区建设领导小组合并，成立省贫困地区领导小组，下设办公室，负责全省老革命根据地、山区和多灾贫困地区的扶贫开发工作，并于当年确定了 22 个贫困县。1987 年全省贫困县增加到 24 个，同时还照顾扶持了 5 个县，共计 29 个县。1989 年 5 月，《关于进一步加强对贫困地区经济开发工作领导的通知》的出台，指出要集中力量打好解决温饱的攻坚战。按照要求，各地建立健全了各级扶贫开发机构，配备了专职干部，为扶贫开发工作的顺利进行提供了组织保证。同年，按照国务院扶贫开发办的要求，全省将贫困县定为 30 个，贫困照顾县定为 4 个，共计 34 个县。二是制定扶贫开发政策。1990 年 3 月，《关于加快山区开发建设若干政策的决定》的出台，就开发建设山区制定了一系列的措施和政策。同时，积极开展科技扶贫，先后为 34 个贫困县和贫困照顾县选派了科技副县长，鼓励科技人员下乡、下厂为贫困地区经济开发作贡献。三是开展对口扶贫工作。1991 年，河南围绕"两稳定""两提高"（即贫困户稳定解决温饱问题，贫困户有一个稳定的经济收入来源；提高综合生产能力，提高财政自给能力）的目标任务，在采取多项扶贫措施的同时，重点开展对口扶贫工作，印发《关于省直机关对口扶持贫困县的通知》，协调组织 40 个省直单位对口扶持 34 个贫困县，签订扶贫目标责任书，完不成任务不得脱钩。1992 年，《河南省贫困地区"八五"支柱产业发展规划》的编制实施，要求在贫困地区因地制宜开发建设各具特色的商品生产基地。

各种扶贫政策和措施力度的加大，对全省加快扶贫进程起到了巨大推动作用。全省农村贫困人口从 1985 年的 1350 万减少到 1993 年的 760 万，占农村人口总数的比例下降到 10%。

三　八七攻坚式扶贫（1994~2000 年）

1994 年，国务院印发《国家八七扶贫攻坚计划》，决定集中人力、物力和财力，用七年左右的时间，到 2000 年底基本解决 8000 万农村贫困人口的温饱问题。全省有 28 个县列入国家"八七扶贫攻坚计划"重点扶持县，6 个县被列为省重点扶持县。这 34 个县的贫困乡、户、人口均占全省贫困乡、户、人口总数的 80% 左右。一是制订计划。1994 年 4 月，河南为贯彻落实党中央、国务院的战略决策，部署全省的扶贫开发工作，召开全省扶贫开发暨农村工作会议，决定到 20 世纪末，基本解决全省 760 万贫困人口的温饱问题，制订《河南省 1994~2000 年扶贫攻坚计划》；6 月，出台《关于到本世纪末稳定解决全省贫困人口温饱问题的决定》。二是签订目标责任书。为确保"八七扶贫攻坚计划"如期完成，1994 年 7 月 29 日，全省 34 个贫困县的县长聚集在南召县，与省政府签订了到 2000 年稳定解决贫困人口温饱问题的目标责任书。为集中力量解决黄河滩区脱贫致富问题，河南专门召开全省黄河滩区扶贫开发工作会议，作出《关于加强黄河滩区扶贫开发工作的意见》。在深入调研的基础上，1996 年，河南省制定出台《中共河南省委、河南省人民政府贯彻落实〈中共中央、国务院关于尽快解决农村贫困人口温饱问题的决定〉的实施意见》，进一步明确扶贫攻坚的指导思想、目标任务和政策措施。三是实行"三定一帮"。1997 年，贫困地区各级党委和政府把扶贫开发作为首要任务，明确党政一把手负全责，开始实行"三定一帮"（定贫困乡、村，定目标任务，定完成任务时间，帮助贫困户脱贫）责任制。1998 年，出台《关于进一步做好对口帮扶贫困村工作的通知》，根据要求，各地抽调大批党政机关干部驻村扶贫，有力地促进了贫困地区的经济发展和各项社会事业的进步。

经过全省上下特别是贫困地区广大干部群众的积极努力，河南扶贫开发工作取得了巨大成就。截至 2000 年底，全省农村贫困人口由 1993 年的 760 万减少到 2000 年的 232 万，贫困人口占全省乡村总人口的比例已由 1993 年的 10% 下降到了 1.7%。

四 重点综合式扶贫（2001~2012 年）

2001 年，国务院印发《中国农村扶贫开发纲要（2001~2010 年）》，统一了新阶段扶贫开发工作对象的标准。根据这一标准，到 2000 年底，河南省尚未解决温饱问题的贫困人口 232 万、低收入人口 598 万，合计 830 万人，占全省乡村人口总数的 10.6%。2002 年，《河南省农村扶贫开发规划（2003~2010 年）》的制定出台，明确 31 个县为河南省新时期国家级扶贫开发工作重点县，同时将山区、黄淮滩区、低洼易涝区等群众生产生活条件恶劣的区域和贫困人口相对集中的 44 个扶贫开发工作重点县、565 个重点乡、10430 个重点村作为扶贫开发的重点范围，继续大力推进扶贫开发，为有针对性地制定措施、抓好落实、夺取新时期扶贫开发的全面胜利奠定了基础。一是开展农村贫困监测工作。2002 年 12 月，根据国家关于加强农村贫困监测的要求，国家统计局联合相关部委出台《关于开展新阶段农村贫困监测工作的通知》，明确提出了新阶段农村贫困监测工作的主要任务，保障了客观、准确、及时地掌握和了解扶贫开发工作情况。二是整村推进扶贫开发。2003 年，河南出台《关于集中扶贫资金整村推进分批扶持重点贫困村的通知》，采取整村推进、分批扶持办法，对重点贫困村进行集中扶持，基本实现"扶持一村、脱贫一村、巩固一村、致富一村"的目标，有力推动了社会主义新农村建设。三是实施"雨露计划"。2007 年开始实施扶贫培训"雨露计划"，在提高贫困人口素质，增强就业和创业能力，把人口压力转化为资源优势方面发挥了积极作用。同年，国务院扶贫办和财政部出台《关于开展"县为单位、整合资金、整村推进、连片开发"试点的通知》。河南在洛宁县、民权县相继成为国家连片开发试点县后，全省"以县为单位，整合资金，整村推进，连片开发"扶贫试点工作取得明显成效，在探索整村推进与连片开发相结合、扶贫开发与区域经济发展相结合的路上迈出新步伐。四是加强社会扶贫帮扶力度。2007 年起开展了"千企帮千村""村企共建扶贫工程"，积极推动企业参与扶贫。五是开展移民搬迁扶贫开发工作。针对自然资源匮乏、生态环境恶劣、生存空间狭小的独居、散居贫困户，河南从 2000 年开始在部分县（市）陆续开展了移民搬迁扶贫开发试点工作，在群众自愿的基础上，实行有计划、有组织的搬迁扶贫。2008 年 10 月，国务院扶贫办在洛阳市召开了全国移民扶贫工作经验交流会，推广河南省搬迁扶贫的经验和做法。六是实施"三支一扶"和"大学生村官计划"。为推动城乡人才的逆向流动，培养建设社会主义新农村的人才，2009 年通过实施"三支一扶"和"大学生村官计划"，实现了全省扶贫开发重点村每个村都有一名大学生的目标，为扶贫工作地顺利开展提供了人才保障。2011 年，中共中央、国务院印发《中国农村扶贫开发纲要（2011~2020 年）》。同年，《中共河南省委、河南省人民政府关于贯彻落实〈中国农村扶贫开发纲要（2011~2020 年）〉的实施意见》出台，指出扶贫开发已经从以解决温饱为主要任务的阶段转入巩固温饱成果、提高发展能力、加快脱贫致富、缩小发展差距的新阶段。

在这一阶段，河南通过不断完善政策机制、创新开发模式、聚集社会力量、注重统筹运作、着力改善民生，扶贫开发水平不断提高，扶贫工作取得新成效。按照 2000 年国家确定的农民人均年纯收入 865 元的扶贫标准，全省农村贫困人口由 2000 年的 830 万下降到 2010 年的 224 万。

五 新时代精准扶贫（2012~2020 年）

党的十八大以来，以习近平同志为核心的党中央对脱贫攻坚工作给予高度重视。我国的扶贫开发工作由"大水漫灌"转为"精准滴灌"，呈现出明显的"精准扶贫"与"精准脱贫"的特征，这也是我国在新时代扶贫开发的基本方略。河南全省各级各部门认真贯彻习近平总书记关于扶贫工作的重要论述和视察河南时的重要讲话精神，狠抓责任落实、政策落实、工作落实，全力推动中央决策部署在河南落地生根、见到实效。

经过波澜壮阔的八年精准扶贫实践，河南扶贫脱贫工作取得了历史性成就。全省共实现 718.6 万建档立卡贫困人口脱贫（含自然减少和销户人员），9536 个贫困村全部退出贫困序列，53 个贫困县全部脱贫摘帽，区域性贫困问题有效解决，绝对贫困人口全部清零。

第二节　新时代河南推进脱贫攻坚的基础与要求

作为农业大省和人口大省,要打赢打好脱贫攻坚战,既面临着贫困覆盖面大、贫困程度深、发展能力弱、脱贫难度大等现实问题,也面临政策红利更加充沛、物质基础更加坚实、科技支撑更加有力、发展动能更加强劲等战略利好,需要推进减贫理念、减贫路径、减贫政策等全方位的转型和创新。

一　新时代河南推进脱贫攻坚的现实基础

改革开放以来,经过几十年的推进,河南的扶贫工作取得了重大成就。但新时代全省脱贫攻坚的任务依然十分繁重。

(一)贫困覆盖面大

河南贫困人口比较多,覆盖面大。2014 年新一轮建档立卡时,全省共有 698 万农村贫困人口,总量排全国第 3 位,共有 53 个贫困县,其中国定贫困县 38 个(含 26 个国家连片特困地区县、12 个国家扶贫开发工作重点县)、省定贫困县 15 个,共有贫困村 9237 个。贫困人口占当年全省乡村人口的 11.95%,贫困县占全省县级行政区划的近一半,是扶贫开发任务最为艰巨的省份之一。

(二)贫困程度深

经过多年扶贫开发,易脱贫地区和人口基本上解决了贫困问题,剩下的大多集中在连片特困地区。由于自然和历史原因,河南全省 70% 左右的农村贫困人口分布于大别山区、伏牛山区、太行深山区、黄河滩区"三山一滩"地区,还有卢氏县、嵩县、淅川县、台前县 4 个深度贫困县,1235 个深度贫困村,这些地区基础设施较差,经济发展较慢,生态脆弱,公共服务保障水平低,是脱贫攻坚的重点区域,这部分贫困人口贫困程度更深、脱贫成本更高，依靠常规举措难以摆脱贫困状况。

（三） 发展能力弱

贫困地区县级财力基础薄弱，进入"十三五"之前，2015 年 53 个贫困县人均生产总值仅为 26538.03 元，人均财政收入仅 1056.12 元，分别占全省的 67.98% 和 33.27%。基础设施和公共服务供给严重不足，贫困地区发展的制约瓶颈依然明显。贫困地区普遍缺乏产业支撑，龙头企业和新型农业经营主体带动和辐射作用发挥有限。贫困人口文化水平总体偏低，普遍缺资金、缺技术，且因病致贫、因缺劳动力致贫问题突出，自力更生意识和自我发展能力薄弱，贫困代际传递趋势明显。贫困人口缺乏自我发展的技能，就业渠道狭窄，转移就业和增收难度较大。

（四） 脱贫难度大

根据《河南省建档立卡贫困人口脱贫和贫困县摘帽滚动计划》，2016~2020 年全省贫困人口脱贫目标分别为 110 万人、100 万人、90 万人、70 万人、60 万人；2 个国定贫困县 2016 年脱贫摘帽，6 个国定贫困县和 4 个省定贫困县 2017 年脱贫摘帽，17 个国定贫困县和 11 个省定贫困县 2018 年脱贫摘帽，13 个国定贫困县 2019 年脱贫摘帽。受当时宏观经济下行压力加大等因素影响，劳动力低端就业工资涨幅收窄，农产品价格空间受限，就业和增收难度增加。而且，脱贫攻坚越往后难度越大，所面对的都是贫中之贫、困中之困、难中之难、坚中之坚，一些贫困户稳定脱贫能力差，因灾、因病、因学返贫情况时有发生。

二 新时代河南推进脱贫攻坚的战略利好

（一） 政策红利更加充沛

在粮食生产核心区、中原经济区、郑州航空港经济综合试验区三大国家战略规划的基础上，中国（郑州）跨境电子商务综合试验区、中国（河南）自由贸易试验区、郑洛新国家自主创新示范区、国家大数据综合试验区等战略平台获国家密集批准。2019 年 9 月，习近平总书记在河南考察时提出黄河流域生态保护和高质量发展战略，河南的发展迎来难得的历史机遇。一系列战略规划和战略平台的相继获批，形成了持续增强的战略叠加效应，给河南发展带来新的综合性红利。同时，河南在出台《关于打赢脱贫攻坚战的实施意见》《贯彻实施〈中共河南省委、河南省人民政府关于打赢脱贫攻坚战的实施意见〉重要措施分工方案》的基础上，制定"三个五"精准扶贫政策文件，构建了比较完备的贫困治理政策体系，脱贫攻坚体制机制更加健全，政策体系更加完备，为贫困地区加快发展提供了优良的政策环境和前所未有的战略机遇，为河南省在 2020 年如期实现脱贫攻坚任务奠定了坚实的制度保障。

（二）物质基础更加坚实

近年来，全省新型工业化、信息化、城镇化与农业现代化同步推进，综合经济实力不断增强，进入"十三五"时期，全省地区生产总值先后跨越 3 万亿元、4 万亿元、5 万亿元台阶，2019 年全省 GDP 突破 5 万亿元，人均生产总值达到 56388 元，城镇化率达到 53.2%，以工补农、以城带乡能力更加增强，为打赢脱贫攻坚战奠定了坚实的物质基础（见图 3-1）。

（三）科技支撑更加有力

随着国际产业分工格局调整加速，全球新一轮科技和产业革命正孕育新突破，新技术和信息技术的广泛运用特别是与传统产业的深度融合，正在形成新的生产方式、商业模式和增长空间，特别是国家大数据综合试验区等承载现代科技进步的平台的建设，将为贫困地区加快产业融合、创新产业业态、稳步推进脱贫攻坚、提升减贫治理水平，提供更加有力的科技支撑。

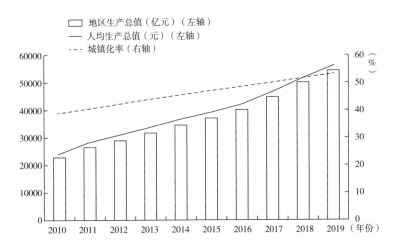

图 3-1　河南省地区生产总值及城镇化率变动情况

资料来源：《河南统计年鉴（2020）》。

（四）发展动能更加强劲

近年来，河南在传统产业保持稳定的基础上，经济结构不断调整，优势产业加速布局，新动能加快成长，贫困地区的资源优势、生态优势也逐步转化为经济优势和发展动力，产业深度融合、业态深度创新步伐加快，谋发展、促脱贫的内生动力和活力不断激发。同时，农业供给侧结构性改革的深入推进，也为精准扶贫、精准脱贫提供了更为充足的动力支持和政策保障。

三　新时代河南推进脱贫攻坚的现实要求

（一）脱贫攻坚形势任务倒逼减贫理念突破

进入脱贫攻坚时期，河南存在贫困人口多、积贫时间长、减贫成本高、脱贫难度大等难题，面临的脱贫攻坚任务繁重、形势严峻、使命光荣。同时，城乡一体化快速推进，农业经营方式深刻变革，涉农电子商务等新兴业态迅猛发展，扶贫政策和举措亟待进行与之相适应的深刻调整。要确保如期完成脱贫使命，必须坚持创新、协调、绿色、开放、共享的发展理念，把精准扶贫、精准脱贫作为基本方略，采取超常规举措，拿出过硬办法，瞄准扶贫对象、择优扶贫方式、夯实扶贫效果，确保目标精准、制度精确、管理精细，坚决打赢脱贫攻坚战。

（二）结构性贫困倒逼减贫路径转变

纳克斯提出的针对区域层面的"贫困恶性循环理论"，事实上也同样适用于贫困户层面。在脱贫攻坚持续深入推进的背景下，未脱贫人口的致贫原因不仅仅在于生产资料或劳动力的匮乏、身体健康状况的不佳，还在于知识积累和社会资本积累等方面的严重不足，从而导致"因为贫困所以贫困"的结构性贫困恶性循环。这是对脱贫攻坚的深层挑战，迫切要求精准扶贫不仅要加强经济层面的帮扶，还要加强在教育、技能和思想观念等全方位个性化的帮扶，否则难以从根本上实现稳定脱贫。

（三）扶贫资源边际效益递减倒逼减贫政策创新

伴随着脱贫攻坚进入啃硬骨头的阶段，扶贫资源投入呈现边际效益递减的态势，对于农村基础设施、公共服务、产业发展等历史欠账，扶贫资源投入的成本大幅提高，脱贫攻坚正在走进高成本时代。这迫切需要进一步推进减贫政策创新，实现"政策对接无落差、政策衔接无缝隙、政策承接无障碍"，优化配置扶贫资源，寻求扶贫脱贫新路径新模式。

（四）资源环境压力加大倒逼减贫供给侧改革

贫困地区不仅普遍生态环境脆弱，还面临资源环境压力日益加大的挑战，特别是雾霾天气、水污染、土壤污染、农村环境污染等问题日益突出，后备土地资源不足与产业扶贫需求的矛盾日趋突出。这些都迫切需要从扶贫投入侧入手，坚持扶贫开发与生态保护并重，通过扶贫投入结构优化来提高扶贫成效和质量，增强脱贫成效的稳定性和经济社会可持续发展能力。

（五）农民民主法治意识增强倒逼减贫治理方式变革

随着民主法治建设的不断深入，当前农民的民主意识、权利意识、法治意识、维权意识等普遍增强，在涉及农民切身利益的贫困人口识别、精准帮扶等问题上，逐渐懂得掌握和运用法律来争取自身权益。这就迫切需要减贫治理方式能够适应这一形势，不断优化减贫治理结构、提升减贫治理能力。

第三节　新时代河南推进脱贫攻坚的实践探索

面对脱贫攻坚这一重大政治任务和第一民生工程，河南认真贯彻习近平总书记关于扶贫工作的重要论述和视察河南时的重要讲话精神，坚持把脱贫攻坚作为锤炼"四个意识"的大熔炉、转变作风的突破口、检验能力的新标杆、推进发展的好机遇，坚持"省负总责、市县抓落实、乡村组织实施"的工作机制，狠抓责任落实、政策落实、工作落实，全力推动中央决策部署在河南落地生根、见到实效。

一　强化整体合力，建立健全工作体系

（一）加强组织领导，完善责任体系

脱贫攻坚，加强领导是根本。2014 年，河南制定《关于建立精准扶贫工作机制的实施方案》，保障精准扶贫工作开展。2016 年，按照《中共河南省委河南省人民政府关于打赢脱贫攻坚战的实施意见》的要求，成立脱贫攻坚领导小组，省委书记、省长分别担任第一组长、组长，负总责；省委分管副书记和省政府分管副省长任副组长，负具体领导责任。市、县两级成立由党政主要负责同志任组长的脱贫攻坚领导小组，乡镇

配备一名专抓扶贫工作的副书记。市、县、乡分别建立了领导干部联系帮扶贫困县、乡、村、户制度，落实各项扶贫政策。创新开展市县乡党委书记履行脱贫攻坚责任述职评议，省市县乡和省直责任单位每年签订脱贫攻坚责任书，形成各级党政一把手亲自抓、班子成员按照分工具体抓、省市县乡村五级书记一起抓的攻坚责任制，为打好脱贫攻坚战提供坚强政治保证和组织保证。2017 年，制定《河南省脱贫攻坚领导小组关于改进作风狠抓落实进一步完善脱贫攻坚责任体系的意见》《河南省脱贫攻坚责任制实施细则》，细化明确省级责任、部门责任、市县责任、乡村责任、驻村帮扶责任、督查巡查责任"六项责任"，构建了横向到边、纵向到底的责任体系。2018 年，出台《河南省打赢脱贫攻坚战三年行动计划》，组建 14 个重大专项工作指挥部，省委、省政府主要领导亲自调度，省级领导干部分别担任指挥长，有力保障了全省脱贫攻坚各专项工作的顺利推进。持续高位推进脱贫攻坚，省委常委会、省政府常务会每季度至少研究一次脱贫攻坚工作，多次召开省委全会、省脱贫攻坚领导小组会议、全省脱贫攻坚工作推进会议，并采取现场观摩、视频调度等方式对脱贫攻坚工作进行部署推动。省委书记带头落实五级书记遍访贫困对象行动，实行省级领导干部和部分省直单位联系贫困县工作制度，明确 37 名省级领导干部联系 38 个国定贫困县、15 个省直主要部门联系 15 个省定贫困县的脱贫攻坚工作，不脱贫不脱钩。

（二）强化精准施策，完善政策体系

坚持精准扶贫精准脱贫基本方略，是习近平总书记扶贫工作重要论述的核心要义，也是打赢脱贫攻坚战的制胜法宝。党的十八大以来，河南贯彻落实习近平总书记关于实施精准扶贫的原则要求，结合全省实际，围绕解决好"扶持谁、谁来扶、怎么扶、如何退"的问题，建立了比较完备的"1+N"脱贫攻坚政策体系，为打赢脱贫攻坚战提供了重要的制度保障。一是围绕解决"扶持谁"的问题。为做好精准帮扶、精准施策，2014 年成立河南省扶贫开发信息中心，推动开展建档立卡工作，精准找出贫困对象。2015 年，在全国率先制定《河南省扶贫开发建档立卡贫困人口复核工作实施方案》，组织开展贫困人口精准识别"回头看"，确保识别精度，扣好精准扶贫"第一粒扣子"。在精准识别工作中，创新推行"一进二看三算四比五议六定"工作法，全面摸清贫困人口底数，做到一户一本明白卡、一个脱贫计划、一套帮扶措施。为精准帮扶、"靶向"治贫打下了坚实基础，也让"细和实"贯穿了脱贫攻坚始终。二是围绕解决"谁来扶"的问题。习近平总书记强调，打赢脱贫攻坚战，特别要建强基层党支部。为加强贫困地区基层党组织建设，2015 年省委组织部、省委农办、省扶贫办联合印发了《关于全面开展选派机关优秀干部到村任第一书记工作的实施意见》。2018 年，印发《关于进一步加强贫困村驻村工作队选派管理工作的通知》。严格落实"队员当代表、单位做后盾、领导负总责"工作机制和"五天四夜"驻村制，开展年度绩效考核，确保真帮实扶。在全省所有贫困村和扶贫任务较重的非贫困村建立 4 万多个村级脱贫责任组，由乡镇副科级以上干部任组长，统筹抓好脱贫攻坚各项工作。三是围绕解决"怎么扶"的问题。2016 年，在出台《中共河南省委、河南省人民政府关于打赢脱贫攻坚战的实施意见》的基础上，省委办公厅、省政府办公厅出台扶贫对象精准识别等"5 个办法"、转移就业脱贫等"5 个方案"、教育脱贫等"5 个专项方案"，以及《关于巩固脱贫成果有效防止返贫的意见》等 18 个政策文件，形成了比较完备的"1+N"脱贫攻坚政策体系。2017 年，河南省进一步细化实化政策措施，出台 53 个配套政策文件，打出了脱贫攻坚政策组合拳。2018 年，围绕落实《河南省打赢脱贫攻坚战三年行动计划》，省直有关单位相继出台加快推进产业扶贫的若干意见等具体实施方案，进一步细化完善行业扶贫政策，提升扶贫工作规范化、标准化、制度化水平。四是围绕解决"如何退"的问题。明确贫困退出标准和程序，严把退出关口，确保脱贫结果获得群众认可、经得起实践和历史检验。2016 年，出台《河南省贫困退出实施办法》，以脱贫实效为依据，以群众认可为标准，建立严格、规范、透明的贫困退出机制。2018年，制定实施《河南省脱贫攻坚领导小组关于加强对贫困县退出工作指导的意见》。

（三）凝聚各方合力，完善投入体系

精准脱贫是一项复杂性、系统性的工程，不仅需要政府之力，更需要凝聚全社会的力量。河南持续加大攻坚投入，多方调动各级各部门和社会各界的积极性，为实现精准脱贫、提高脱贫质量提供有力保障和强力支撑。一是加大资金投入。设立财政专项扶贫资金，对53个贫困县和10个参照县统筹整合财政涉农资金用于脱贫攻坚。二是强化定点帮扶。全省各级党政机关、企事业单位持续开展定点扶贫，实现对建档立卡贫困村、党组织软弱涣散村、艾滋病防治帮扶重点村全覆盖，在所有贫困村和脱贫任务较重的非贫困村建立4.2万个村级脱贫责任组。组织19个经济实力较强的市县结对帮扶19个脱贫任务较重的贫困县，省属53所高校结对帮扶53个贫困县，省直4个涉农单位对口帮扶4个深度贫困县。三是夯实基层基础。实施"党建＋扶贫"模式，充分发挥基层党组织在脱贫攻坚中的战斗堡垒作用。结合村"两委"换届，对贫困村逐村遴选党组织书记人选，对不胜任、不合格、不尽职的坚决调换。四是社会广泛参与。社会各界积极响应、广泛参与、支持脱贫攻坚战。"千企帮千村"精准扶贫行动扎实推进，"河南省科技特派员助力脱贫攻坚'十百千'工程"深入实施，妇联系统"巧媳妇"工程不断拓展，工会系统劳模助力脱贫攻坚行动全面展开，"八方援"河南共青团助力脱贫攻坚行动深入开展，"省直机关百千万工程助力脱贫计划"有效实施，省直单位与贫困村、机关党支部与贫困户、机关党员与贫困家庭学生结成帮扶对子常态化开展帮扶，促成专项、行业、社会"三位一体"大扶贫格局。

（四）促进真抓实干，完善激励体系

脱贫攻坚，从严从实是要领。2016年，省级成立10个脱贫攻坚督

查巡查组，由厅级干部任组长，成员全部脱离原工作岗位，开展以暗访为主的常态化督查巡查。每轮督查巡查结束后，省脱贫攻坚领导小组听取汇报，印发通报，跟踪整改，有效推动了责任落实、工作落实、政策落实。实行最严格的考核评估，在全国率先开展省直部门和中央驻豫单位脱贫攻坚责任考核。2016 年起每年对各地各部门脱贫攻坚成效开展考核，对综合评价"好"的予以通报表扬和扶贫资金奖励，对综合评价"较差"的由省委、省政府主要领导约谈省辖市党政主要负责同志，对综合评价"一般"的由省委、省政府分管领导约谈省辖市分管负责同志。2019 年，出台《河南省脱贫攻坚常态化约谈提醒实施办法》，建立随时发现问题、随时约谈机制，树立真抓实干的鲜明导向。

二　强化精准施策，推进实施重大专项

党的十八大以来，河南围绕全省脱贫攻坚"四场硬仗""六大行动""四项工程"，将实施 14 个脱贫攻坚重大专项作为关键环节和具体抓手，精准施策、持续用力，推动脱贫攻坚工作不断取得新进展新成效，为高质量打好打赢全省脱贫攻坚战提供了战略支撑，奠定了坚实基础。

（一）打好产业扶贫、就业创业扶贫、生态扶贫、金融扶贫"四场硬仗"

1. 产业扶贫

河南认真落实习近平总书记"发展产业是实现脱贫的根本之策"的指示精神，始终把产业扶贫作为脱贫攻坚的主攻方向，坚持以产业扶贫"十大行动"（田园增收、养殖富民、旅游扶贫、电商扶贫、消费扶贫、致富带头人培育、新型经营主体提升、龙头企业带贫、金融扶贫、科技扶贫）为抓手，全力打赢产业扶贫硬仗。一是坚持因地制宜，指导各地立足资源禀赋和产业基础，结合贫困群众发展意愿，因地因村因人施策，推动一二三产业融合发展。二是完善政策支持，特别是在财政资金投入、金融资金投入、引导社会帮扶资金投入方面持续加大政策支持力度。三

是健全推进机制，建立起产业扶贫观摩点评制度、产业扶贫信息月报制度、产业扶贫专项督查制度等。四是培育带贫载体，重点培育各级扶贫龙头企业、带贫专业合作社、致富带头人、产业扶贫基地等四个载体，探索形成"公司+基地+合作社+贫困户"等带贫模式。

2. 就业创业扶贫

促进贫困人口就业增收是决战决胜脱贫攻坚的重要内容。河南省始终坚持劳务协作输出就业、就地就近吸纳就业、居家灵活就业、自主创业带动就业、中介组织介绍就业、公益性岗位安置就业等六种就业途径，多措并举帮助贫困劳动力就业创业，实现全省建档立卡贫困劳动力"应就业尽就业""应培训尽培训"。一是持续发力，帮扶贫困劳动力就业。实施"七个优先"（优先组织就地就近就业、优先组织外出务工输送、优先支持返乡创业、优先对"三无"人员兜底安置、项目建设优先安排贫困劳动力务工、优先支持带贫产业、优先开展就业培训），开展"雨露计划""春风行动""就业扶贫百日攻坚"等专项活动，对存在失业或就业不稳定的贫困劳动力帮扶上岗，及时掌握其就业动态、跟进帮扶措施。二是开展技能提升培训，提高贫困劳动力就业能力。坚持"培训一人、就业一人、脱贫一户"的工作目标，组织引导培训机构创新培训模式，开展种植、养殖、农产品加工、服装加工、家政服务等实用技能培训。三是加大返乡创业扶持力度，带动贫困劳动力家门口就业。通过政策推动、园区带动、项目驱动，鼓励更多"能人"返乡下乡创业，发挥创业带贫效应。四是加大公益性岗位开发力度，兜住贫困劳动力就业底线。先后出台《河南省公益性岗位管理办法》《关于进一步用好公益性岗位发挥就业保障作用的通知》等，统筹制定各类公益性岗位管理规范，进一步提升乡村公益性岗位保障水平，切实发挥"兜底线、救急难"作用。

3. 生态扶贫

河南省把生态扶贫作为脱贫攻坚的重要举措，全力做好"四篇文章"，在打赢打好脱贫攻坚战中发挥了积极、显著的作用。一是做好生态补偿扶持文章，持续加大对贫困地区资金支持力度。积极争取国家生态护林员补助资金，落实退耕还林补助资金、公益林生态效益补偿资金，创新建立宅基地复垦券制度、将贫困地区复垦的建设用地指标在全省范围内交易，为贫困地区筹集资金，助力贫困户脱贫。二是做好生态工程建设文章，持续改善贫困地区生态环境。深入开展"森林河南"建设，加快推进沿黄湿地公园、伏牛山植物大观园、太行山绿化和天然林保护等国土绿化及生态修复工程建设，直接带动十余万贫困人口就业。每年依托森林旅游收入达 160 亿元，惠及 5 万个贫困家庭。三是做好生态环境治理文章，切实提升贫困地区生态品质。一体推进农村环境整治，水土流失治理和大气、水、土壤污染防治，切实改善贫困地区人居环境。四是做好生态产业发展文章，促进贫困地区高质量发展。推广"企业+专业合作组织+基地+农户"产业化经营模式，统筹推进林下经济、森林康养、林果加工和乡村旅游发展，带动贫困地区形成"生态保护、环境美化、群众增收、区域发展"的"多赢"局面。

4. 金融扶贫

金融扶贫是消除贫困、改善民生、逐步实现共同富裕的重要保障。河南省积极拓展和实施针对建档立卡贫困户的扶贫小额信贷政策措施，探索实践精准扶贫企业贷款新途径，统筹利用银行、保险和资本市场等资源，不断加大金融扶贫力度。一是创新实践金融扶贫"卢氏模式"。通过在卢氏县开展扶贫小额信贷试点，构建了金融服务、信用评价、风险防控、产业支撑等相互支撑、相互促进的四大体系，形成了独具特色的金融扶贫卢氏模式，为全省乃至全国金融支持脱贫攻坚探索了一条可复制可推广的路径，并已复制推广到全省，总体上形成了覆盖全省农村地区的县乡村三级金融服务网络，扶贫小额信贷累计惠及贫困群众124.46 万户。二是积极推进精准扶贫企业贷款。探索建立精准扶贫企业贷款新模式，精准选择带贫企业并通过"公司+贫困户""公司+基地+贫困户"等方式将建档立卡贫困户纳入现代产业体系，初步建立起支持企业带动建档立卡贫困户发展的政策措施。三是大力实施特惠支持。组织动员各家金融机构用足用好各项扶贫政策、发挥各自平台优势，在贷款规模、贷款利率、审批效率等方面给予贫困群众特惠倾斜。如邮储银行提高扶贫工作考核权重，对扶贫贷款在内部资金转移价格上实行五折计价，贷款投放不受规模限制，执行基准利率。

（二）开展健康扶贫、教育扶贫、扶贫助残、易地扶贫搬迁、危房改造、扶贫扶志"六大行动"

1. 健康扶贫

健康扶贫工作是精准扶贫、精准脱贫方略的重要内容。河南省大力实施健康扶贫工程，千方百计落实贫困人口基本医疗有保障，着力解决群众因病致贫、因病返贫等问题，全面提高贫困人口的健康水平。一是完善医疗医保救助和兜底政策，让贫困人口看得起病。建立独具特色的"3+3+N"（基本医保+大病保险+困难群众大病补充保险，医疗救助+疾病应急救助+慈善救助，各地结合实际创立的医疗兜底保障机制）医疗保障和救助工作体系，将建档立卡贫困人口全部纳入基本医保和医疗救助范围，医疗医保救助政策尽最大限度对贫困人口进行倾斜，使全省贫困人口看病就医自付费用比例降低到10%以内。二是实施精准救治，让贫困人口看得好病。每年为贫困人口开展一次健康体检，开展大病集中救治、慢病签约服务和重病兜底保障。三是提升县乡村医疗服务能力，让贫困人口看得上病、方便看病。实施基层医疗卫生服务能力提升工程，加大项目、资金向贫困地区倾斜力度，实现远程医疗覆盖所有贫困县、贫困村卫生室，全省贫困地区乡镇卫生院全部具备50种以上常见病诊治能力，贫困人口县域内就诊率达到95%以上，基本实现"大病不出县"。四是提升贫困地区公共卫生服务水平，让贫困人口少生病。优先为全省贫困人口免费提供15类57项基本公共卫生服务，免费开展妇女"两癌"筛查、产前筛查和新生儿疾病筛查等妇幼健康干预项目，实现贫困地区儿童营养改善项目覆盖所有贫困县，有效阻断贫困和疾病代际传递。

2. 教育扶贫

让贫困家庭孩子接受良好教育是阻断贫困代际传递的治本之策。河南以"义务教育有保障"为核心工作，狠抓"保障学业、支持事业、促进就业、助推产业"等"四业"工作落实，推动教育扶贫工作取得显著成效。一是应助尽助保障学业。健全完善从学前到研究生教育全学段的贫困家庭学生资助政策，做到了"应助尽助"，确保每个贫困家庭的孩子不因贫困失学辍学。二是两手齐抓支持事业。一手抓学校硬件建设，积极推进贫困地区学校办学条件改善；一手抓学校软件建设，加强贫困地区农村教师队伍建设。同时积极抓好农村中小学信息化建设，将优质教育资源送到全省农村学校。省内 53 个贫困县学前教育和义务教育发展水平整体上得到明显提升。三是职教下乡促进就业。充分发挥职业教育在脱贫攻坚战中短、平、快的特点，投入大量财政资金支持贫困县中等职业学校开展专业、实训基地、信息化建设并举办职业教育"精准脱贫技能培训班"，对 2.3 万名贫困家庭劳动力进行技术技能培训；积极实施国家和面向全省农村贫困县的定向招生专项计划，使全省农村 4.8 万名学生有更多机会进入名校接受优质高等教育资源。四是校地结对助推产业。积极发挥高校在智力、科技、培训、人才、产销帮扶上的优势，组织 53 所高校与 53 个贫困县开展校地结对帮扶工作，实现"结好对子、出好点子、搭好台子、蹚出路子、收获果子"，有力支持了贫困地区的产业发展。

3. 扶贫助残

贫困残疾人脱贫攻坚是打赢脱贫攻坚战的重要组成部分。河南省紧紧围绕"全面建成小康社会，残疾人一个也不能少"的目标，加强工作谋划，强化统筹协调，全力推进扶贫助残工作。一是完善政策机制。制定《打赢脱贫攻坚战三年行动计划开展扶贫助残行动实施方案》《河南省残疾人脱贫攻坚行动计划（2016～2020 年）》及残疾人精准康复服务、残疾青壮年文盲扫盲等扶贫助残行动方案，采取积极措施助力残疾人脱贫攻坚。二是坚持普惠加特惠。在切实保障残疾人充分享受"两不愁三保障"普惠性政策的同时，全面建立困难残疾人生活补贴和重度残疾人护理补贴制度，大力推动重度残疾人照护服务，实施残疾儿童康复救助，将建档立卡重度残疾人家庭无障碍改造与危房改造同步设计、同步施工、同步验收，切实解决好残疾人康复、托养、无障碍改造等特殊需求。三是强化志智双扶。大力宣传脱贫攻坚过程中涌现出全国、全省残疾人脱贫先进典型，激发残疾人脱贫致富的内生动力。唱响"豫爱同行"志愿助残服务，广泛动员社会各界参与，营造扶贫助残良好氛围。驻马店上蔡县"贫困家庭重度残疾人集中托养模式"获得"全国脱贫攻坚组织创新奖"，入选"全球减贫案例"。

4. 易地扶贫搬迁

易地搬迁是解决一方水土养不好一方人、实现贫困群众跨越式发展的根本途径。在实践中，河南易地扶贫搬迁工作形成了"依托'四靠'搬得出、覆盖'五有'稳得住、围绕'五个一'能致富、实现'五新'生活好"的"河南路子"，2017～2019年连续三年获得国务院督查激励，成为全国典型之一。一是充分发挥"四靠"引领作用，按照"靠县城、靠园区、靠乡镇、靠乡村旅游点"的"四靠"原则进行安置选址。二是公共服务"五有"全覆盖，在规模以上安置点同步配建公共服务设施，实现有社区服务中心、有义务教育学校、有幼儿园、有卫生室、有文化场所"五有"全覆盖。三是开展产业扶贫"五个一"，在有条件的安置点建设1个村级光伏小电站，因地制宜落实1项产业帮扶措施，引导龙头企业建设1个扶贫车间，有劳动意愿和劳动能力的贫困家庭至少有1人稳定就业，贫困户有1份集中理财、定期返还的稳定收益。四是开展美好生活"五个新"，积极推行"党建+易地扶贫搬迁"模式，教育引导搬迁群众"感恩新时代、住进新房子、展现新气象、实现新作为、营建新家园"。

5. 危房改造

河南紧紧围绕"两不愁三保障"中住房安全有保障目标，大力开展农村危房改造清零行动。一是创新工作模式，多措并举解决贫困群众基本住房安全。创新鉴定模式，按照先确定身份信息、后鉴定危房等级的程序开展危房改造；创新保障模式，通过建设农村集体公租房、幸福大院等多种形式，兜底解决特困群众住房安全；聚焦重点群体，把建档立卡贫困户危房改造优先纳入改造计划，在政策与资金支持、技术服务上加大对贫困县和深度贫困县倾斜力度。二是加强质量安全管理，强化技术培训。研究制定农房建设基本技术要求、工程质量检查办法、危房加固和危房鉴定 4 项技术规范，加强现场质量检查，严格施工和竣工验收标准，实现质量问题可追溯、责任能倒查；加大房屋建设业务培训力度，着力提高基层干部、技术专家和农村建筑工匠业务技能，编印农村房屋安全常见知识宣传画册和挂图，提升危改农户、建筑工匠安全意识。三是严格资金使用管理，全面开展住房安全核验。出台危房改造补助资金使用管理办法，落实"竣工一批、验收一批、资金拨付一批"的资金拨付制度，支付给农户的资金由财政部门直接拨付到户；充分利用国家住房安全有保障信息平台和核验手机 App 信息工具，对全省所有建档立卡贫困户住房安全情况逐户开展核查核验，核验结果为全部贫困户实现住房安全有保障。

6. 扶贫扶志

扶贫先扶志是打赢精准脱贫攻坚战的重要遵循。河南坚持扶贫与扶志、扶智相结合，着力解决"贫在素质""困在精神"的问题，不断激发贫困群众自力更生、勤劳致富的主动性。一是加强教育引导。开展脱贫政策、脱贫故事、脱贫经验宣讲和"听党话、感党恩、跟党走"等活动，加强扶贫政策宣传解读，畅通贫困群众利益诉求渠道，有效提高贫困群众的知晓度和参与度。加强乡风文明建设，充分发挥农村"一约四会"作用，推广"孝善基金""孝心基金"等做法，推动各地深化移风易俗。二是加强政策引导。出台《河南省扶贫扶志行动方案》，明确规定除低保金、养老金等发放现金外，其他帮扶措施与贫困群众参与直接挂钩，更多采取以工代赈、生产奖补、劳务补助等方式。建立对率先脱贫群众的正向激励机制，倡导多劳多得、勤劳致富，探索实行负向约束机制。三是加强文化扶贫。加快基层综合性文化服务中心、公共图书馆、文化馆等城乡公共文化基础设施建设，充分利用农民夜校、讲习所、新时代文明实践中心等载体和"中原文化大舞台""戏曲进农村"等活动形式，不断丰富贫困地区文化服务供给，引导贫困群众摒弃消极思想，增强自主脱贫信心。四是加强典型引导。注重从群众身边发掘、树立脱贫攻坚先进典型，采取颁发脱贫光荣证、"脱贫户星级评定"等方式，宣传表彰他们面对贫困不堕志气、自力更生的脱贫事迹，充分发挥榜样的示范带动效应。

（三）实施交通扶贫、水利扶贫、电网升级和网络扶贫、环境整治"四项工程"

1. 交通扶贫

河南始终坚持"脱贫攻坚、交通先行"，下大力气构建起以县城为中心、乡镇为节点、建制村为网点的"外通内联、通村畅乡"的农村公路网络和"辐射周边、循环互补"的城乡客运网络，交通运输助力贫困地区产业致富、创业致富、商贸致富和旅游致富的生动实践在中原遍地开花。一是聚焦重点难点，加大支持力度。制定实施《交通运输支持深度贫困地区脱贫攻坚实施意见》等，全省交通运输建设项目重点向贫困地区特别是深度贫困地区倾斜，重点加大对深度贫困县、深度贫困村的支持力度。二是注重示范引领，提高脱贫质量。在全省推广新县统筹推进交通扶贫与产业融合、旅游开发等交通扶贫工作经验，将交通扶贫工作与"四好农村路"建设紧密结合，在全国率先制定"四好农村路"示范县创建标准，全省农村公路逐步实现建设、管理、养护、运营协调发展。三是坚持标本兼治，巩固扶贫成果。积极打造"交通+旅游""交通+搬迁""交通+民生""交通+产业"等交通扶贫新模式，为全省贫困地区打造资源路、旅游路、产业路等"特色致富路"，总里程达2564公里；定期开展交通运输脱贫专项督导，对交通扶贫领域责任落实、政策落实、工作落实情况全面排查，持续巩固交通扶贫成果。

2. 水利扶贫

河南高度重视水利扶贫工作，持续加大扶贫投资和建设力度，切实改善贫困地区水利基础设施条件，着力解决贫困人口饮水安全问题，如期完成全省农村饮水安全脱贫攻坚"双百"达标工作（到 2020 年实现贫困人口饮水安全百分之百达标、农村饮水安全工程从"源头"到"龙头"的百分之百过程管理）。一是加强运行管理，保证工程运行。组织全省水利系统逐村、逐户、逐工程排查饮水安全情况，针对存在饮水安全问题的贫困人口建立到县到乡到村到户的工作台账，制定解决措施，细化时间表、路线图，倒排工期、挂图作战、逐户销号；在全省有农村饮水工程管理任务的 144 个县全面建立农村饮水安全政府主体责任、水行政主管部门行业监管责任、千人以上供水单位运行管理责任"三个责任"；健全完善了县级农村饮水工程运行管理机构、运行管理办法和运行管理经费"三项制度"等。二是做好移民帮扶，助力群众增收。全面贯彻落实大中型水库移民后期扶持政策，通过发放移民后期扶持直补资金、项目扶持资金向全省 53 个贫困县倾斜、重点加快产业发展等工作，助力全省水库移民增收致富工作。三是加大投资倾斜力度，支持贫困地区建设。"十三五"期间累计向省内贫困地区安排投资 248.89 亿元，用于大中型水库建设、农村饮水安全、河道治理、病险水库除险加固、大中型灌区续建配套与节水改造等工程建设。四是实施"四化"工作，助力乡村振兴。指导各地因地制宜开展试点，积极推进农村供水"规模化、市场化、水源地表化、城乡一体化"工作。

3. 电网升级和网络扶贫

河南聚焦电网脱贫目标任务，大力加强电网基础设施建设，为贫困地区群众生产生活和扶贫产业发展提供了坚实的电力保障。在电网扶贫方面，集中资源实施全省贫困地区电网"三年攻坚、两年提升"。2016~2018 年累计投资 306 亿元，完成 53 个贫困县、6492 个贫困村、1235 个深度贫困村电网脱贫改造。2019~2020 年在贫困地区投资 111 亿元，重点完成贫困县 123 座变电站建设及 1500 个非贫困村电网改造。贫困地区各级电网供电能力均得到大幅提升，其中 10 千伏电网供电能力实现翻番，贫困村户均配变容量提升至"十三五"初的 3 倍。在政策落实方面，开辟光伏扶贫项目绿色通道，保障全省 2 万余个光伏扶贫电站及时并网投运，累计全额支付购电费 28.8 亿元，及时转付新能源补贴 7.1 亿元，惠及贫困户 40.8 万户。坚决执行降低用电成本、电费减免等政策，有效降低了扶贫产业以及低保五保户的用电成本。

河南坚持信息扶贫、网络先行，持续加大贫困地区网络建设投入，不断完善农业农村信息基础设施，着力以数字技术赋能、引领贫困地区产业发展。一是切实加大网络扶贫投入。统筹实施农村 4G 网络覆盖、光纤宽带网络覆盖、电信普遍服务试点、网络提速降费、网络信息惠民等五大工程，累计完成网络扶贫投资 281.6 亿元，在全国率先实现 20 户以上自然村光纤接入和 4G 网络全覆盖。二是大力实施网络提速降费和精准扶贫。在全国率先开展全省固定宽带用户百兆免费大提速行动，引导全省各基础电信运营公司制定推出面向建档立卡贫困户的扶贫专属优惠套餐，全面实现省内 3.5 万所中小学宽带网络全覆盖。三是持续深化农业信息化和数字乡村建设。推进贫困村电商帮扶，在全省建设电商服务站 1217 个，开展电商培训 3599 场、43789 人次。大力推广普及信息进村入户、"互联网+智慧党建"、智慧农业、智慧校园、农业信息溯源等涉农平台应用，助力数字乡村建设。

4. 环境整治

河南坚持把推进贫困地区人居环境整治作为实现全面建成小康社会的重要基础，统筹推进垃圾污水治理、厕所革命、村容村貌整治等重点工作。一是在贫困村深入开展以"三清一改"（清理陈年垃圾、清理村内沟塘、清理畜禽粪污等农业生产废弃物，改变影响农村人居环境的不良习惯）为主要内容的村庄清洁行动，实现贫困村干净整洁有序，群众良好卫生习惯逐步养成。二是聚力聚焦贫困地区厕所革命，加大对贫困户改厕支持力度，基本实现有意愿的贫困户无害化卫生厕所应改尽改，突出抓好贫困地区和贫困户改厕质量和后期管护服务。三是以"五改一增"（改院、改水、改厨、改线、改厕，适当增添必需生活用品）为抓手，在贫困地区全面推进"五美庭院"（整洁美、卫生美、绿化美、文明美、和谐美）建设。四是以人居环境整治为载体，全面开展绿色生态村庄、水美乡村、文明村镇等创建工作，推动贫困村大力发展文旅、康养等产业，促进贫困地区生态改善、产业发展、农民增收。

三 强化重点难点，攻克最后贫困堡垒

（一）聚焦"三山一滩"地区攻坚

鉴于全省70%以上贫困人口分布在大别山区、伏牛山区、太行山区、黄河滩区，河南坚持把"三山一滩"地区作为脱贫攻坚主战场，先后出台《河南省大别山伏牛山太行山贫困地区群众脱贫工程规划（2014～2020年）》《河南省黄河滩区居民迁建规划》，狠抓政策落实、项目落地、帮扶落细，瞄准突出问题和薄弱环节集中发力。仅2020年就向"三山一滩"地区下达中央、省级财政专项扶贫资金65.98亿元、占全省资金总量的78.35%。对于"一方水土养活不了一方人"的深石山区，大力开展易地扶贫搬迁，让贫困群众从深山里搬出来。对于黄河滩区地势低洼、险情突出的村庄，积极实施移民迁建工程，确保每年规划实施的安置区建设任务按期完成。同时创新扶贫搬迁后续扶持模式，引导组织群众因地制宜发展产业，确保贫困人口"搬进去、留得住、有就业、有收入"。此外，牢记习近平总书记2019年视察河南时"把革命老区建设得更好、让老区人民过上更好生活"的殷切嘱托，出台支持河南大别山革命老区加快振兴发展的若干意见，设立大别山革命老区高质量发展基金，全力支持老区打赢脱贫攻坚战。

（二）聚焦深度贫困地区攻坚

河南对省内深度贫困地区实施重点攻坚，专门出台《关于支持深度

贫困地区脱贫攻坚的实施意见》，在财政资金投入、金融扶贫支持、兜底保障资金、土地交易指标、扶贫项目安排、人才支持、定点帮扶等方面不断加大倾斜支持力度，着力攻克深度贫困堡垒。如2018年，针对卢氏县等4个深度贫困县，省财政在对深度贫困县按因素分配专项扶贫资金的基础上，对每个县又倾斜安排专项扶贫资金7000万元；在深度贫困县设立扶贫小额信贷风险补偿金，由省级财政给予一次性补助2000万元；将城乡建设用地增减挂钩节余指标跨省域调剂资金全部用于支持深度贫困县发展，为4个深度贫困县筹集扶贫资金约13亿元。针对1235个深度贫困村，省财政为未脱贫村倾斜安排2.7亿元专项扶贫资金；组织动员1173家企业对所有深度贫困村结对帮扶全覆盖。2019年，在继续加大政策、资金等支持之外，河南省又组织4个经济实力较强省辖市、4个省直涉农单位结对帮扶4个深度贫困县，深度贫困村驻村第一书记和工作队全部调整为由省、市选派。

（三）聚焦"两不愁三保障"攻坚

"不愁吃、不愁穿，义务教育、基本医疗、住房安全有保障"是贫困人口脱贫的基本标准。河南制定实施《解决"两不愁三保障"突出问题实施方案》，围绕贫困人口稳定实现"两不愁三保障"和饮水安全，对建档立卡贫困户逐户排查，全面查漏补缺，切实提高质量。如开展控辍保学专项行动，全省贫困家庭义务教育阶段无辍学学生；持续巩固基本医疗有保障"清零"成果，贫困人口医疗费用合规报销比例稳定在90%左右、大病救治率100%，贫困慢性病患者家庭医生签约率100%；对建档立卡贫困户、低保户、农村分散供养特困人员、贫困残疾人家庭等4类重点对象危房存量逐户排查鉴定，全面完成存量危房改造任务；开展水利脱贫攻坚问题清零行动，建档立卡贫困人口饮水安全全面达标等。

（四）聚焦特殊贫困群体攻坚

针对无业可就、无业可扶、无力脱贫的贫困老年人、重病患者、重度残疾人等特殊贫困群体，河南省全面落实社会保障政策，强化兜底保障，确保他们在脱贫路上不掉队。如聚焦"病残""孤老""弱小"等困难群体，实行"单人户"施保、就业成本扣减、低保渐退等特殊扶贫政策。2020年将农村低保标准提高到每人每年不低于4260元，22%的建档立卡贫困人口纳入低保，92%的未脱贫人口纳入社会救助兜底保障范围。农村特困人员基本生活标准提高到年人均不低于5538元，惠及50万人。基础养老金最低标准达到每人每月103元，惠及375.67万建档立卡贫困人口。全面落实残疾人两项补贴，惠及215万人，为5.57万户建档立卡重度残疾人家庭实施无障碍改造，为3.78万贫困残疾人提供辅助器具适配服务。推进县福利院、乡敬老院、村幸福院、社会养老机构建设，对失能半失能、精神病患者提供集中托养、日间照料、邻里照护等服务，实现"托养一个人、解放一家人"。加大临时救助力度，仅2020年就救助20余万人次。

四 强化长效机制，巩固拓展脱贫成果

（一）强化顶层设计

为巩固全省脱贫攻坚成果，防止贫困县、贫困村脱贫摘帽后松劲懈怠，河南于2019年7月出台《关于巩固脱贫成果有效防止返贫的意见》，明确提出攻坚期内必须坚持以脱贫攻坚统揽经济社会发展全局不动摇，坚持五级书记抓脱贫攻坚不动摇，坚持把脱贫攻坚作为乡村振兴优先任务不动摇，坚持强化作风建设不动摇，坚持实行最严格的考核评估制度不动摇，坚决做到不获全胜决不收兵。河南省脱贫攻坚领导小组办公室印发《关于做好贫困县退出后有关工作的通知》，指导基层工作实践，确保攻坚期内焦点不散、靶心不变、频道不换。河南省委组织部和河南省扶贫办研究制定了《贫困村脱贫后驻村第一书记帮扶任务清单》，确保脱贫村帮扶工作不断档、质量标准不降低、持续发展不滑坡。

（二）落实"四个不摘"

河南认真落实习近平总书记关于"摘帽不摘责任、不摘政策、不摘帮扶、不摘监管"的要求，坚持把防止返贫致贫摆在突出位置。全省市、县和行业部门在相关贫困县、贫困村脱贫摘帽后继续签订年度目标责任书，压实攻坚责任，做到摘帽不摘责任；贫困县、村、户脱贫后，保持政策的连续性、稳定性，扶贫资金、帮扶项目等只增不减，做到摘帽不摘政策；保持集中连片特困地区省辖市、贫困县和脱贫攻坚任务较重的乡镇党政正职稳定，保持市县党政班子成员抓脱贫攻坚工作分工稳定，驻村工作队中老队员延期离任、新队员配合开展工作，做到摘帽不摘帮扶；把脱贫摘帽县、有脱贫任务的非贫困县全部纳入省级专项督查暗访或考核评估范围，开展贫困县脱贫摘帽后"四个不摘"政策落实问题专项治理，对脱贫后工作下滑的市县进行约谈，做到摘帽不摘监管。

（三）加强动态管理

河南不断加强贫困人口动态管理，积极开展脱贫户返贫风险监测和精准帮扶工作，着力筑牢防止返贫致贫的防护墙。组织开展建档立卡动态调整工作，精准识别认定新致贫人口和返贫人口，严把贫困人口和贫困村退出关。完善河南省精准扶贫信息平台功能，加强行业部门数据共享比对，实现新致贫人口即时纳入。加强返贫风险监测，对人均纯收入较低、转移性收入占比较高、家庭成员中有大病病人等10类返贫风险较高的脱贫户进行重点监测。建立防止返贫动态监测和帮扶机制，对脱贫不稳定户和边缘易致贫户实行常态化动态管理，制定加强"两类人群"帮扶、做好贫困边缘人口社会救助等政策措施，建立即时精准帮扶机制，对脱贫不稳定户继续落实现有帮扶政策，对有劳动能力的边缘人口全面落实扶贫小额信贷、技能培训、扶贫公益岗位、参与扶贫项目等扶持政策。针对因灾害、病残、意外等返贫致贫风险，探索实施保险扶贫，为符合条件的贫困人口和临贫易贫人口购买贫困户种植作物、养殖产品、家庭财物、个人人身等相关险种，现已覆盖全省 108 个县（市、区）的 261.5 万农户。

五 强化作风建设，提升扶贫脱贫质量

（一）开展专项治理

转作风、抓落实影响脱贫质量，关系脱贫成败。为集中力量解决扶贫领域干部作风突出问题，以作风攻坚促脱贫攻坚，河南省在全省持续开展扶贫领域腐败和作风问题专项治理，组织开展脱贫攻坚收官之年克服形式主义、官僚主义问题专项行动，持续推进"问题线索清零、处置机制健全，查处案件办结、以案促改到位，干部作风真改、日常监督常态"三大行动目标落细落实，重点解决责任落实不到位、工作措施不精准、形式主义、官僚主义、消极腐败等问题。特别是针对个别地方干部在思想作风上存在"松""躁""粗""虚"等苗头问题，加大督导力度，集中开展整顿，严防松劲懈怠、疲倦厌战、坐等收官等现象发生。建立 41 个监测点，对基层在脱贫攻坚中存在形式主义、官僚主义问题及时发现、及时纠正。仅 2020 年 1~11 月，全省纪检监察机关就查处扶贫领域腐败和作风问题 1101 起，处理 1989 人，给予党纪政务处分 1239 人，移送检察机关 3 人，有效发挥了警示教育作用。开展扶贫领域信访问题专项治理工作，实施领导包案、台账管理等制度，充分发挥"12317"扶贫监督举报电话、省市县扶贫公共服务热线作用，及时妥善解决群众反映的问题。

（二）减轻基层负担

河南省坚持把整治形式主义官僚主义、切实减轻基层工作负担融入脱贫攻坚工作全局，不断深入治理扶贫领域困扰基层的突出问题，让全省基层干部把更多的精力放在为群众办实事上。改进完善调研督导方式，深入一线进行暗访或开展调研指导，善于"解剖麻雀"，掌握一手资料、摸清真实情况，

帮助基层解决苗头性、倾向性问题；实行年度计划管理，统筹开展督查检查、考核评估等工作，省、市、县级严格控制督查考核规模和频次，将省级综合性督查减少到每年一次，日常督查以暗访、调研和群众举报、信访反映问题核查为主；整合考核内容，把年度集中考核和平时工作情况有机结合起来，引导各地把功夫下在平时；精简文件会议，着力提高文件、会议质量，2020 年省脱贫攻坚领导小组及其办公室发文数量比 2019 年同期减少 19 件、同比减少 20%，绝大部分直插基层的脱贫攻坚会议采取视频形式；用好全省精准扶贫信息管理平台、扶贫大数据信息系统等，充分发挥数据比对、监测分析、决策参考、指挥调度等作用，减少基层填表报数，让数据多"跑腿"，让干部少跑路。

（三）加强教育培训

着眼于解决扶贫干部队伍中存在的理论素养不高、方法掌握不多、作风建设不实、担当拼搏不够等问题，河南出台《关于聚焦打好精准脱贫攻坚战加强干部教育培训的实施方案》，充分利用全省各级党校和培训学院等，结合干部岗位特点和差异化需求，精选师资，精选阵地，精选学员，组织实施针对扶贫干部的全面精准培训。通过省领导授课、省委组织部有关领导辅导，真正让市、县党委负责同志高度重视，做到一级抓一级、层层抓落实；采取现场督查、专题调研、送教上门等方式，对各地各单位教育培训开展情况进行督查；在市、县抓脱贫攻坚工作专项考核时，将扶贫干部教育培训情况作为一项重要内容，确保培训不走过场、取得成效。2018 年，河南省对各省辖市党政分管副职和扶贫办主任、贫困人口超过 1000 人的 129 个县（市、区）党政一把手和扶贫办主任以及县、乡、村扶贫干部开展全员轮训；2019~2020 年，实现攻坚期内全省扶贫领域干部教育培训常态化、全覆盖。累计培训 100 多万人次，着力为打赢脱贫攻坚战打造作风过硬、能征善战的干部队伍。

第四章　河南打赢脱贫攻坚战的伟大成就与战略意义

消除贫困、改善民生、逐步实现共同富裕,是中国特色社会主义的本质要求。河南是农业大省、人口大省,也是扶贫脱贫任务较重的省份之一。党的十八大以来,河南坚持以习近平新时代中国特色社会主义思想为指导,坚决落实党中央、国务院关于打赢脱贫攻坚战的战略部署,把脱贫攻坚作为全面建成小康社会的底线任务和标志性指标,作为重大政治任务和第一民生工程,以脱贫攻坚统揽全省经济社会发展全局,经过8年持续奋斗,举全省之力夺取了脱贫攻坚的全面胜利,彰显了党的领导和社会主义制度的显著优势。

第一节　河南打赢脱贫攻坚战的伟大成就

在党中央、国务院的领导下,在全省上下的顽强奋斗、不懈努力下,经过波澜壮阔的八年精准扶贫、五年脱贫攻坚,河南省与全国一样,脱贫攻坚各项工作取得了全面胜利。贫困群众收入水平大幅度提高,贫困地区基本生产生活条件明显改善,贫困地区经济社会发展明显加快,贫困治理能力明显提升,探索的减贫路径和减贫成就得到普遍认可,为我国打赢脱贫攻坚战作出了河南应有的贡献。

一　减贫规模和成效前所未有

在新一轮建档立卡之初,河南省有 53 个贫困县,农村贫困人口 698

万，贫困人口总量居全国第 3 位，是全国脱贫攻坚任务较重的省份之一，脱贫任务艰巨。根据动态管理统计，截至 2020 年底，全省共实现现行标准下的 718.6 万农村建档立卡贫困人口脱贫（含自然减少和销户人员）、9536 个贫困村全部出列，53 个贫困县全部摘帽，绝对贫困和区域性整体贫困在中原大地得到历史性解决，绝对贫困人口全部清零，超额完成了向中央签订的目标任务。河南省也如期兑现了向全省人民作出的庄严承诺，交出了中原更加出彩的重量级答卷，为实现河南全面建成小康社会目标任务做出了关键性贡献。

（一）贫困人口全部脱贫

2014 年，全省新一轮建档立卡共识别录入全国扶贫开发信息系统 198 万户 698 万农村贫困人口，当年年底脱贫退出 122 万人，剩余贫困人口 576 万人。2015 年扶贫对象动态管理后，当年年底脱贫退出 120 万人，2015 年底剩余贫困人口为 430 万人。2016 年动态管理工作结束，全省脱贫 112.5 万人。2017 年 5 月，全省开展脱贫攻坚档卡整改工作，整改工作完成后，2016 年底全省建档立卡剩余贫困人口数量调整为 317 万人（国家标准 314 万人）。2017 年底，脱贫人数 106.2 万人，全省剩余贫困人口数量为 221 万人；2018 年底，脱贫人数 121.7 万人，全省剩余贫困人口数量为 104.3 万人；2019 年底，脱贫人数 68.7 万人，全省贫困人口数量为 35.3 万人。截至 2020 年底，全省剩余 35.7 万贫困人口实现全部脱贫（见表 4-1）。

表 4-1　2013~2020 年河南省减贫及贫困监测情况

年份	当年减贫人数（万人）	当年贫困村减少情况（个）	当年贫困县摘帽情况（个）	扶贫部门建档立卡情况	
				贫困人口（万人）	贫困发生率（%）
2013	117	—	—	698	8.79
2014	122	1147	—	576	7.13
2015	120	1568	—	430	5.40
2016	112.5	2125	2	317（国家标准 314）	3.69

年份	当年减贫人数（万人）	当年贫困村减少情况（个）	当年贫困县摘帽情况（个）	扶贫部门建档立卡情况	
				贫困人口（万人）	贫困发生率（％）
2017	106.2	973①	4	221	2.57
2018	121.7	2502	33	104.3	1.21
2019	68.7	1169	14	35.3	0.41
2020	35.7	52	—	0	0

资料来源：根据河南省扶贫办提供资料整理。

河南省自精准扶贫以来，累计脱贫人口为 718.6 万人（含自然减少和销户人员），年均减贫 102.65 万人，减贫规模前所未有，是"八七扶贫攻坚计划"期间年均脱贫人数的 1.36 倍，是第一个十年扶贫纲要期间年均脱贫人数的 1.69 倍，打破了以往新标准实施后脱贫人数逐年递减的格局。

（二）贫困县全部脱贫摘帽

2016 年起，按照《河南省"十三五"脱贫攻坚规划》，河南省同时拉开了贫困县脱贫摘帽的序幕。2016 年当年有 2 个贫困县摘帽，其中最引人瞩目的是兰考县脱贫摘帽，2017 年 3 月 28 日《人民日报》头版报道兰考在河南率先实现脱贫。2017 年有 4 个贫困县摘帽，其中舞阳县是第一个脱贫摘帽的省定贫困县。2018 年有 33 个贫困县摘帽，脱贫摘帽数量在"十三五"期间最多。2019 年 11 月，嵩县等 14 个县经过县级自评后提出退出申请，经过市级初审、省级专项评估检查等相关程序规定和标准要求，2020 年 2 月 28 日，河南省政府新闻办召开新闻发布会宣布，嵩县等 14 个贫困县正式脱贫摘帽。至此，河南省 53 个贫困县全部实现脱贫摘帽，退出贫困县序列，贫困县数量清零（见表 4-2）。

---

① 2017 年贫困村实际减少 973 个，当年又有 299 个村原为非贫困村，被识别为深度贫困村并纳入贫困村建档立卡管理。

表 4-2　河南省贫困县历年脱贫摘帽情况

年份	国定贫困县	省定贫困县	个数
2016	兰考县、滑县		2
2017	沈丘县、新蔡县、新县	舞阳县	4
2018	栾川县、宜阳县、洛宁县、封丘县、镇平县、内乡县、民权县、柘城县、睢县、宁陵县、虞城县、潢川县、固始县、光山县、商城县、淮阳县、商水县、太康县、郸城县	伊川县、叶县、内黄县、原阳县、濮阳县、方城县、夏邑县、罗山县、息县、西华县、扶沟县、正阳县、泌阳县、汝南县	33
2019	嵩县、汝阳县、鲁山县、范县、台前县、卢氏县、南召县、淅川县、社旗县、桐柏县、淮滨县、上蔡县、平舆县、确山县		14

资料来源：根据河南省扶贫办提供资料整理。

二　贫困群众生活水平显著提高

河南省对贫困地区的扶持力度不断加大，收入水平持续增长，贫困群众生活水平也实现了持续提升。近年来，河南贫困地区农村居民收入和消费水平逐步提高，增幅均高于全省农村平均水平。

（一）贫困地区农村居民收入增长明显，收入差距进一步缩小

2016~2019 年，河南省贫困地区农村居民年人均可支配收入由 9734.9 元增加到 13252.5 元，年均增长 10.8%，比全省农村平均水平高 1.8 个百分点，2015~2019 年贫困地区农村居民收入增幅高于全省农村居民收入增幅（见图 4-1）。2020 年前三季度，贫困地区农村居民人均可支配收入为 9526.6 元，同比增长 6%，高于全省农村平均水平 0.9 个百分点。贫困地区与全省农村居民收入水平也在不断缩小，截至 2019 年底，河南省贫困地区农村居民人均可支配收入已经达到全省农村居民人均可支配收入水平的 87.39%，比 2016 年提高了 4.16 个百分点，收入相对差距不断缩小（见图 4-2）。

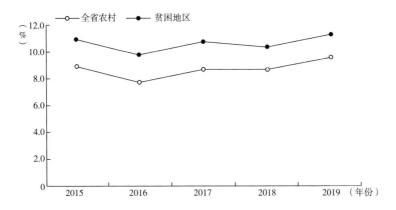

图 4-1　贫困地区与全省农村居民收入增幅情况

资料来源：根据历年中国农村贫困监测报告整理。

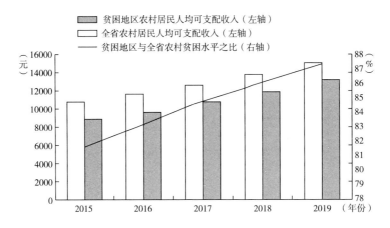

图 4-2　贫困地区与全省农村居民收入差距走势

资料来源：根据历年中国农村贫困监测报告整理。

贫困地区工资性收入保持较快增长。2019 年河南贫困地区农村居民人均工资性收入达 4172 元，同比增加 496 元，增长 13.5%。工资性收入占贫困地区农村居民人均可支配收入的比重为 31.5%，比 2018 年提高 0.6 个百分点，对收入增长的贡献率为 37%，拉动贫困地区农村居民人口可支配收入增长 4.2 个百分点。贫困地区财产和转移净收入保持增长态势，政策扶持效果明显。2019 年河南贫困地区农村居民人均转移净收入 4422 元，同比增加 504 元，增长 12.9%。随着河南省对贫困地区的扶持力度不断加大，各项政策性补贴、最低生活保障、农村养老保险、新农合大病补偿报销标准等不断提高，社会保障覆盖面进一步扩大，拉动了转移净收入增长。

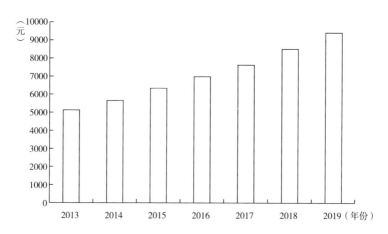

图 4-3　2013~2019 年河南省贫困地区农村居民人均消费支出变化情况
资料来源：根据 2013~2019 年中国农村贫困监测报告整理。

（二）贫困地区农村居民消费支出平稳增长，消费结构进一步优化

随着贫困地区农村居民收入的增加，以及社会保障范围的扩大和体系的完善，居民生活消费能力逐步增强，生活消费支出持续增长，生活质量稳步提升。河南省贫困地区农村居民人均消费支出呈现平稳的上升趋势，2019 年河南贫困地区农村居民人均消费支出 9571 元，同比增加 904 元，增长 10.4%。消费持续升级，生活质量稳步提升（见图 4-3）。消费占比较大的三大类支出分别为食品烟酒消费支出、居住支出和教育文化娱乐支出，分别占 29.3%、22.4% 和 11.7%。食品烟酒消费支出增长明显，人均食品烟酒消费支出 2809 元，同比增加 238 元，增长 9.3%。教育文化娱乐支出则呈现大幅增长态势，人均教育文化娱乐消费支出 1117 元，同比增加 176

元，增长 18.7%。河南省贫困地区农村居民消费结构进一步优化，其中，2019 年吃、穿、住等生存型消费支出 5670 元，占消费支出的 59.24%，生存型消费支出比重连续下降[①]；生活用品及服务、交通通信、教育文化娱乐等发展型消费支出 3902 元，占消费支出的 40.76%，发展型消费支出比重不断提高。农村居民的消费观念也发生较大的转变，2019 年河南省贫困地区农村居民的食品烟酒消费支出比重（恩格尔系数）为 29.35%，比 2015 年降低了 4.3 个百分点（见图 4-4）。恩格尔系数进一步降低，也反映了贫困地区农村居民消费观念的改变，不再处于简单的温饱型饮食消费，开始转向发展型和享受型，消费结构升级态势日趋明显。

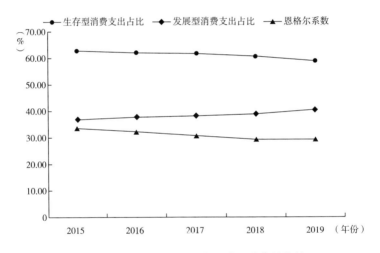

图 4-4　2015~2019 年河南贫困地区消费结构情况

资料来源：根据 2015~2019 年中国农村贫困监测报告整理。

（三）贫困群众"两不愁"质量水平明显提升，"三保障"突出问题总体解决

2016 年以来，全省实现贫困家庭义务教育阶段学生辍学动态清零，

[①] 生存型消费包括食品烟酒、衣着、居住等；发展型消费包括生活用品及服务、交通通信、教育文化娱乐等。

贫困人口全部参加基本医保、纳入医疗救助范围，完成 4 类重点对象危房改造 58.13 万户。"十三五"时期规划的 25.97 万易地搬迁贫困群众全部挪出"穷窝"、住进新房，贫困人口饮水安全全面达标。全省有 6558 所各类机构承担特困人员集中供养、入驻贫困人口 4.83 万人，有 45.79 万名贫困人口享受亲情代养、居家赡养和邻里助养服务。

三　贫困地区经济社会发展显著加快

全面打赢脱贫攻坚战，农村基础设施建设和公共服务是关键。一直以来，河南省农村地区基础设施存在严重短板，公共服务水平落后。改革开放以来，尤其是党的十八大以来，中央和地方政府不断加大对水、电、路、网等基础设施和公共服务建设投资力度，"四通"覆盖面不断扩大，教育文化卫生设施配置组建齐全，生产生活得到进一步改善，贫困地区基础设施和公共服务能力进一步提升，经济实力不断增强，贫困地区整体面貌发生了历史性巨变。

贫困地区经济实力不断增强。河南 53 个贫困县生产总值保持了较快的增长速度，一般公共预算收入年均增速高于同期全省平均水平，9536 个贫困村都有了集体经济收入。2016~2019 年，53 个贫困县生产总值年均增长 8.8%，高于全省 1.2 个百分点；一般公共预算收入年均增长 10.5%，高于全省 3.1 个百分点。2019 年全省县域经济排名中，有 17 个贫困县比 2016 年提高 10 个以上位次。全省建成光伏扶贫电站 20005 座，总规模容量 267.6 万千瓦，年均收益约 25 亿元，使 1 万多个村集体有了持续 20 年的稳定收入。

基础设施建设明显改善。2016 年以来，贫困县累计新增高速公路 319 公里，有 3 个贫困县结束了不通高速的历史，新改建农村公路 4.05 万公里、普通干线公路 1908 公里，全省行政村通硬化路率、具备条件的行政村通客车率均达到 100%。对 6156 个贫困村实施农村饮水安全巩固提升工程，农村集中供水率达 93%、自来水普及率达 91%，分别较全国"十三五"规划目标高出 8 个和 11 个百分点。全省农村实现户户通电、村村通动力电,在全国率先实现 20 户以上自然村光纤接入和 4G 网络全覆盖。截至 2019 年末,河南贫困地区所在自然村通公路、通电话的农户比重稳定保持在 100%,所在自然村能接收有线电视信号、进村主干道路硬化的农户比重首次达到了 100%。所在自然村能便利乘坐公共汽车的农户比重为 89.1%,比 2018 年提高了 9 个百分点,呈现逐年上升趋势(见表 4-3)。

表 4-3 2017～2019 年贫困地区农村基础设施和公共服务状况

单位:%

指标名称	2017 年	2018 年	2019 年
基础设施建设情况			
所在自然村通公路的农户比重	100	100	100
所在自然村通电话的农户比重	100	100	100
所在自然村能接收有线电视信号的农户比重	96.2	97.2	100
所在自然村进村主干道路硬化的农户比重	99.2	99.7	100
所在自然村能便利乘坐公共汽车的农户比重	72.1	80.1	89.1
所在自然村通宽带的农户比重	95.5	96.4	97.8
所在自然村垃圾能集中处理的农户比重	42.7	86.8	95.5
医疗卫生和文化教育情况			
所在自然村有卫生站的农户比重	98.4	95.5	97.9
所在自然村上幼儿园便利的农户比重	95.2	96.5	98.2
所在自然村上小学便利的农户比重	98.2	97.9	99.3

资料来源:根据 2017～2019 年中国农村贫困监测报告整理。

公共服务水平显著提高。53 个贫困县小学净入学率达到全省平均水平、初中净入学率达到或接近全省平均水平,行政村卫生室、合格乡村医生"空白点"历史性消除,贫困村综合性文化服务中心全面建成,贫困地区综合保障体系逐步健全。通过开展生态扶贫、农村人居环境整治等,贫困地区生态环境也实现了有效改善,村容村貌、户容户貌明显改观,实现了生态保护和脱贫攻坚"一个战场、两场战役"的双赢。如利用生态产业发展促进贫困地区高质量发展,推广"企业+农村合作组织+

基地+农户"产业化经营模式，统筹推动林下经济、森林康养、林果加工和乡村旅游发展，带动贫困地区形成"生态保护、环境美化、群众增收、区域发展"的"多赢"局面。2017 年以来全省 220 家林业龙头企业带动建档立卡贫困户 5.5 万户、12.61 万人就业，人均年增收 3650 元。

四　脱贫群众精神风貌焕然一新

"志之难也，不在胜人，在自胜。"河南省在脱贫攻坚中，既取得了物质上的累累硕果，也取得了精神上的累累硕果。在习近平总书记深厚为民情怀的感召激励下，在党的扶贫政策引导支持下，广大脱贫群众激发出奋发向上的精气神，社会主义核心价值观得到广泛传播，文明新风得到广泛弘扬，艰苦奋斗、苦干实干、用自己的双手创造幸福生活的精神在广大贫困地区蔚然成风。广大贫困群众人心思变、人心思进、人心思富，自立自强、勤劳致富的精气神越来越足。曾经一些贫困群众"揣着手等""背着手看"，现在变成"宁愿苦干""甩开手干"。贫困群众的精神风貌从内而外发生了深刻改变，增添了自立自强的信心勇气。

（一）注重扶贫扶志相结合，切实摆脱"精神贫困"

扶贫先扶志是打赢脱贫攻坚战的重要遵循。河南坚持扶贫与扶志相结合，着重解决"精神贫困"问题，不断激发贫困群众自力更生、勤劳致富的主动性。一是加强教育引导，坚持思想教育激励。开展脱贫政策、脱贫故事、脱贫经验宣讲和"听党话、感党恩、跟党走"等活动，加强扶贫政策宣讲解读，畅通贫困群众利益诉求渠道，有效提高贫困群众的知晓度和参与度。二是加强乡风文明建设，丰富文化服务供给。充分发挥农村"一约四会"作用，推广"孝善基金""孝心基金"等做法，推动各地深化移风易俗。加快基层综合性文化服务中心、公共图书馆、文化馆等城乡公共文化基础设施建设，不断丰富贫困地区文化服务供给，引导贫困群众摒弃消极思想，增强自主脱贫信心。三是加强典型引导，发挥榜样的示范效用。注重从群众身边发掘、树立脱贫攻坚先进典型，采取颁发脱贫光荣证、"脱贫户星级评定"等方式，宣传表彰贫困群众面对贫困不堕志气、自力更生的脱贫事迹，充分发挥榜样的示范带动效应。为破除一部分贫困群众"坐等靠要"的依赖思想、"炫贫争贫"的消极认识、"自暴自弃"的自卑心理等，河南各地积极探索设立"红黑榜"，精准聚焦内生动力不足问题靶向治疗。通过认真张榜公示，充分发挥道德监督作用，隆重表彰进入"红榜""先进榜"的贫困户，正面引导和营造勤劳致富、勤俭节约的氛围；悬挂张贴"黑榜""后进榜"，对好吃懒做、"等靠要"思想严重的贫困户形成强大的舆论压力。截至2020年底，全省共设立"红黑榜"的村19654个，上"红榜"650704人次，上"黑榜"182557人次。河南"红黑榜"的探索来源于基层，作用于基层，各地探索实践出各式各样、符合当地实际的方式，推进扶贫扶志向纵深推进。

（二）注重扶贫扶智相结合，切实摆脱"能力贫困"

让贫困家庭孩子接受良好教育是阻断贫困代际传递的治本之策。河南省以"义务教育有保障"为核心工作，狠抓"保障学业、支持事业、促进就业、助推产业"等"四业"工作落实，推动教育扶贫工作取得显著成效。一是完善教育扶贫政策，实现了学业的应助尽助。建立健全完善从学前到研究生教育全学段的贫困家庭学生资助政策，做到了"应助尽助"，确保每个贫困家庭的孩子不因贫困失学辍学。2016年秋季学期以来，全省累计资助建档立卡家庭义务教育阶段学生759.03万人次，发放资助金33.19亿元。二是推动了贫困地区教学软硬件的共同建设。河南省在推动贫困地区教育教学时，实现了两手齐抓支持教育事业。一手抓教学硬件建设，积极推动贫困地区学校办学条件改善；一手抓教学软件建设，加强贫困地区农村教师队伍建设。同时积极抓好农村中小学信息化建设，将优质教育资源送到全省农村学校。省内53个贫困县学前教育和义务教育发展水平整体上得到明显提升。三是提高了贫困地区群众的专业技能。充分发挥职业教育在脱贫攻坚战中短、平、快的特点，投入大量财政资金支持贫困县中等职业学校开展专业、实训基地、信息化建设,并举办职业教育"精准脱贫技能培训班",对 2.3 万名贫困家庭劳动力进行技术技能培训;积极实施国家面向全省农村贫困县的定向招生专项计划,使全省农村 4.8 万名学生有更多机会进入名校接受优质高等教育资源。四是创新校地结对方式,助力地方产业发展。积极发挥高校在智力、科技、培训、人才、产销帮扶上的优势,组织 53 所高校与 53 个贫困县开展校地结对帮扶工作,收到了"结好对子、出好点子、搭好台子、蹚出路子、收获果子"的良好效果,有力支持了贫困地区的产业发展。

五 党在农村的执政基础更加巩固

党领导人民群众开展了波澜壮阔的脱贫攻坚战役,巩固了党的执政基础,巩固了中国特色社会主义制度。通过脱贫攻坚战,贫困群众的生活水平实现了显著提升,贫困地区的经济社会发展水平发生了显著变化,人民群众的满意度不断提高,也使得党在农村的执政基础更加巩固,基层党组织凝聚力和战斗力不断增强。河南省各级党组织和广大共产党员坚决响应党中央号召,以热血赴使命、以行动践诺言,在脱贫攻坚这个没有硝烟的战场上呕心沥血、建功立业。广大扶贫干部舍小家为大家,同贫困群众结对子、认亲戚,常年加班加点、任劳任怨,困难面前豁得出,关键时候顶得上,把心血和汗水洒遍千山万水,接通了党和人民的"最后一米",传递了党对群众的关心关怀,党在人民群众心中的威望更高了、感召力更强了。

基层党组织是党的组织基础,是贯彻落实党的脱贫攻坚战略全面领导的"神经末梢",是领导基层各类组织的核心。河南通过抓党建促脱贫攻坚,提高了农村基层党组织的凝聚力、战斗力,先后排查整顿 1.13 万个软弱涣散村党组织,提升了基层治理能力和管理水平。各级各部门在脱贫攻坚中火线考察识别、培养锻炼干部,为党的事业发展培养了一大批骨干力量,广大干部作风能力得到锤炼。数十万扶贫干部特别是驻村第一书记和驻村工作队员，奋战在脱贫攻坚一线，同贫困群众融为一体、打成一片，锤炼了党性、转变了作风、提高了本领，特别是梳理了精准理念、培养了精准能力，实现了农村工作方法由过去的粗放式"大写意"向现在的精细化"工笔画"转变，密切了党群干群关系。通过抓党建促脱贫攻坚的方式，贫困地区的基层组织得到加强，基层干部贫困识别能力、精准帮扶能力明显提升，治理乡村的能力也得到显著提升，有利于提高党在农村地区长期执政能力的建设。

河南坚持把脱贫攻坚作为培养干部的"主阵地"、识别干部的"主战场"、选拔干部的"主渠道"。脱贫攻坚期间，先后提拔重用第一书记4090 名、贫困县县委书记 31 名，贫困县党政正职晋升二级巡视员 15 人，不少市县实行"凡提必扶""凡提必下"，对扶贫干部优先提拔重用，树立了鲜明选人用人导向，为党的事业发展培养了一大批骨干力量。广大贫困群众的获得感、幸福感和满意度不断提高，更加发自内心地感党恩、听党话、跟党走，党群干群关系得到极大巩固和发展。

第二节　河南打赢脱贫攻坚战的战略意义

脱贫攻坚取得了全面胜利，是令世界刮目相看的伟大壮举，是中国共产党团结带领全国各族人民艰苦奋斗所创造的又一个彪炳史册的人间奇迹，展示了中华民族摆脱贫困、走向复兴的伟大力量。如期完成脱贫攻坚的目标任务，是实现第一个百年目标、全面建成小康社会的标志性指标，高质量打赢脱贫攻坚战使得小康社会的成色更足。河南在脱贫攻坚战中，贯彻落实习近平总书记脱贫攻坚重要论述的核心要义，探索出了人口大省、农业大省减贫的新路径新模式，为全面建设社会主义现代化河南和实现河南经济社会的高质量发展奠定了坚实基础。

一　夯实全面建成小康社会的战略基石

习近平总书记强调，全面建成小康社会、实现第一个百年奋斗目标，最艰巨的任务是脱贫攻坚，这是一个最大的短板，也是一个标志性指标①。"全面建成小康社会，最艰巨最繁重的任务在农村、特别是在贫困地区。没有农村的小康，特别是没有贫困地区的小康，就没有全面建成小康社会。"② 全面建成小康社会不仅仅是要实现"小康"，更重要也是最难做到的是"全面"。"全面"既包括了城市经济社会的快速发展，也包括了广大农村地区，特别是贫困地区摆脱贫困，迈向稳定、可持续发展的道路。改革开放以来，城市地区抓住各项发展机遇，经济社会得到了飞速发展，有能力、有条件全面建成小康社会；而广大贫困地区由于发展的基础薄弱，各方面落后较多，是全面建成小康社会任务最艰巨和最繁重的短板。这些贫困地区资源禀赋不好，各种要素的投入缺乏，经济发展的动力不足，基础设施和公共服务建设相对落后，亟待加强贫困地区经济社会的发展和提升贫困地区人民群众的生活水平。

习近平总书记 2017 年在《全面完成决胜全面建成小康社会各项任务》中指出，全面建成小康社会要得到人民认可、经得起历史检验，必须做到实打实、不掺任何水分。消除贫困、改善民生，逐步实现共同富裕，是社会主义的本质要求。尽管全面小康不是人人同样的小康，但是倘若农村贫困人口的生活水平没有得到实质性的改变，全面小康不是让人能够信服的小康。没有农村贫困人口的全面脱贫，没有解决区域性贫困，就没有全面建成小康社会。全面小康目标能否如期实现，关键取决于脱贫攻坚战能否打赢打好。全面建成小康社会，是我党对全国人民的庄严承诺，如期完成脱贫攻坚任务是全面建成小康社会的刚性目标和底线任务。只有脱贫攻坚目标的如期实现、贫困人口的生产生活问题得到了解决，才能凸显全面小康社会的成色，打赢脱贫攻坚战是夯实全面建成小康社会的战略基石。党的十八大以来，以习近平同志为核心的党中央把脱贫攻坚作为全面建成小康社会的突出短板和底线目标，纳入"五

---

① 《在中央政治局常委会会议审议〈关于二〇一六年省级党委和政府扶贫开发工作成效考核情况的汇报〉时的讲话》，2017 年 3 月 23 日。
② 《在河北省阜平县考察扶贫开发工作时的讲话》（2012 年 12 月 29 日、30 日），《做焦裕禄式的县委书记》，中央文献出版社，2015，第 16 页。

位一体"总体战略布局和"四个全面"战略布局，摆在治国理政的重要位置。贯彻落实中央关于脱贫攻坚战的战略部署，2016 年，河南省颁布了《关于打赢脱贫攻坚战的实施意见》，进一步明确"没有贫困地区的小康，没有贫困人口的脱贫，全面建成小康社会就会成为一句空话"。

小康不小康、关键看老乡，关键要看贫困地区的老乡能不能脱贫。只有解决贫困人口的脱贫问题，解决好贫困人口生产生活问题，全面小康的承诺才得以兑现。截至 2020 年底，河南省同全国一道实现了现行标准下的农村贫困人口全部脱贫，贫困县全面摘帽，区域性整体贫困得到解决。贫困地区农村居民可支配收入与农村地区平均水平的差距进一步缩小，贫困地区的经济社会得到很大提升，产业得以迅速发展，基础设施建设和公共服务水平明显提升，贫困地区的发展跟上了全面小康的步伐，实现了小康路上的一个不落，脱贫攻坚的胜利夯实了全面建成小康社会的战略基石。

二 探索人口大省减贫的新路径新模式

2013 年新一轮建档立卡之时，河南贫困人口总量 698 万人，居全国第三位，脱贫任务重难度大。太行山、伏牛山、大别山和黄河滩区，四个连片贫困地区横跨我国东、中、西部，河南不但贫困基数大，而且难啃骨头硬，攻坚任务重。脱贫攻坚的"中原战场"，关系全局，影响深远。为此，河南不断积极探索新观念、新路径和新模式，向摆脱贫困发起新的更大的挑战。党的十八大以来，河南紧紧围绕"扶持谁""谁来扶""怎么扶"的问题，全面加强党对脱贫攻坚的领导，不断创新体制机制，推动扶贫开发由被动"输血"向主动"造血"转变，推动扶贫开发由"大水漫灌"到"精准滴灌"转变，推动扶贫开发由政府主导向社会广泛参与转变，脱贫攻坚的力度、深度、广度和精准度得到进一步提升，探索了人口大省减贫的新路径、新模式。在脱贫攻坚过程中，即便是决战决胜脱贫攻坚时期及面临 2020 年新冠肺炎疫情的突发，河南省的实际操作和取得的成效，充分体现了高位推动、精准帮扶、高质量脱贫等方面的突出特点，给出了脱贫攻坚的"中原答卷"。

坚持高位推动，突出科学谋划。全省成立脱贫攻坚领导小组，省委书记、省长分别担任第一组长、组长，负总责，省委书记和省长既挂帅又出征，亲力亲为，带头当好"施工队长"。成立省脱贫攻坚14个重大专项指挥部，省委、省政府主要领导亲自调度，省级领导干部担任指挥长，有力保障了全省脱贫攻坚各专项工作的顺利推进。省委常委会、省政府常务会每季度至少研究一次脱贫攻坚工作。创新开展市县乡党委书记履行脱贫攻坚责任述职评议工作，随机提问、现场点评，压实压紧攻坚责任。多方调动各级各部门和社会各界的积极性，凝聚各方合力参与扶贫，为实现精准脱贫、提高脱贫质量提供有力保障和强力支撑。

坚持精准帮扶，聚焦重点攻坚。党的十八大以来，河南省贯彻落实习近平总书记关于实施精准扶贫的原则要求，结合河南省实际，建立了比较完备的"1+N"脱贫攻坚政策体系，为打赢脱贫攻坚战提供了重要的制度保障。坚持把"六个精准"要求贯穿脱贫攻坚各个环节和全过程，突出抓好精准施策，打好产业扶贫、就业创业扶贫、生态扶贫、金融扶贫"四场硬仗"，开展健康扶贫、教育扶贫、扶贫助残、易地扶贫搬迁、危房改造、扶贫扶志"六大行动"，实施交通扶贫、水利扶贫、电网升级和网络扶贫、环境整治"四项工程"，针对河南贫困地区发展中的短板问题，走出了一条完全符合河南省农业农村实际的脱贫攻坚之路。

坚持脱贫实效，提高脱贫质量。习近平总书记强调，"扶贫工作必须务实，脱贫过程必须扎实，扶真贫、真扶贫，脱贫结果必须真实"①。在脱贫攻坚过程中，河南省始终以更高质量推进脱贫攻坚，聚焦"两不愁三保障"进行攻坚，开展了各项活动。如开展控辍保学专项行动，全省贫困家庭义务教育阶段无辍学学生；持续巩固基本医疗有保障"清零"成果，贫困人口医疗费用合规报销比例稳定在90%左右、大病救治

---

① 习近平：《在十八届中央政治局第三十九次集体学习时的讲话》，2017年2月21日。

率 100%，贫困慢性病患者家庭医生签约率 100%；对建档立卡贫困户、低保户、农村分散供养特困人员、贫困残疾人家庭等 4 类重点对象危房存量逐户排查鉴定，全面完成存量危房改造任务；开展水利脱贫攻坚问题清零行动，建档立卡贫困人口饮水安全全面达标。

三 打牢高质量发展行稳致远的物质基础

新时代我国经济发展的基本特征，是由高速增长阶段转向高质量发展阶段。2020 年 10 月，党的十九届五中全会指出，"我国已转向高质量发展阶段"。高质量发展是"十四五"乃至更长时期我国经济社会发展的主题，关系我国社会主义现代化建设全局①。习近平总书记强调，高质量发展就是体现新发展理念的发展，是经济发展从"有没有"转向"好不好"。随着我国综合国力的不断增强，人民对于美好生活的需求增加明显，这就要求经济社会各个领域能够实现转型升级，发展的导向由数量向质量迈进，在更高层面推进社会的发展进步。2020 年，我国人均国内生产总值突破 10000 美元，常住人口城镇化率为 63.89%，中等收入群体已经超过 4 亿人，包括贫困地区在内的广大人民群众对美好生活的要求不断提高②。高质量发展在根本上以满足人民日益增长的美好生活需要为目标，强调经济发展给人民群众带来更多的获得感、幸福感、安全感。同时，经济社会发展的不均衡也是影响人们充分实现美好生活的重要的因素，经济社会发展的不均衡，这种差距具体体现在群体之间的贫富差距、城乡之间的差距以及地区发展差距等。为了缩小这些差距，我国实施了脱贫攻坚战略，以缩小经济社会发展不均衡的现象，并以此为举措推动贫困地区经济社会向高质量发展方向迈进。在此意义上，全力以赴打赢脱贫攻坚战，是保障我国经济社会高质量发展的基础和前提。打赢脱贫攻坚战进一步夯实了高质量发展的物质基础，是适应经济社会发展要求的重要举措。

---

① 《习近平总书记在参加十三届全国人大四次会议青海代表团审议时讲话》，2021 年 3 月 7 日。
② 《中华人民共和国 2020 年国民经济和社会发展统计公报》，2021 年 2 月 28 日。

近年来，河南省落实国家关于脱贫攻坚的战略要求，全力以赴做好扶贫开发工作，以脱贫攻坚统揽经济社会发展全局，以脱贫攻坚助力经济社会的高质量发展。一是推动贫困地区转型发展。河南省认真落实习近平总书记"发展产业是实现脱贫的根本之策"的指示精神，始终把产业扶贫作为脱贫攻坚的主攻方向，坚持以产业扶贫"十大行动"为抓手，全力打赢产业扶贫硬仗，有力推动了河南扶贫产业的快速健康发展，实现了全省贫困地区的产业结构的有效调整，切实增强了贫困群众的自我发展能力，进一步激活了县域经济蛰伏的发展潜能。如全省旅游产业带贫人数达 32 万余人，全省光伏扶贫电站规模容量居全国第一位、年收益约 25 亿元。二是聚焦补短板强弱项。河南省在脱贫攻坚中以不断完善贫困地区基础设施建设和公共服务为导向，重点开展了交通扶贫、水利扶贫、电网升级、网络升级、环境整治等多项工程，贫困地区面貌发生了深刻的变化。如河南省大力加强贫困地区电网基础设施建设，2016～2018 年累计投资 306 亿元，完成 53 个贫困县、6492 个贫困村、1235 个深度贫困村电网脱贫改造。2019～2020 年在贫困地区投资 111 亿元，重点完成贫困县 123 座变电站建设及 1500 个非贫困村电网改造。贫困地区各级电网供电能力均得到大幅提升，其中 10 千伏电网供电能力实现翻番，贫困村户均配变容量提升至"十三五"初的 3 倍。三是满足贫困地区人民群众高质量发展需要，共享改革发展的成果。以提高贫困地区人民群众的满意度、认可度和幸福感为目标，高质量满足人民群众所需、所想。河南聚焦"三山一滩"地区攻坚克难，坚持把"三山一滩"地区作为脱贫攻坚主战场，狠抓政策落实、项目落地、帮扶落细，瞄准突出问题和薄弱环节集中发力。仅 2020 年就向"三山一滩"地区下达中央、省级财政专项扶贫资金 65.98 亿元、占全省资金总量的 78.35%。大力开展易地扶贫搬迁，让贫困群众从深山里搬出来。创新扶贫搬迁后续扶持模式，引导组织群众因地制宜发展产业，确保贫困人口"搬进去、留得住、有就业、有收入"。

四　奠定全面建设社会主义现代化河南新征程的战略基础

党的十九大明确全面建设社会主义现代化国家及其"两步走"战略安排，作出"决胜全面建成小康社会，夺取新时代中国特色社会主义伟大胜利"的战略部署，提出要在决胜全面建成小康社会、实现第一个百年奋斗目标的基础上，乘势而上开启全面建设社会主义现代化国家新征程，向第二个百年奋斗目标进军。到本世纪中叶，把我国建成富强民主文明和谐美丽的社会主义现代化强国，实现国家治理体系和治理能力现代化，成为综合国力和国际影响力领先的国家，全体人民共同富裕基本实现。党的十九届五中全会再次提出，全面建成小康社会、实现第一个百年奋斗目标之后，我们要乘势而上开启全面建设社会主义现代化国家的新征程、向第二个百年奋斗目标进军。

全面建成小康社会是实现中华民族伟大复兴中国梦的关键一步，也是为全面建设社会主义现代化国家奠定基础。打赢脱贫攻坚之年，是全面建成小康收官之年，也是开启全面建设社会主义现代化国家新征程的接力之年。全面建成小康社会为开启全面建设社会主义现代化国家提供了必要准备，无论是全面建成小康社会，还是全面建设社会主义现代化国家都包含着"全面"的要求。开启全面建设社会主义现代化国家的新征程，是全面小康的继续和拓展[1]。首先，发展领域要全面，在坚持以经济建设为中心的同时，要实现民主更加健全、文化更加繁荣、生态更加和谐、人民生活更加殷实，促进现代化各个环节、各个方面的协调发展，不断拓展生产发展、生活富裕、生态良好的文明发展道路。其次，人口覆盖要全面。全面小康是惠及全体人民的小康，是14亿人民群众共同的小康，特别是对于广大贫困群众来说，需要尽快地享受到小康发展的红利。最后，区域覆盖要全面。我国的城市在过去的发展中获得了更多的资源和机会，导致城乡发展的差距不断拉大。缩小城乡发展差距，

---

① 周文彰：《开启全面建设社会主义现代化国家新征程》，《红旗文稿》2020年第16期。

特别是重点提升乡村贫困地区的发展水平，是全面建成小康社会的一项重要任务，也是全面建设社会主义现代化国家的重要任务。

"脱贫摘帽不是终点，而是新生活、新奋斗的起点。"在全国脱贫攻坚总结表彰大会上，习近平总书记发出乘势而上、再接再厉、继续奋斗的进军口令，为实现第二个百年奋斗目标注入行动力量。河南作为农业大省，全面建设社会主义现代化，最艰巨最繁重的任务在农村，最广泛最深厚的基础在农村，最突出最落后的短板也在农村。解决好发展不平衡不充分问题，重点难点在"三农"，迫切需要补齐农业农村短板弱势，千方百计地促进贫困地区的发展。因此，在开启全面建设社会主义现代化河南的征程中，要保障"三农"，特别是贫困地区的发展不掉队。在全省人民的共同努力下，河南省脱贫攻坚战取得了全面的胜利，补齐了贫困地区、贫困人口发展的短板，为全面建成小康社会任务、实现第一个百年奋斗目标做出了巨大贡献。贫困地区生产生活条件极大改善，经济社会发展加快，党在农村的执政基础更加巩固，为全面实施乡村振兴、建设社会主义现代化河南，既打下了坚持基础，又积累了宝贵经验。

第三节　河南打赢脱贫攻坚战的基本经验

河南脱贫攻坚取得了巨大成就，依靠的是党的坚强领导和组织保证，依靠的是精准施策和精细落实，依靠的是持续的投入保障和全社会的合力攻坚，依靠的是贫困群众的自强不息和顽强奋斗，依靠的是改革创新和锐意进取。河南走过的脱贫攻坚之路，凝聚着全省人民的智慧和心血，体现了全省广大干部群众以行动诠释担当，以实干笃定前行，以精准提升效能，以奋斗铸就辉煌的拼搏精神。在这一伟大的实践中，河南积累了宝贵的实践经验。

一　坚持党的领导，扛牢政治责任

习近平总书记指出，"越是进行脱贫攻坚战，越是要加强和改善党的领导。各级党委和政府必须坚定信心、勇于担当，把脱贫职责扛在肩上，把脱贫任务抓在手上"①。脱贫攻坚成为习近平总书记亲自带领省市县乡村五级书记一起抓的"一把手工程"。消除贫困是中国共产党的初心和使命，不同历史时期，我们党领导人民以不同方式不断为这一目标而努力。在脱贫攻坚中，党对脱贫攻坚方向的总体把握，确保了脱贫攻坚的方向不偏且有效，在实践中强化了党的领导是脱贫攻坚政治保证的这一根本认识。河南是全国脱贫攻坚任务较重的省份之一，之所以能取得脱贫攻坚战的重大胜利，最重要的经验就是坚持并不断强化党对脱贫攻坚工作的领导。

一是强化主体责任。充分发挥各级党委的领导核心作用，严格执行脱贫攻坚一把手负责制，2016 年，按照《中共河南省委河南省人民政府关于打赢脱贫攻坚战的实施意见》的要求，成立脱贫攻坚领导小组，省委书记、省长分别担任第一组长、组长，负总责；省委分管副书记和省政府分管副省长任副组长，负具体领导责任。市、县两级成立由党政主要负责同志任组长的脱贫攻坚领导小组，乡镇配备一名专抓扶贫工作的副书记。市、县、乡分别建立了领导干部联系帮扶贫困县、乡、村、户制度，落实各项扶贫政策。实行省级领导干部和部分省直单位联系贫困县工作制度，明确 37 名省级领导干部联系 38 个国定贫困县、15 个省直主要部门联系 15 个省定贫困县的脱贫攻坚工作，不脱贫不脱钩。

二是强化基层党组织建设。为加强贫困地区基层党组织建设，2015 年省委组织部、省委农办、省扶贫办联合印发了《关于全面开展选派机关优秀干部到村任第一书记工作的实施意见》。深入推进抓党建促脱贫攻坚，优化基层党组织设置，选优配强基层党组织负责人和党务工作者队伍，让农村基层党组织真正发挥战斗堡垒作用。正是依靠党的坚强领导，充分发挥中国特色社会主义制度优势，集中全社会资源，动员全党力量，把党的政治优势、组织优势转化为脱贫攻坚优势，有力保证了脱

① 《习近平在中央扶贫开发工作会议上的讲话》，2015 年 11 月 27 日、28 日。

贫攻坚任务的如期完成。为进一步夯实基层基础，创新实施了"党建+扶贫"模式，充分发挥基层党组织在脱贫攻坚中的战斗堡垒作用。结合村"两委"换届，对贫困村逐村遴选党组织书记人选，对不胜任、不合格、不尽职的坚决调换。对全省软弱涣散村党组织进行排查，累计排查认定1.13万个，并派驻工作队、确定分包县领导进行集中整顿。

二 坚持精准方略，提高脱贫实效

坚持精准扶贫精准脱贫基本方略，是习近平总书记关于扶贫工作重要论述的核心要义，也是打赢脱贫攻坚战的制胜法宝。党的十八大以来，精准扶贫成为我国扶贫工作的主旋律和主要策略。精准扶贫战略是对我国传统扶贫开发模式的战略性调整，精准扶贫就是要做到"六个精准"，实施"五个一批"，解决"四个问题"。河南始终牢牢坚持精准方略不动摇，建立了精准脱贫工作体系，把"六个精准"要求贯穿脱贫攻坚各个环节和全过程。突出抓好精准施策，结合河南省实际，围绕解决好"扶持谁、谁来扶、怎么扶、如何退"的问题，建立了比较完备的"1+N"脱贫攻坚政策体系，为打赢脱贫攻坚战提供了重要的制度保障，走出了一条完全符合河南省农村农业实际的脱贫攻坚之路。

一是围绕解决"扶持谁"的问题。河南省为做好精准帮扶、精准施策，2014年成立河南省扶贫开发信息中心，推动开展建档立卡工作，精准瞄准贫困对象。2015年，在全国率先制定《河南省扶贫开发建档立卡贫困人口复核工作实施方案》，组织开展贫困人口精准识别"回头看"，确保识别精准度，扣好精准扶贫"第一粒扣子"。在精准识别工作中，创新推行"一进二看三算四比五议六定"工作法，全面摸清贫困人口底数，做到一户一本明白卡、一个脱贫计划、一套帮扶措施。为精准帮扶、"靶向"治贫打下了坚实基础，也让"细和实"贯穿脱贫攻坚始终。

二是围绕解决"谁来扶"的问题。习近平总书记强调，打赢脱贫攻坚战，特别要建强基层党支部。为加强贫困地区基层党组织建设，2015年省委组织部、省委农办、省扶贫办联合印发了《关于全面开展选派机关优秀干部到村任第一书记工作的实施意见》。2018 年，印发《关于进一步加强贫困村驻村工作队选派管理工作的通知》。严格落实"队员当代表、单位做后盾、领导负总责"工作机制和"五天四夜"驻村制，开展年度绩效考核，确保真帮实扶。在全省所有贫困村和扶贫任务较重的非贫困村建立 4 万多个村级脱贫责任组，由乡镇副科级以上干部任组长，统筹抓好脱贫攻坚各项工作。

三是围绕解决"怎么扶"的问题。2016 年，在出台《中共河南省委、河南省人民政府关于打赢脱贫攻坚战的实施意见》的基础上，省委办公厅、省政府办公厅出台扶贫对象精准识别等"5 个办法"、转移就业脱贫等"5 个方案"、教育脱贫等"5 个专项方案"，以及《关于巩固脱贫成果有效防止返贫的意见》等 18 个政策文件，形成了比较完备的"1+N"脱贫攻坚政策体系。2017 年，河南进一步细化实化政策措施，研究出台 53 个配套政策文件，打出了脱贫攻坚政策组合拳。2018 年，围绕落实《河南省打赢脱贫攻坚战三年行动计划》，省直有关单位相继出台加快推进产业扶贫的若干意见等具体实施方案，进一步细化完善行业扶贫政策，提升扶贫工作规范化、标准化、制度化水平。

四是围绕解决"如何退"的问题。明确贫困退出标准和程序，严把退出关口，确保脱贫结果获得群众认可、经得起实践和历史检验。2016 年出台《河南省贫困退出实施办法》，以脱贫实效为依据，以群众认可为标准，建立严格、规范、透明的贫困退出机制。2018 年制定实施《省脱贫攻坚领导小组关于加强对贫困县退出工作指导的意见》。根据国家第三方评估结果显示，河南省贫困人口退出准确率由 2016 年的 98.59%提高到 2019 年的 100%。

三　坚持加大投入，强化资金支持

"兵马未动，粮草先行。"打赢脱贫攻坚战需要将资金的投入作为保障。推进脱贫攻坚，无论是完善基础设施建设，还是完善公共服务体系，以及改善贫困群众的生产生活条件，都需要资金的投入。河南省充分发挥政府的主体职能作用，在财政、金融方面持续加大攻坚投入，为实现精准脱贫和提高脱贫质量提供有力保障和强力支撑。

一是完善投入保障机制。完善政策支持，特别是在财政资金投入、金融资金投入、引导社会帮扶资金投入方面持续加大政策支持力度。如在推动扶贫小额信贷发展方面，河南省专门成立金融扶贫硬仗指挥部，分管金融的副省长任指挥长，扶贫、财政、金融监管、金融机构等部门作为指挥部成员单位，定期会商解决问题，合力推进扶贫小额信贷。各市县也成立了金融扶贫硬仗指挥部，专人专班推进金融扶贫工作。2016年以来，河南省连续5年出台落实扶贫小额信贷政策文件；多次召开金融扶贫工作现场会、推进会、调度会、会商会，安排部署扶贫小额信贷工作，构筑了强大的工作合力。在疫情期间，建立疫情动态监测制度，密切关注贫困户生产生活变化，做好扶贫小额信贷的续贷、展期等工作。

二是加大财政资金投入。河南省不断加强扶贫资金投入和项目管理。截至2020年11月底，筹措安排各级财政专项扶贫资金192.9亿元，比上年增长25.9%，其中省级安排32.9亿元，比上年增长25.4%；53个贫困县和10个参照县统筹整合财政涉农资金228.4亿元。2016年以来，投入各级财政专项资金727亿元，53个贫困县和10个参照县统筹整合财政涉农资金1068亿元，基本做到"因需而整、应整尽整"。2019年发行地方政府新增债券47.9亿元，交易宅基地复垦券收益63.63亿元，全部用于脱贫攻坚。严格县级脱贫攻坚项目库管理，建立负面清单，2019年入库项目43500个、规模426.2亿元。聚焦深度贫困地区不断加大倾斜支持力度，如2018年，针对卢氏县等4个深度贫困县，省财政在对深度贫困县按因素分配专项扶贫资金的基础上，对每个县又倾斜安排专项扶贫资金7000万元；在深度贫困县设立扶贫小额信贷风险补偿金，由省级财政给予一次性补助2000万元；将城乡建设用地增减挂钩节余指标跨省域调剂资金全部用于支持深度贫困县发展，为4个深度贫困县筹集扶贫资金约13亿元。

三是加强金融资金投入。河南省积极拓展和实施针对建档立卡贫困户的扶贫小额信贷政策措施，探索实践精准扶贫企业贷款新途径，统筹利用银行、保险和资本市场等资源，不断加大金融扶贫力度。在全省推广"卢氏模式"，总体上形成了覆盖全省农村地区的县乡村三级金融服务网络，截至2020年11月底，全省累计发放扶贫小额贷款591.6亿元，惠及140.2万贫困户。积极推进精准扶贫企业贷款，通过"公司+贫困户""公司+基地+贫困户"等方式将建档立卡贫困户纳入现代产业体系，初步建立起支持企业带动建档立卡贫困户发展的政策措施。截至2020年8月底，全省累计投放精准扶贫企业贷款88.49亿元，带动12.99万个建档立卡贫困户脱贫增收。

四 坚持尽锐出战，凝聚攻坚合力

人心齐，泰山移。自古以来，任何宏伟的大事靠单独一方面或某一个群体的单打独斗是完不成的，对于脱贫攻坚这项头等大事来说亦是如此。脱贫攻坚不仅仅是贫困地区的事，更是社会的事，需要调动各方力量积极支持扶贫开发，形成全社会参与的大扶贫格局。习近平总书记强调，脱贫攻坚，各方参与是合力。河南省一方面切实发挥各级政府在脱贫攻坚的主体和主导作用，不断加大投入、强化资金支持；另一方面积极引导动员包括各类非公有制企业、社会组织、个人在内的社会各方力量参与扶贫，努力构建专项扶贫、行业扶贫、社会扶贫等多方力量、多种举措有机结合和互为支撑的"三位一体"大扶贫格局，最大限度地激发全社会精准扶贫精准脱贫动力，凝聚起众志成城的脱贫攻坚强大合力，攻克贫困堡垒。

一是强化定点帮扶。全省各级党政机关、企事业单位持续开展定点扶贫，累计选派驻村干部13.76万人次，在所有贫困村和脱贫任务较重的非贫困村建立4.2万个村级脱贫责任组。组织19个经济实力较强的市县结对帮扶19个脱贫任务较重的贫困县，省属53所高校结对帮扶53个贫困县，省直4个涉农单位对口帮扶4个深度贫困县。中央驻豫定点扶贫单位投入帮扶资金6549.56万元，引进帮扶资金1728.82万元，选派挂职干部 60 人，培训技术人员 5033 人，帮助贫困地区销售农产品 1.53 亿元。如按照省委组织部的统一部署，省电力公司承担了全省 203 个贫困村的定点帮扶任务，共选派 256 名第一书记（包括换岗），577 名队员开展驻村帮扶。公司依托省扶贫开发协会平台，积极开展扶贫资金捐赠，2016 年以来累计向定点帮扶村捐资 6305 万元，为贫困村引进和扶持 500 多个产业项目，打造了嵩县黄庄乡三合村"手绘小镇"、南召县皇后乡娘娘庙村"娘娘玉兰"等扶贫品牌。五年来，省电力公司累计帮扶定点村 5.1 万人实现脱贫，被授予河南省驻村第一书记选派工作先进单位。

二是动员社会广泛参与。社会各界积极响应号召，广泛参与、支持脱贫攻坚战。河南省工商联坚持创新方式方法，"千企帮千村"行动成效突出，近 1.3 万民营企业开展"千企帮千村"精准扶贫行动，在全国工商联系统占比超过 10%。"河南省科技特派员助力脱贫攻坚'十百千'工程"深入实施，妇联系统"巧媳妇"工程不断拓展，工会系统劳模助力脱贫攻坚行动全面展开，"八方援"河南共青团助力脱贫攻坚行动深入开展，"省直机关百千万工程助力脱贫计划"有效实施，省直单位与贫困村、机关党支部与贫困户、机关党员与贫困家庭学生结成帮扶对子常态化开展帮扶，促成专项、行业、社会"三位一体"大扶贫格局。"中国社会扶贫网"累计注册用户 428.57 万人、捐赠 778.87 万元，需求对接成功率达 82.12%，各项指标均居全国第一方阵。深入开展消费扶贫行动和消费扶贫月活动，设立省扶贫产品展销中心、河南省驻村第一书记扶贫成果展销中心，在全省 82 个高速公路服务区设置扶贫产品销售专区。截至 2020 年 11 月底，全省认定扶贫产品 1.83 万个，销售金额 296 亿元。

五　坚持群众主体，激发内生动力

脱贫攻坚不仅仅是党和国家的事业，更是贫困群众自己的事业。加快贫困地区的发展，离不开党和国家的支持，以及社会的参与帮扶，但是根本上还是要靠贫困地区干部群众的自力更生和艰苦奋斗，在迈向脱贫致富的道路上，不断增强自我发展能力，形成外部多元扶贫与内部自我脱贫的互动机制。打赢脱贫攻坚战，必须让贫困群众的心热起来、手动起来，通过引导、鼓励和培训，化解和消除贫困群众"怕"的心理、"懒"的思想和"要"的念头，激发贫困群众积极参与到脱贫致富的道路中来。河南始终坚持把激发贫困群众内生动力作为扶贫脱贫的根本目标，引导、鼓励贫困群众通过自力更生实现脱贫致富。

一是通过志智双扶，坚定贫困群众脱贫的信心。河南省坚持扶贫与扶志、扶智相结合，着力解决"贫在素质""困在精神"的问题，不断激发贫困群众自力更生、勤劳致富的主动性。通过扶贫扶志扶智，积极鼓舞群众，坚定群众脱贫信心，点燃脱贫致富理想，让贫困群众在思想认识上从被动的"要我脱贫"转变为主动的"我要脱贫"。河南通过大力宣传脱贫攻坚过程中涌现出的全国、全省残疾人脱贫先进典型，激发残疾人脱贫致富的内生动力。唱响"豫爱同行"志愿助残服务，广泛动员社会各界参与，营造扶贫助残良好氛围。截至2020年7月底，全省建档立卡的72.1万贫困残疾人已脱贫61.09万人，残疾人获得感、幸福感和安全感持续提升。驻马店上蔡县"贫困家庭重度残疾人集中托养模式"获得"全国脱贫攻坚组织创新奖"，入选"全球减贫案例"。

二是通过技能培训，提高贫困群众的脱贫能力。采取"听得懂、学得会、能管用"的培训方式，着力解决贫困群众没有一技之长的问题，增强致富手段和自我发展能力，真正让扶贫方式由"输血式"扶贫转化为"造血式"扶贫，推动精准扶贫脱贫更加有效，更可持续。河南省多措并举帮助贫困劳动力就业创业，通过开展"雨露计划""春风行动""基业扶贫百日攻坚"等专项活动，对存在失业或就业不稳定的贫困劳动力帮扶上岗。2019年底已实现全省建档立卡贫困劳动力"应就业尽就业""应培训尽培训"。河南在开展技能提升培训方面，坚持"培训一人、就业一人、脱贫一户"的工作目标，组织引导培训机构创新培训模式，开展种植、养殖、农产品加工、服装加工、家政服务等实用技能培训。如建成河南终身职业技能培训服务平台，建设38个贫困县劳动力转移就业品牌基地，组织全省 95 家技工院校、1285 家民办职业培训机构与全省 9536 个贫困村开展"一对一"技能扶贫培训活动等。

六 坚持改革创新，勇于探索实践

为打赢脱贫攻坚战，河南省在脱贫攻坚中突出问题导向，因地制宜，坚持以改革创新为动力，聚焦关键、精准发力，把改革创新作为脱贫攻坚的重要抓手，不断激发脱贫攻坚活力，不断打开勇于探索积极实践的创新局面，探索实践了一大批符合河南省脱贫攻坚体制机制模式，涌现了许多具有创新性的贫困治理模式和经验，形成了脱贫致富的内生动力和强大驱动力，为脱贫攻坚的河南路径添上了精彩一笔。

河南针对长期存在的制约脱贫攻坚深入开展的瓶颈难题，积极探索体制机制和扶贫方式，涌现了诸多脱贫攻坚的特色亮点，真正开对"药方子"拔掉"穷根子"，有效推动了精准脱贫步伐的加快。典型的创新做法主要有以下几点。一是创新金融扶贫"卢氏模式"。构建金融服务、信用评价、风险防控、产业支撑"四大体系"，将"小银行"开到贫困户家门口。截至 2020 年 11 月底，全省累计发放扶贫小额贷款 591.6 亿元，惠及贫困户 140.2 万户。二是创新"3+3"健康扶贫模式。建立基本医保、大病保险、困难群众大病补充医疗保险"三重医保"，实施医疗救助、疾病应急救助、慈善救助"三重救助"，密织贫困人口医疗托底保障网。三是创新扶贫车间带贫模式。把车间建在村头、岗位设在门口，实现了群众增收、企业增效、脱贫增速、村集体增力。全省建设扶贫车间 3820 个，今年带动贫困人口就业 14.74 万人。四是创新易地扶贫搬迁"四靠、五个一、五个有、五个新"模式。实行安置点选址"靠县城、靠园区、靠乡镇、靠乡村旅游点"，开展因地制宜落实一项产业帮扶措施等产业扶贫"5 个一"行动、有社区服务中心等公共服务"5 个有"行动、营建新家园等美好生活"5 个新"行动，确保贫困群众搬得出、稳得住、能致富、生活好。五是创新宅基地复垦券制度。将贫困地区增减挂钩节余指标优先在省内公开交易，累计交易复垦券 19.86 万亩，收益 372.2 亿元，全部用于脱贫攻坚。六是创新兜底保障模式。积极推广重度残疾人集中托养模式、"四集中"兜底模式、"五养模式"等，有效解决了特困人员生活难、自理难、照料难、护理难、医疗难等问题。全省有 6558 所各类机构承担特困人员集中供养、入驻贫困人口 4.83 万人，有 45.79 万名贫困人口享受亲情代养、居家赡养和邻里助养服务。

七 坚持较真碰硬，促进真抓实干

脱贫攻坚，从严从实是要领。河南省在脱贫攻坚中，坚持较真碰硬，把真抓实干的作风严起来，把求真务实的要求树起来，促进脱贫攻坚提质量、上水平。

一是加强作风治理。省脱贫攻坚领导小组制定《扶贫领域作风问题专项治理实施方案》，省纪委印发《关于做好 2018 年度全省扶贫领域腐败和作风问题专项治理重点工作的通知》，对 47 个贫困县全面开展问题线索挂牌督办。省直 19 个部门共同建立脱贫攻坚监督执纪问责协调联动机制，对有贫困人口的县（市、区）实行监督执纪问责全覆盖。建立 41 个监测点，对基层在脱贫攻坚中存在的形式主义、官僚主义问题及时发现、及时纠正。

二是强化巡视审计。2016 年，在省级层面成立 10 个脱贫攻坚督查巡查组，开展以暗访为主的常态化督查巡查。每轮督查巡查结束后，省脱贫攻坚领导小组听取汇报，印发通报，跟踪整改，有效推动了责任落实、工作落实、政策落实。省委第三轮巡视把脱贫攻坚作为重点内容，第四轮巡视对 30 个县（市、区）开展扶贫领域专项巡视。对全省贫困县实行审计全覆盖，采取"审计发现问题、建立工作台账、及时移交整改、逐个整改销号"的边审边改模式，推动发现问题及时全面整改和追责问责。

三是广泛接受监督。省政协先后召开全省政协组织围绕打赢精准脱贫攻坚战，开展民主监督工作动员会、全省脱贫攻坚民主监督性协商座谈会，推动民主监督深入开展。7 个民主党派省委对口 7 个脱贫任务较重的省辖市开展民主监督。加强"12317"扶贫监督举报电话管理，省、市、县扶贫部门全部开通监督咨询热线，畅通群众诉求渠道，主动接受群众监督。

四是严格督查考评。改进督查方式方法，以暗访为主进行督查巡查，随时发现问题随时约谈提醒。2019 年出台《河南省脱贫攻坚常态化约谈提醒实施办法》，建立随时发现问题、随时约谈机制，树立真抓实干的鲜明导向。实行最严格的考核评估，在全国率先开展省直部门和中央驻豫单位脱贫攻坚责任考核。2016 年以来每年对各地各部门脱贫攻坚成效开展考核，对综合评价"好"的予以通报表扬和扶贫资金奖励，对综合评价"较差"的由省委、省政府主要领导约谈省辖市党政主要负责同志，对综合评价"一般"的由省委、省政府分管领导约谈省辖市分管负责同志。

第五章　在脱贫攻坚伟大实践中锻造
脱贫攻坚精神

伟大事业孕育伟大精神，伟大精神引领伟大事业。中国的脱贫攻坚，不仅取得了物质上的丰硕成果，也凝聚了砥砺前行的精神力量，锻造形成了"上下同心、尽锐出战、精准务实、开拓创新、攻坚克难、不负人民"的脱贫攻坚精神。在 2021 年 2 月 25 日召开的全国脱贫攻坚总结表彰大会上，习近平总书记深刻阐述了伟大脱贫攻坚精神，强调全党全国全社会都要大力弘扬脱贫攻坚精神，团结一心，英勇奋斗，坚决战胜前进道路上的一切困难和风险，不断夺取坚持和发展中国特色社会主义新的更大的胜利。脱贫攻坚精神是中国共产党性质宗旨、中国人民意志品质、中华民族精神的生动写照，是爱国主义、集体主义、社会主义思想的集中体现，是中国精神、中国价值、中国力量的充分彰显，是做好新发展阶段"三农"工作的宝贵精神财富，也为我们乘势而上、再接再厉，持续巩固拓展脱贫攻坚成果，全面推进乡村振兴，加快推进农业农村现代化，推动中原更加出彩，提供了宝贵的精神财富和动力。

第一节　脱贫攻坚精神的孕育与形成

脱贫攻坚精神是中国共产党领导下广大人民群众通过实现脱贫攻坚伟大胜利获得的宝贵精神财富，凝结着全党全社会的共识，体现出人民群众对美好生活的向往和追求，是中华民族伟大复兴路上强大的精神动力，是新时代中国精神的升华，赓续传承了伟大的民族精神和时代精神。

习近平总书记指出："脱贫攻坚不仅要做得好，而且要讲得好。"① 深入研究脱贫攻坚精神的形成、内涵和价值，对全面建设社会主义现代化国家、实现中华民族伟大复兴，具有重要的理论和现实意义。

一　脱贫攻坚精神的形成基础

脱贫攻坚精神的孕育和形成是马克思主义基本原理与中国特色社会主义实践相结合的结果，其植根于新中国成立以来反贫困斗争实践经验的深刻总结，尤其是党的十八大以来我国精准扶贫的伟大实践，既体现了中国古代民本思想在新时代的创新性发展，也体现了马克思主义反贫困理论在中国的创造性应用。

第一，中华优秀传统文化为脱贫攻坚精神的形成提供了思想基因。中国文化中的"扶贫济困"传统和朴素的民本主义思想，为新时代脱贫攻坚精神的形成提供了文化渊源。早在先秦时期，诸子百家就有过精辟阐述，儒家倡导"仁爱""民本"思想，墨家主张"兼相爱，交相利"。传统文化中重民、安民、亲民的民本思想，虽表述不尽相同，但其义理相近，共同构筑了中华慈善的思想渊源，这些都是脱贫攻坚精神深厚的文化根基。脱贫攻坚精神一方面继承和发展了毛泽东、邓小平等历代领导人关于为人民服务的思想，同时又吸收借鉴了古代传统的民本思想，是对民本思想的扬弃与升华。

第二，马克思主义反贫困理论为脱贫攻坚精神的形成提供了理论支撑。脱贫攻坚精神是中国共产党在新时代创造性运用马克思主义反贫困理论的结果，与马克思主义反贫困理论是一脉相承的，是中国共产党对马克思主义反贫困理论的丰富和发展。以习近平同志为核心的党中央将马克思主义贫困理论与新时代中国的贫困问题相结合，深刻分析了中国现阶段反贫困的深层矛盾，提出了通过精准扶贫的新思路，创新了中国特色扶贫开发理论，是马克思主义反贫困理论中国化的最新理论成果，

---

① 《习近平总书记在决战决胜脱贫攻坚座谈会上的讲话》，2020 年 3 月 6 日。

充分展现了中国共产党人不忘初心、牢记使命的自觉担当。

第三，我国反贫困斗争的实践和成就为脱贫攻坚精神的形成提供了现实基础。任何精神都根植于社会实践之中，中国共产党和中国政府为缓解和消除贫困的持续奋斗为脱贫攻坚精神提供了坚实基础。新中国成立以来，党中央在不同的历史时期领导广大人民群众进行反贫困斗争，社会主义制度的建立为消除贫困奠定了前所未有的制度基础。改革开放以后，邓小平同志明确指出"贫穷不是社会主义"，家庭联产承包责任制成为推动农村反贫困的重要契机；1986年，国务院贫困地区经济开发领导小组成立，大规模、有计划、有组织的扶贫开发开始在中华大地持续开展。新时代，党中央高度重视反贫困工作，把脱贫攻坚工作纳入"五位一体"总体布局和"四个全面"战略布局中，提出精准扶贫、精准脱贫的脱贫战略。

第四，习近平总书记关于扶贫工作的系列重要论述是脱贫攻坚精神形成的方法论基础。2013年，习近平总书记在湖南湘西考察时，首次提出"精准扶贫"的重要思想，"扶贫开发贵在精准，重在精准，必须解决好扶持谁、谁来扶、怎么扶的问题，做到扶真贫、真扶贫、真脱贫，切实提高扶贫成果可持续性，让贫困人口有更多的获得感"。习近平总书记关于扶贫工作的系列重要论述为新时代打赢脱贫攻坚战提供了强大的思想武器，为全球贫困治理贡献了中国智慧。习近平总书记立足于全局，从脱贫攻坚的整体性出发，构建了新时代扶贫工作的战略思维，对于创新和完善贫困治理的权责机制、协同推进机制、控制协调机制、金融服务机制等方面指明了方向，使改革创新、求真务实贯穿于脱贫攻坚精神形成的始终。

二　伟大事业锻造伟大脱贫攻坚精神

2021年2月25日，习近平总书记在全国脱贫攻坚总结表彰大会上庄严宣告："经过全党全国各族人民共同努力，在迎来中国共产党成立一百周年的重要时刻，我国脱贫攻坚战取得了全面胜利。"中国共产党团结带领全国各族人民如期完成了新时代脱贫攻坚目标任务，困扰中华民族几千年的绝对贫困问题得到历史性解决，近1亿贫困人口实现脱贫。在脱贫攻坚伟大事业中，各地区各部门尽锐出战、攻坚克难，守望相助、鼎力协作，社会各界协同发力、合力攻坚，广大党员、干部和人民群众吃苦耐劳、自强不息，攻克了一个又一个贫中之贫、坚中之坚，锻造形成了脱贫攻坚精神。脱贫攻坚精神筑起一座新时代的精神丰碑，必将成为推动新时代中国发展进步、战胜一切风险挑战的重要精神动力。

人无精神则不立，国无精神则不强。在我们党一百年的非凡奋斗历程中，一代又一代中国共产党人顽强拼搏、不懈奋斗，形成了一系列伟大精神，构筑起了中国共产党人的精神谱系，为我们立党、兴党、强党提供了丰厚滋养。脱贫攻坚精神进一步丰富和发展了党的精神谱系，为我们增添了一笔新的宝贵财富。这笔精神财富弥足珍贵，既有深厚的历史文化底蕴，又有鲜明的时代特色。脱贫攻坚精神，是中国共产党性质宗旨、中国人民意志品质、中华民族精神的生动写照，是爱国主义、集体主义、社会主义思想的集中体现，是中国精神、中国价值、中国力量的充分彰显，赓续传承了伟大民族精神和时代精神。脱贫攻坚精神深刻阐明了我们党团结带领全国各族人民进行脱贫攻坚伟大斗争的精神实质，深刻揭示了脱贫攻坚战取得全面胜利的力量源泉。

河南省是人口大省，也是脱贫任务较重的省份，在脱贫攻坚精神引领下，河南书写了中国减贫史中的河南篇章。2013年全省建档立卡数据表明，当时共有贫困人口698万、贫困县53个、贫困村9536个，在中西部有脱贫任务的省份中排名第三。经过8年不懈奋斗，河南累计实现718.6万建档立卡贫困人口全部脱贫（含自然减少和销户人员），9536个贫困村全部出列，53个贫困县全部摘帽，消除了绝对贫困和区域性整体贫困，圆满完成了向中央签订责任书中确定的目标任务。2016~2020年，53个贫困县生产总值年均增长8.8%，高于全省1.2个百分点；一般公共预算收入年均增长10.5%，高于全省3.1个百分点。

脱贫攻坚战的全面胜利，离不开千千万万扶贫英雄的拼搏，他们倾力奉献、苦干实干，广大人民群众和衷共济、团结奋斗，铸就了脱贫攻坚精神。在全国脱贫攻坚总结表彰大会上，河南省86名个人获表彰为"全国脱贫攻坚先进个人"，65个集体获表彰为"全国脱贫攻坚先进集体"，在他们的身上蕴含着伟大脱贫攻坚精神，映射着奋战在脱贫攻坚一线广大干部群众艰苦奋斗的身影。习近平总书记指出，"广大扶贫干部爬过最高的山，走过最险的路，去过最偏远的村寨，住过最穷的人家，哪里有需要，他们就战斗在哪里"。"胜负之征，精神先见"，同困难作斗争，是物质的角力，也是精神的对垒。河南是全国脱贫攻坚的主战场之一，贫困人口分布广、贫困度相对较深，脱贫任务繁重。广大党员干部使命在肩，尽锐出战，最精干的力量下沉到了一线，聚千钧于一击，毕其功于一役，向贫困发起猛攻。全省贫困地区面貌发生巨变，行政村通硬化路率、具备条件的行政村通客车率达到100%，农村集中供水率达93%，自来水普及率达91%，分别高出全国"十三五"规划目标8个和11个百分点。农村户户通电、村村通动力电，实现20户以上自然村光纤接入和4G网络全覆盖，黄河滩区30万居民迁建任务基本完成。在波澜壮阔的脱贫攻坚伟大实践中，河南广大扶贫干部奔赴脱贫攻坚伟大实践的第一线，全省涌现出一批政治坚定、表现突出、贡献重大、精神感人的杰出典型。在这场没有硝烟的战斗中，据统计，有刘随伸、王林昶等38位扶贫干部将生命定格在了脱贫攻坚征程上，他们用实际行动描绘了一幅幅务实为民的时代画卷，用生命塑造了新时代共产党人的光辉形象，生动诠释了共产党人的初心使命。他们的奉献，凝聚起脱贫攻坚的强大力量，为走在脱贫致富道路上的群众点亮了曙光。

第二节　脱贫攻坚精神的内涵和意蕴

新时代脱贫攻坚精神是在批判继承中国古代民本思想和马克思主义反贫困理论中国化的基础上持续发展的产物，特别是党的十八大后，生动丰富的脱贫实践使脱贫攻坚精神呈现出多维性特点，蕴含深刻的精神内涵和时代价值。脱贫攻坚精神所体现的价值取向，充分适应了新时代生产力和生产关系，与社会主义核心价值观具有内在的统一性，是对脱贫攻坚伟大实践及其伟大成就的精准凝练与价值升华。

一　"上下同心"的奉献精神

上下同心者胜，众志成城者赢。在波澜壮阔的脱贫攻坚实践中，以习近平同志为核心的党中央广泛动员全党全国各族人民及社会各方面力量，举国同心，合力攻坚，党政军民学劲往一处使，东西南北中拧成一股绳，形成了脱贫攻坚的共同意志、共同行动，全社会与贫困治理的时代脉搏同频共振，汇聚起排山倒海的磅礴力量。"上下同心"凝聚了脱贫攻坚的宝贵经验，凸显了社会主义制度集中力量办大事的政治优势。

党的领导是打赢脱贫攻坚战的坚强政治和组织保证。为打赢脱贫攻坚这场硬仗，河南省加强党的组织领导，以上率下，强化省负总责、市县抓落实的工作机制，坚持脱贫攻坚一把手负责制，层层压实攻坚责任，抓好以村党组织为核心的村级配套建设，集中精力投向脱贫攻坚主战场。在脱贫攻坚这场没有硝烟的战役中，艰难困苦数不胜数，考验着党的领导力、组织力和执行力。河南省各级党组织和广大党员干部团结带领人民群众攻坚克难，开拓前进，是脱贫攻坚最可靠的主心骨。在党的领导下，充分调动一切可以调动的积极因素，组织动员广大干部群众积极参与脱贫攻坚，上下同欲、齐心协力，画出全面推动脱贫攻坚的最大同心圆。正是在党的总揽全局、协调各方的坚强领导下，全省人民走出了一条河南特色的减贫之路，为国家打赢脱贫攻坚战贡献了应有之力。辉县市南李庄村党支部书记范海涛，带领孟电集团与南李庄村企村共建，将南李庄村由一个没有集体收入、人均年收入不到 1000 元的贫穷落后村，发展为村集体年收入1500 多万元，人均年收入增加到 3 万多元，群众实现了就近就业，就近养老。春江集团有限公司党委书记裴村亮，20 年如一日，致力于捐资助学、兴修水利、异地搬迁扶贫和打造特色旅游扶贫产业，累计捐资 2.1 亿元，帮助家乡 2 万多困难群众告别贫困，过上富裕生活。

脱贫攻坚是艰巨复杂的系统工程，需要合理地分配资源、制定科学的政策措施、有效调节调配各种扶贫资源等。在脱贫攻坚中，河南展现了全省一盘棋、各方通力协作、集中力量办大事的优势。全省上下劲往一处使，拧成一股绳，共同行动，合力推进脱贫攻坚，组织开展定点扶贫，发挥行业优势，协同推进政府、社会、市场的力量，构建了专项扶贫、行业扶贫、社会扶贫等多方力量、多种举措有机结合和互为支撑的"三位一体"大扶贫格局，凝聚起众志成城的脱贫攻坚强大合力。贫困地区的巨大变化，离不开社会各界的团结互助、同舟共济。省妇联领导支持和实施的"巧媳妇工程"、省工商联通过不断创新推动的"千企帮千村"行动、多个部门协同发力开展的高速公路服务区扶贫产品消费扶贫行动等，都展示了河南省在脱贫攻坚中团结互助、和衷共济的美德，汇聚了上下同心、携手脱贫的强大力量。

二 "尽锐出战"的攻坚精神

习近平总书记在2018年新年贺词中指出："全社会要行动起来，尽锐出战，精准施策，不断夺取新胜利。"尽锐出战是打赢脱贫攻坚的形势所需，是我党带领全国人民打赢脱贫攻坚的使命所在，更是党和政府打赢脱贫攻坚的信心所在。精兵强将上阵，不仅有利于夺取脱贫攻坚的胜利，还有助于锻炼干部队伍。

尽锐出战，重点在"尽"。就是要把一切力量、资源集中到脱贫攻坚上来，对贫困群众做到应扶尽扶、应保尽保，在精准扶贫和精准脱贫的道路上不漏一户、不落一人。在脱贫攻坚伟大实践中，河南不断加大干部选派、结对帮扶力度，累计选派驻村干部13.76万人次，其中第一书记3.85万人次，在所有贫困村和脱贫任务较重的非贫困村建立4.2万个村级脱贫责任组；不断加大资金投入力度，2016年以来，省市县共投入财政专项扶贫资金727亿元，53个贫困县和10个参照县统筹整合财政涉农资金1068亿元用于脱贫攻坚，确保在脱贫攻坚过程中人财物的鼎力支持。

尽锐出战，核心在"锐"。脱贫攻坚是一场输不起的硬仗，要把最精锐的部队、最能打硬仗的党员干部派到脱贫攻坚第一线，才能形成最强大的战斗力。河南省在精准扶贫中，党员干部的先锋模范作用得以彰显，通过脱贫攻坚锻造了一支善战必胜的精锐之师，铸就了坚强的一线战斗堡垒，为脱贫攻坚提供强大的政治保障。省委办公厅总值班室驻新乡市平原示范区韩董庄镇杨厂村第一书记李汝江，发扬戍疆边防精神，带领村民完善基础设施，打造党员队伍，发展优势产业，闯出了一条脱贫致富、全面发展的振兴之路。伊川县鸦岭镇党委书记梁智宇，围绕抓党建促脱贫攻坚的发展理念，积极探索产业扶贫新模式，创建了"岭上硒薯""岭上硒椒"两个自主产业品牌，走出了一条豫西干旱岭区特色种植致富之路。

尽锐出战，要点在"战"。就是要发挥广大干部和贫困群众的积极性和主动性，解决脱贫路上的各种难题。河南贫困程度深、贫困面大，影响贫困的因素也不一，为克服脱贫道路上的各种困难，在广大党员干部带领下贫困群众主动作为，迸发出了脱贫攻坚的强大内生动力，激发出了蕴藏在人民群众中的无穷智慧，人民群众从"要我脱贫"变为"我要脱贫"，打好了精神脱贫这场关键战役。

三　"精准务实"的实干精神

2012年12月，习近平总书记在河北省阜平县考察扶贫开发工作时指出："要真真实实把情况摸清楚。做好基层工作，关键是要做到情况明。情况搞清楚了，才能把工作做到家、做到位。"2013年11月，习近平总书记在湖南湘西考察时首次提出了"精准扶贫"的重要思想，并强调扶贫开发推进到今天这样的程度，贵在精准，重在精准，成败之举在于精准，指出好路子好机制的核心就是精准扶贫、精准脱贫，要做到扶持对象精准、项目安排精准、资金使用精准、措施到户精准、因村派人精准、脱贫成效精准。这是贯彻实事求是思想路线的必然要求。正如习近平总书记所指出的，"精准扶贫，关键的关键是要把扶贫对象摸清搞准，把家底盘清，这是前提。心中有数才能工作有方。如果连谁是贫困人口都不知道，扶贫行动从何处发力呢？"① 只有依靠实事求是的科学精神和求真务实的态度，才能在全面把握贫困地区和贫困人口具体情况的基础上，做到精准识贫、精准施策、精准治贫和精准脱贫。

坚持精准扶贫精准脱贫基本方略，是习近平总书记扶贫工作重要论述的核心要义，也是打赢脱贫攻坚战的制胜法宝。党的十八大以来，河南贯彻落实习近平总书记关于实施精准扶贫的原则要求，结合实际省情，以抓铁有痕、踏石留印的劲头，围绕解决好"扶持谁、谁来扶、怎么扶、如何退"的问题，建立了比较完备的"1+N"脱贫攻坚政策体系，为打赢脱贫攻坚战提供了重要的制度保障。根据国家第三方评估结果显示，河南省贫困人口退出准确率由 2016 年的 98.59% 提高到 2019 年的100%。精准务实凝聚的是脱贫攻坚的基本逻辑，也是实事求是精神在河南脱贫攻坚事业中最生动的诠释、最鲜活的体现。

坚持精准务实扶贫，是河南打赢脱贫攻坚战的制胜法宝。河南在精准扶贫上下足绣花功夫，做到扶贫工作务实、脱贫过程扎实、脱贫结果真实。坚持扶贫先识贫，组织开展贫困人口精准识别、建档立卡、动态管理，扣好精准"第一粒纽扣"。因村因户精准施策，打好产业扶贫等"四场硬仗"，开展健康扶贫等"六大行动"，实施交通扶贫等"四项工程"，扶到点上、扶到根上。严把贫困退出关口，明确贫困县、贫困村、贫困人口退出标准和程序，建立贫困退出调研评估机制，确保脱贫成果不掺水分。建立防止返贫机制，对脱贫的县村户摘帽不摘责任、不摘帮扶、不摘政策、不摘监管，对脱贫不稳定户、边缘易致贫户及时发现及时帮扶，有效巩固提升脱贫成果。在脱贫攻坚中涌现了被群众亲切称为"李高闺女"的省委宣传部驻上蔡县邵店镇高李村第一书记李佩阳、退而不休的 63 岁淇县大石岩村党支部书记徐光典、创立"中原写福第一村"的省社科联驻武陟县嘉应观乡中水寨村第一书记马应福、被称为

① 《习近平在部分省区市扶贫攻坚与"十三五"时期经济社会发展座谈会上的讲话》，2015年 6 月 18 日。

"卖红薯第一书记"国华孟津电厂派驻孟津县横水镇西沟村担任第一书记的张战军、由于过度劳累突发疾病倒在工作岗位上的济源市示范区工科委驻承留镇玉皇庙村第一书记李艳军等，无不用行动诠释了精准务实，体现了责任和担当。

四 "开拓创新"的创新精神

开拓创新、敢为人先的创新精神是推动脱贫攻坚工作与时俱进、激发制度优势的关键，是打赢脱贫攻坚战斗的不竭动力。习近平总书记指出："支持贫困群众探索创新扶贫方式方法"，"要重视发挥广大基层干部群众的首创精神，支持他们积极探索，为他们创造八仙过海、各显神通的环境和条件"。创新是一个民族进步的灵魂，是一个国家和地区不断进取的不竭动力，也是中华民族最深沉的民族底蕴。脱贫攻坚困难多、难度大，这些是前所未有的，依靠常规的贫困治理方法难以实现新时期脱贫攻坚的目标任务。在脱贫攻坚过程中，继承、发扬和秉承开拓创新的进取品格，我国创新出台了一系列超常规举措，不断改革创新扶贫机制和扶贫方式，探索出了具有中国特色的减贫之路，是我国乃至全球贫困治理的重大创新。

2013 年新一轮建档立卡之初，河南有 698 万农村贫困人口，脱贫摘帽时间紧、任务重、困难大。为打赢脱贫攻坚战，河南突出问题导向，坚持以改革创新为动力，因地制宜，探索多渠道、多元化的精准扶贫新路径。针对长期存在的制约脱贫攻坚深入开展的瓶颈难题，不断深化扶贫领域体制机制改革，让脱贫攻坚质量更高、成色更足。创新开展市县乡党委书记履行脱贫攻坚责任述职评议，优化脱贫攻坚成效考核，有效传导了压力动力。创新推行精准识别"一进二看三比五议六定"工作法，建好用好全省精准扶贫信息管理平台，贫困人口识别准确率提高到100%。创新建立村级脱贫责任组制度，打通了精准扶贫"最后一公里"。金融扶贫"卢氏模式"、扶贫车间带贫模式在全国进行推广，稳定脱贫可持续发展"兰考模式"、贫困家庭重度残疾人集中托养"上蔡模式"、

"互联网+分级诊疗+签约医生"健康扶贫"平舆模式"先后荣获全国脱贫攻坚奖、组织创新奖,淅川县"短中长"生态可持续脱贫模式入选"中国十佳优秀扶贫案例",焦作市实行"两定制兜底线"、打造健康扶贫新模式和三门峡市建立"三项机制"、激活金融扶贫源头活水的做法先后受到国务院通报表扬。这些典型的模式及工作机制,都是发轫于"开拓创新"这个关键词。事实证明,党的十八大以来,河南省精准施策、推动河南脱贫攻坚工作不断取得新进展新成效,脱贫攻坚特色亮点纷呈,真正开对"药方子"、拔掉"穷根子",有效加快了精准脱贫的步伐,为高质量打好打赢全省脱贫攻坚战提供了战略支撑、奠定了坚实基础。

河南以脱贫攻坚统揽经济社会发展全局,以创新的思路抓脱贫,解决了脱贫致富道路上一个又一个难题,同时也激励着广大干部群众思变、求发展,以开拓创新的思路寻找适合自己的发展道路。为激发一线活力,河南各级政府主动引导基层立足实践、深入探索,以地方经验推进制度建设,使实践创新与常态制度建设得以衔接。河南广大干部群众在脱贫攻坚中敢想敢干、勇于探索,也涌现出了一大批关于脱贫攻坚开拓创新的方式方法。省委直属机关工委组织部部长阮孝学,在扶贫工作中探索形成了"党建+金融"模式,推动"政融保"产业扶贫项目,落实融资58.445亿元,服务和带动53353个贫困户脱贫致富,使"政融保"成为抓党建促脱贫攻坚的响亮品牌,列入《河南省打赢脱贫攻坚战三年行动计划》《河南省金融扶贫三年行动方案》,通过创新有力服务了全省脱贫攻坚大局。平舆县人民医院院长王铁珍,迎难而上,创新实施"互联网+健康扶贫"平舆模式,建立全县"平舆县互联网+分级诊疗健康扶贫服务中心"三级诊疗平台,医院已通过平台会诊1.15万例,占全县会诊总数的88%,医院259名医师同27576名贫困户开展了家庭医师签约,每半年对所签约贫困患者开展一次巡诊工作,有效破解了健康扶贫难题。

五 "攻坚克难"的奋斗精神

贫有百样,困有千种。习近平总书记指出,"贫困之冰,非一日之寒；破冰之攻，非一春之暖。做好扶贫开发工作，尤其要拿出踏石留印、抓铁有痕的劲头，发扬钉钉子精神，锲而不舍、驰而不息抓下去"①。"伟大梦想不是等得来、喊得来的，而是拼出来、干出来的。"习近平总书记指出："只要贫困地区干部群众激发走出贫困的志向和内生动力，以更加振奋的精神状态、更加扎实的工作作风，自力更生、艰苦奋斗，我们就能凝聚起打赢脱贫攻坚战的强大力量。""充分调动广大干部群众的积极性，树立脱贫致富、加快发展的坚定信心，发扬自力更生、艰苦奋斗精神，坚持苦干实干，就一定能改变面貌。"② 正是基于这样一种坚忍不拔的品质，广大扶贫干部倾力奉献、苦干实干，同贫困群众想在一起、过在一起，攻克了一个又一个贫中之贫、坚中之坚，为贫困地区绘就了一幅山乡巨变、山河锦绣的时代画卷。

在脱贫攻坚实践中，河南坚持聚焦重点县村攻坚，对剩余贫困人口5000 人以上的 20 个县（市、区）和 52 个未脱贫村实施重点攻坚，省市领导联系重点县，县领导分包重点村，在财政资金投入、金融扶贫支持、土地交易指标等方面倾斜支持。鉴于 70% 以上贫困人口分布在大别山区、伏牛山区、太行山区、黄河滩区，河南坚持把"三山一滩"地区作为脱贫攻坚主战场，先后出台《河南省大别山伏牛山太行山贫困地区群众脱贫工程规划（2014~2020 年）》《河南省黄河滩区居民迁建规划》，狠抓政策落实、项目落地、帮扶落细，瞄准突出问题和薄弱环节集中发力。仅 2020 年就向"三山一滩"地区下达中央、省级财政专项扶贫资金65.98 亿元，占全省资金总量的 78.35%。

在脱贫攻坚精神的引领下，河南广大党员干部把脱贫攻坚作为锤炼"四个意识"的大熔炉、转变工作作风的突破口、检验干部能力的新标杆、推进发展的好机遇，大力弘扬焦裕禄精神、红旗渠精神、愚公移山精神、大别山精神，以"敢叫日月换新天"的气概和"不破楼兰终不还"的劲头，抓铁有痕、踏石留印，用干部的辛苦指数换取贫困群众的

① 《习近平同菏泽市及县区主要负责同志座谈时的讲话》，2013 年 11 月 26 日。
② 《习近平在河北省阜平县考察扶贫开发工作时的讲话》，2012 年 12 月 29 日、30 日。

幸福指数，先后有 38 名扶贫干部牺牲在脱贫攻坚一线。面对艰巨的脱贫攻坚任务，广大党员干部始终保持"逢山开路、逢水架桥"的顽强斗志，对贫中之贫、困中之困发起总攻，坚决啃下最难啃的硬骨头，不获全胜决不收兵。特别是进入脱贫攻坚决战决胜时刻，坚决克服新冠肺炎疫情影响，坚持重点难点一起攻，全力保障就业，全力复产复工，统筹推进项目建设，巩固提升脱贫攻坚成效，努力夺取经济社会发展和疫情防控"双胜利"。贫困群众也切实发挥脱贫主体作用，从"要我脱贫"到"我要脱贫"，坚持不等不靠不要，宁愿苦干、不愿苦熬，政府扶一把，自己站起来，用勤劳的双手创造美满生活。栾川县潭头镇党支部书记杨来法以"蚂蚁啃骨头"的精神排除万难，带领拨云岭村建设成为远近闻名的先进村、富裕村、市级美丽乡村示范村。桐柏县埠江镇付楼村党支部书记李健，通过顽强奋斗实现脱贫，并从残疾贫困户逆袭成为村党支部书记，带领村民发展蘑菇特色产业。叶县常村镇西刘庄村党支部书记刘随伸，任职 21 年，将西刘庄由一个山荒岭秃的贫困山村变成远近闻名的美丽宜居村，却于 2019 年 2 月在工作岗位突发疾病，不幸去世。因失去右腿，被称为"铁拐张"的嵩县黄庄乡三合村贫困户张嵩现，三次创业，不断奋斗，实现了从一名贫困户到"脱贫光荣户"的转变。

六 "不负人民"的担当精神

不负人民，体现着中国共产党为人民谋幸福的不变初心和使命担当。我们党的初心和使命就是为中国人民谋幸福、中华民族谋复兴。我们党近百年的历史证明，这个初心和使命一直是激励中国共产党人不断前进的根本动力。新中国成立前，我们党领导广大农民"打土豪、分田地"，就是要让广大农民翻身得解放；现在，我们党领导广大农民"脱贫困、奔小康"，就是要让广大农民过上好日子。习近平总书记深深牵挂人民群众的饥寒冷暖，指出"人民对美好生活的向往，就是我们的奋斗目标"，强调"小康不小康，关键看老乡"，"全面建成小康社会，一个也不能少；共同富裕路上，一个也不能掉队"，走遍大江南北的全国 14 个集中连片特困地区。各级党委、政府和广大党员干部践行以人民为中心的发展思想，把脱贫攻坚作为第一民生工程，把造福人民的实事、大事、难事办实、办好、办妥，让人民获得了实实在在的获得感、幸福感、安全感。正是因为我们党始终"不忘初心，牢记使命"，坚定人民至上的发展理念，脱贫攻坚才能举全国之力、聚全民之智、集多方之智，最终取得脱贫攻坚战的全面胜利。

党的十八大以来，习近平总书记多次指出："全面建成小康社会，最艰巨的任务是脱贫攻坚，最突出的短板在于农村还有七千多万贫困人口。""不能到了时候我们说还实现不了，再干几年。也不能到了时候我们一边宣布全面建成了小康社会，另一边还有几千万人生活在扶贫标准线以下。""形势逼人，形势不等人。各级党委和政府必须增强紧迫感和主动性，在扶贫攻坚上进一步厘清思路、强化责任，采取力度更大、针对性更强、作用更直接、效果更可持续的措施，特别要在精准扶贫、精准脱贫上下更大功夫。"① 让 7000 多万农村贫困人口生活好起来，始终是习近平总书记最牵挂的事。2020 年，面对新冠肺炎疫情，习近平总书记指出："到 2020 年现行标准下的农村贫困人口全部脱贫，是党中央向全国人民作出的郑重承诺，必须如期实现，没有任何退路和弹性。"

在脱贫攻坚伟大实践中，河南坚持扶贫为了人民、扶贫依靠人民、脱贫成效由人民检验。脱贫攻坚时期，河南年均减贫 102.65 万人，打破了以往新标准实施后脱贫人数逐年递减的格局，区域性贫困问题有效解决，绝对贫困人口全部清零，超额完成了向中央签订的责任书中确定的目标任务。在脱贫攻坚斗争中，广大扶贫干部同贫困群众想在一起、过在一起、干在一起，彰显了不负人民的高尚情怀。河南伏羲山旅游开发有限公司董事长李松辰，以一名党员的初心和担当，筹资 20 多亿元，带动 3 个县（市）41 个行政村 286 个村民组的建档立卡贫困户 11533 人实

---

① 《习近平在部分省区市党委主要负责同志座谈会上的讲话》，《人民日报》2015 年 6 月 20 日，第 1 版。

现产业脱贫拉动伏羲山及周边 55065 名农民实现致富增收。泌阳县丰盈制衣有限公司董事长禹宗圻，创业有成不忘回报家乡，建成 27 家"巧媳妇工程"加工点和 3 个中心工厂，带动 1500 多名"巧媳妇"和 360 名贫困人员就业，人均年收入 2 万多元。省农产品质量安全检测中心原驻滑县北李庄村第一书记宋伟，累计争取项目资金 1384 万元，建设了一批特色产业基地，为全村提供就业岗位 1100 多个，人均年增收 7000 多元，村集体收入年增加 20 多万元。

第三节　脱贫攻坚精神的时代价值

脱贫攻坚是具有决定性意义的攻坚战，是全面建成小康社会伟大实践的客观反映。脱贫攻坚精神是引领打赢脱贫攻坚战、决胜全面建成小康社会、实现中华民族伟大复兴中国梦的精神旗帜，是在新时代中国特定历史条件下锻造形成的宝贵精神力量，在中华民族宝贵的精神财富库中又增加了新时代中国共产党人的印记，必将鼓舞中原大地奋勇争先、走在前列、更加出彩的恢宏士气。

一　脱贫攻坚精神丰富和发展了中国共产党人的精神谱系

我们党在领导人民进行革命、建设和改革的奋斗进程中，铸就了井冈山精神、长征精神、延安精神、抗洪精神、抗疫精神等一个个鲜明具体的精神丰碑，构成了可以滋养人心、催人奋进的"精神谱系"。新时代脱贫攻坚的伟大斗争，既是从"精神谱系"中汲取奋进力量，也锻造了新时期的脱贫攻坚精神，丰富和发展了中国共产党的精神谱系。脱贫攻坚精神是中国共产党带领全国人民基于新时期新的目标任务形成的鲜明精神"标识"。

在脱贫攻坚伟大实践中，中国共产党带领全国人民团结奋斗，充分展示了以伟大创造和伟大梦想为内核的新时代中国精神，成为中华民族风雨无阻、砥砺前行的精神动力。以习近平同志为核心的党中央开拓创新、求真务实，创造性地提出了"第一书记"制度，与现行制度下村支书制度形成了双轨制，突破了科层制张力的制约，实现了顶层设计与基层实施完美结合，能够在一定程度上防止贫困治理陷入中国传统乡村治理中的"熟人陷阱"，有效抑制了"精英俘获"，从而达到了贫困人口精准识别、精准帮扶、精准施策的目的，真正使帮扶资源到达了需要帮扶的贫困人口手中，做到了反贫困资源公正、公平、高效配置。

以脱贫攻坚精神为指引，河南全省人民上下一心，心往一处想，劲往一处使，全省累计实现 718.6 万建档立卡贫困人口全部脱贫（含自然减少和销户人员），9536 个贫困村全部出列，53 个贫困县全部摘帽，圆满完成了向中央签订责任书中确定的目标任务。数十万扶贫干部奋战在脱贫攻坚一线，同贫困群众融为一体，密切了党群干群关系，增强了贫困群众获得感、幸福感和满意度，提升了基层治理能力和管理水平。河南脱贫攻坚的丰硕成果，充分说明了中国特色社会主义道路的正确性、中国特色社会主义理论的科学性、中国特色社会主义制度的优越性。

河南在脱贫攻坚实践中，始终坚持精准方略不动摇，建立精准脱贫工作体系，把"六个精准"要求贯穿脱贫攻坚各环节和全过程。突出抓好精准施策，打好产业扶贫、就业创业扶贫、生态扶贫、金融扶贫"四场硬仗"，开展健康扶贫、教育扶贫、扶贫助残、易地扶贫搬迁、危房改造、扶贫扶志"六大行动"，实施交通扶贫、水利扶贫、电网升级和网络扶贫、环境整治"四项工程"，走出了一条完全符合河南农业农村实际的脱贫攻坚之路。

二　脱贫攻坚精神充分彰显了反贫困的中国智慧和中国经验

中国之所以取得脱贫攻坚的伟大胜利，是中国共产党坚持马克思主义基本原理、立足中国特色社会主义政治制度的必然结果。脱贫攻坚精神是一种自内而外散发出的奋斗精神，充分激发出了贫困人口脱贫致富的内生动力，整体上表现出主动脱贫的强大动力。从中央到地方的各级政府，提供了强有力的组织保障，以精准扶贫为组织导向，凝聚社会各方力量主动参与脱贫攻坚,形成了强大的脱贫合力,使中国特色社会主义制度的政治优势在反贫困治理中充分发挥出了优势。

中国脱贫攻坚取得的巨大成就,充分彰显了反贫困治理的中国智慧,提供了可复制的中国经验,坚定了全世界减贫的信心。从全世界范围看,中国减贫的速度明显快于全球,根据世界银行发布的数据,中国累计减贫 8.2 亿人,占到全球减贫人数的 65.1%。具体到河南,2016~2019 年,贫困地区农村居民年人均可支配收入由 9734.9 元增加到 13252.5 元,年均增长 10.8%,比全省农村平均水平高出 1.8%。2020 年前三季度,贫困地区农村居民人均可支配收入为 9526.6 元,同比增长 6%,比全省农村平均水平高出 0.9%。中国脱贫攻坚的经验表现在精神层面上,既是中国人民脱贫致富奔小康的精神力量,也指明了广大发展中国家反贫困治理的一般路径,闪烁着中国人民和中国共产党的经验、智慧。

受资源禀赋、政治制度、经济文化和社会结构等多方面因素的影响,反贫困治理具有复杂性和多样性的特点,单一的减贫措施和政策往往难以奏效。中国脱贫攻坚的经验表明,坚持以精准扶贫为需求导向,国家行政力量积极干预和主导,采取多种综合性措施才是反贫困工作的关键。西方国家政府和学者认为,贫困问题的解决依赖于经济社会发展水平的逐步提高,但随着西方发达国家经济的发展,单纯的经济增长并不能有效带动解决深层次的反贫困问题。与西方主流的反贫困理论相比,中国脱贫攻坚的实践经验向全世界证明,在经济并未充分发展的前提下,依然能够实现经济增长与全面减贫的并行道路,只有发展成果惠及人民群众,才能实现全面减贫工作的根本性突破。中国脱贫攻坚的经验,进一步丰富了马克思主义反贫困理论,拓展了世界反贫困理论的思想谱系,对全世界加速减贫提供了中国方案。

三 脱贫攻坚精神为实现全体人民共同富裕提供了精神力量

实现共同富裕,是马克思主义的一个基本目标,反映了社会主义的本质要求,体现了以人民为中心的根本立场。我国脱贫攻坚的全面胜利,也标志着我国在实现共同富裕的道路上迈出了一大步。但是，脱贫摘帽不是终点，而是新生活、新奋斗的起点。进入新的发展阶段，脱贫攻坚精神为我们朝着共同富裕的目标稳步前进提供了精神动力。

全心全意为人民服务，发展依靠人民，发展为了人民，这是中国共产党的根本立场。脱贫攻坚始终把人民群众的呼声和诉求放在首位，顺应人民群众对美好生活的向往，坚持人民群众的主体地位，实现好、维护好、发展好最广大人民的根本利益，在此过程中锻造形成的脱贫攻坚精神，生动阐释了社会主义共同富裕的本质要求，谱写出中国共产党人立党为公、执政为民的理念和情怀。

"其作始也简，其将毕也必巨。"习近平总书记指出："脱贫攻坚战越到最后，越是要加强和改善党的领导。"① 河南是农业大省、人口大省，也是全国脱贫攻坚任务较重的省份之一，之所以能够取得脱贫攻坚战的重大胜利，最重要的经验就是坚持并不断强化党对脱贫攻坚工作的领导。充分发挥各级党委的领导核心作用，严格执行脱贫攻坚一把手负责制，省市县乡村五级书记一起抓，为脱贫攻坚提供了坚强的政治保证和组织保证。深入推进抓党建促脱贫攻坚，优化基层党组织设置，选优配强基层党组织负责人和党务工作者队伍，让农村基层党组织真正发挥战斗堡垒作用。依靠党的坚强领导，充分发挥中国特色社会主义制度优势，集中全社会资源，动员全党力量，把党的政治优势、组织优势转化为脱贫攻坚优势，保证了脱贫攻坚任务的如期完成。

党的十八大报告明确提出："要在全体人民共同奋斗、经济社会发展的基础上，加紧建设对保障社会公平正义具有重大作用的制度，逐步建立以权利公平、机会公平、规则公平为主要内容的社会公平保障体系。"全面建成小康社会，迈向共同富裕，就必须打赢脱贫攻坚战，脱贫攻坚精神既体现出全体中国人民的决心和毅力，也体现出中国共产党公平正义的执政价值取向。脱贫攻坚的伟大胜利，确保发展成果由人民

① 《习近平在决战决胜脱贫攻坚座谈会上的讲话》，2020年3月6日。

共享，没有遗漏任何一名贫困群众，显著提升了中国人民的幸福感和获得感。

四　脱贫攻坚精神有力鼓舞了中原大地奋勇争先、更加出彩的恢宏士气

习近平总书记指出："中国人民在长期奋斗中培育、继承、发展起来的伟大民族精神，为中国发展和人类文明进步提供了强大精神动力。""幸福都是奋斗出来的"，"社会主义是干出来的"，伟大的脱贫攻坚精神充分反映了新时代的社会精神风貌，鼓舞着全国人民和全体党员干部的奋斗士气。虽然2020年突如其来的新冠肺炎疫情对脱贫攻坚带来了意外的影响，中小微企业生产经营困难加剧、投资项目建设进度延缓、商务经贸活动受到抑制，但在脱贫攻坚精神的鼓舞下，为如期实现既定脱贫目标提供了重要的精神动力。全体党员和广大干部，以高度政治担当和责任担当，带头弘扬脱贫攻坚精神，在大战中践行初心使命，在大考中交出合格答卷。

脱贫攻坚精神源于实践、指引实践，河南在这场大考中，一方面切实发挥了各级政府在脱贫攻坚中的主体和主导作用，不断加大投入、强化资金支持；另一方面积极引导动员包括各类非公有制企业、社会组织、个人在内的社会各方力量参与扶贫，努力构建专项扶贫、行业扶贫、社会扶贫等多方力量，多种举措有机结合和互为支撑的"三位一体"大扶贫格局，最大限度地激发全社会精准扶贫精准脱贫动力，凝聚起众志成城的脱贫攻坚强大合力，攻克贫困堡垒，打赢脱贫攻坚战，推动群众稳定脱贫、逐步致富。

唯有精神上站得住、站得稳，一个民族才能在历史洪流中屹立不倒、挺立潮头。脱贫摘帽不是终点，而是新生活、新奋斗的起点。在以习近平同志为核心的党中央正确领导下，河南取得了脱贫攻坚的巨大成就，全省绝对贫困问题得到历史性解决。但要清醒地认识到，巩固拓展脱贫成果的任务依然艰巨繁重，全面实施乡村振兴战略的深度、广度、难度

都不亚于脱贫攻坚，解决发展不平衡不充分问题、缩小城乡区域发展差距、实现人的全面发展和全体人民共同富裕仍然任重道远。消除贫困、改善民生、逐步实现共同富裕，是社会主义的本质要求。河南省将深入学习贯彻党的十九届五中全会精神，加快推进巩固拓展脱贫攻坚成果同乡村振兴有效衔接，科学编制"十四五"巩固拓展脱贫成果规划，建立农村低收入人口和欠发达地区帮扶机制，健全农村社会保障和救助制度、防止返贫监测和帮扶机制，推动脱贫摘帽地区乡村全面振兴，让脱贫群众过上更加幸福美好的新生活。从脱贫攻坚等伟大精神中汲取强大力量，使之转化为全面建设社会主义现代化国家的强大力量，继续苦干实干、披荆斩棘，深刻把握巩固拓展脱贫攻坚成果的明确要求，以脱贫攻坚战的全面胜利为新起点，保持锲而不舍的毅力、一往无前的魄力，推动巩固拓展脱贫攻坚成果同乡村振兴有效衔接的各项方针政策在河南落地生根，在新征程上奋勇争先、走在前列、更加出彩，创造新的更大奇迹！

第六章 河南推进乡村振兴的探索与实践

乡村是中国最大的国情，也是河南最大的省情。"民族要复兴，乡村必振兴"，可以说，乡村兴则中国兴，乡村兴则河南兴。作为全国农业大省和农村人口大省，推进乡村振兴、做好"三农"工作，是坚决落实习近平总书记对新时代河南工作总要求的使命担当，是加快农业农村现代化建设的客观要求，是破解发展不平衡不充分问题的迫切需要，也是实现高质量发展的必然选择和实现全省人民共同富裕的必由之路。党的十九大以来，河南贯彻党中央的决策部署，坚持农业农村优先发展的总方针，在经济社会发展全局中统筹谋划和推进乡村振兴，积极探索具有河南特色的乡村振兴实践路径，对于实现河南由农业大省到现代农业强省的历史性转变，夯实中原更加出彩的坚实基础，具有重要意义。

第一节 健全乡村振兴工作体系及政策体系

自党的十九大提出实施乡村振兴战略以来，河南切实强化责任意识和使命担当，坚决扛起推进乡村振兴重大责任，面对新情况新任务新要求，用新的思维和方式去谋划推动农业农村发展，不断强化决策部署，加强组织保障，坚持规划引领、分类推进和示范带动，努力搭建实施乡村振兴的"四梁八柱"，工作体系、制度框架和政策体系基本形成，为"十四五"河南全面推进乡村振兴开好局、起好步奠定了坚实基础。

一　健全乡村振兴工作体系

与党中央决策部署对标，全省各地不断提高对实施乡村振兴战略重大意义的认识，始终把解决好"三农"问题作为重中之重，真正把实施乡村振兴战略摆在优先位置，把党管农村工作的要求落到实处，各部门各司其职，各负其责，齐抓共管的工作格局正在形成。

（一）强化科学决策部署

河南坚持把学习贯彻习近平总书记重要讲话精神作为重大政治任务，把实施乡村振兴战略、做好"三农"工作放在经济社会发展全局中统筹谋划和推进，主要负责同志带头学习领会、研究具体举措、狠抓贯彻落实，通过密集调研座谈、召开会议，多次对乡村振兴工作进行动员、部署，持续聚焦乡村振兴。

2017 年 12 月召开的省委经济工作会议提出，要协同推进新型城镇化和乡村振兴战略实施，坚持新型城镇化和乡村振兴两手抓。2018 年 1 月召开的省委农村工作会议，吹响了全省实施乡村振兴战略的冲锋号，并对实施乡村振兴战略进行了安排部署，提出了总体要求、明确了主要任务、列出了时间表，并讨论了《中共河南省委河南省人民政府关于推进乡村振兴战略的实施意见（讨论稿）》。2019 年 4 月召开的省委十届九次全会，审议讨论了《中共河南省委、河南省人民政府关于深入学习贯彻习近平总书记重要讲话精神全面推进乡村振兴战略的实施意见》，对实施乡村振兴战略、做好"三农"工作进行专题谋划部署，动员全省上下紧紧扭住乡村振兴战略这一总抓手，进一步巩固脱贫攻坚战果，进一步提升"三农"工作；11 月底在省委十届十次全会上又对坚定不移推动乡村振兴的河南实践进行了重点部署。2021 年 3 月，省委农村工作会议提出深入学习习近平总书记重要讲话精神，推动乡村振兴实现更大突破、走在全国前列。此外，近年来省委经济工作会议、政府工作报告，以及河南省"十四五"规划，也都把推进乡村振兴工作列为重中之重进行部署安排。各地各部门认真贯彻中央和省里决策部署，各省辖市均制定了乡村振兴战略实施方案，明确工作落实的任务书和时间表。

（二）强化组织保障

一是加强组织领导。为加强对乡村振兴战略实施工作的组织领导，2018年，河南省委成立乡村振兴工作领导小组，负责统筹协调全省乡村振兴工作，研究制定全省乡村振兴规划和行动计划，出台并组织实施促进乡村振兴重大措施等。2020年，成立由省委书记、省长等省级领导牵头的五大专班，专题研究、专班推进。市、县、乡三级成立由党委、政府主要负责同志任组长的领导小组。河南不断健全党委统一领导、政府负责、农业农村部门统筹协调的领导体制，构建五级书记抓乡村振兴的工作格局，形成省负总责、市县抓落实的工作机制，为乡村振兴战略深入实施提供了政治保障。二是建强基层组织。习近平总书记指出："党的基层组织是党的肌体的'神经末梢'，要发挥好战斗堡垒作用。"河南坚持大抓基层、大抓支部，实施党支部"堡垒工程"，突出政治引领，持续整顿软弱涣散基层党组织，创评基层党建示范村。坚持高标准高质量，像抓市县乡换届一样抓村（社区）"两委"换届。通过实施"百村示范、千村提升、万村跟进"行动，评选产生一批"五星支部"，提升乡村治理能力。积极实施村党组书记"头雁工程"，全面开展素质提升行动。三是转变工作作风。河南坚持不懈抓作风建设，坚决纠正形式主义、官僚主义，开展基层减负专项行动，让基层干部把精力集中到办实事办好事上来。大力弘扬焦裕禄同志的"三股劲"，以领导方式、思维方式、工作方式的转变推动习近平总书记重要讲话精神贯彻落实，确保乡村振兴战略各项决策部署落地见效。

此外，2020年9月，组织新密市、林州市、孟津县、新县、长垣市等20个乡村振兴示范县县委书记赴浙江安吉、江西横峰，学习考察乡村振兴先进经验和做法，并于2021年1月召开座谈会，听取赴赣浙学习考察情况汇报，研究全面推进乡村振兴工作，进一步提高全面推进乡村振兴的能力和水平。

二　健全乡村振兴政策体系

为了推进乡村振兴战略的科学有序实施，河南不断加强顶层设计，全局上谋划，关键处落子，形成了比较完善的乡村振兴政策体系。

（一）强化制度供给

实施乡村振兴战略，必须要有制度性供给保障。结合自身实际，河南印发《关于推进乡村振兴战略的实施意见》《关于坚持农业农村优先发展　深入推进乡村振兴战略的意见》，根据 2018 年中央和省委一号文件、已出台的《乡村振兴战略规划（2018～2022 年）》，在深入基层调研、综合分析研判、多方征求意见的基础上，编制完成了《河南省乡村振兴战略规划（2018～2022 年）》，全面明确了河南省实施乡村振兴战略的总体要求、基本原则、目标任务和政策措施；出台了《河南省农村人居环境整治三年行动实施方案》《河南省乡村治理体系建设三年行动计划》《河南省乡风文明建设三年行动计划》《河南省科技支撑乡村振兴三年行动计划》等专项行动计划。2020 年 12 月中央农村工作会议召开后，河南制定了《关于全面推进乡村振兴加快农业农村现代化的实施意见》，省委农村工作领导小组牵头制定了《河南省乡村建设行动实施方案》及 13 个重点任务专项行动方案、《河南省乡村产业振兴五年行动计划》等。通过谋划一系列重大举措，提出一系列重要战略、专项行动和重点工程，河南省逐步搭建起河南实施乡村振兴的"四梁八柱"。

（二）加强规划引领

乡村振兴，规划先行。在 2019 年中央一号文件正式提出编制"多规合一的实用性村庄规划"之前，国家有关部门按照职责分工或阶段性工作要求，部署了各种不同类型的村庄规划编制。按照相关部署要求，河南省一些县（市、区）、村庄开始着手编制县域乡村建设规划、村庄建设规划、村土地利用规划、全域国土综合整治规划、传统村落保护规划等。如开封市财政投入 3000 多万元围绕朱仙镇编制了"1+N"示范带村庄规划，开展全域国土综合整治试点；长垣市结合农村三块地改革试点，安排了 3000 万元资金，委托高校一次性编制 501 个村的以农村建设用地整理为主要内容的村级规划；舞阳县作为省级贫困县，在资金紧张的情况下仍拿出 200 万元作为试点村村庄规划编制的奖补资金。为了有序推进乡镇和村庄规划编制，体现乡村个性，避免千村一面，2019 年 7 月，河南开始实施"乡村规划、千村试点"，选派 1517 名规划设计师到 1188 个试点村庄，各市县也选派大批规划设计师，遴选村庄编制实用性村庄规划。一些地方编制的村庄规划，特别是近期编制完成的村庄规划，注重贯彻落实习近平生态文明思想，牢固树立和践行绿水青山就是金山银山的理念，坚持高质量发展的根本方向，构建人与自然和谐共生的农业农村发展新格局。

（三）优化支持保障

在推进乡村振兴的支持保障方面，河南省落实干部配备、要素配置、资金投入、公共服务"四个优先"，把更多资源向"三农"投入，让更多发展要素向乡村集聚。尤其在资金投入上，河南不断健全乡村振兴投入保障机制，发挥财政资金"四两拨千斤"作用，初步形成财政优先保障、金融重点倾斜、社会积极参与的多元投入格局。河南省财政聚焦粮食生产、农业结构调整、农村三产融合、乡村基础设施建设等"三农"重点工作，下拨中央转移支付资金和省级财政资金支持乡村振兴。国开行河南省分行、农发行河南省分行、农行河南省分行在农村公路改造、农村人居环境整治、农村电网改造、农田水利建设领域的贷款不断增加。省级设立涉农投资基金，向社会公开推介支持乡村振兴项目。各地也从财政投入、资金整合、土地出让、信贷支持等方面，多渠道筹集资金。2020 年河南省共向乡镇下沉事业编制 3.2 万个，在县级规划中预留 10% 用地指标用于乡村产业发展，省级预算安排农林水支出同比增长 25%，用于农业农村领域的政府债券规模达 221.8 亿元。

（四）坚持分类推进

一是以村庄为主体进行分类。河南省地域范围广，有 4.5 万多个行政村，既有平原地区的村庄，也有深山区、滩区的村庄，还有城郊村，各地乡村自然资源禀赋不同、发展情况差异较大。河南省科学把握全省乡村的差异性、多样性，顺应村庄发展规律和演变趋势，针对不同区域的乡村发展特点，将全省村庄大致分为城郊融合类、拓展提升类、特色保护类、整治改善类和搬迁撤并类等五大类（见表 6-1），综合考虑建设形态、村庄规模、服务功能、历史文化等，分类指导、梯次推进村庄建设。各地在此基础上，尊重农民意愿、因地制宜，进一步深入研究、分类推进。二是以县域为主体进行分类。河南省深入全面分析不同区域农业农村发展趋势，依据区位条件、资源禀赋、产业基础、发展水平等实际情况，将全省 107 个县市区划分为示范引领县、整体推进县和巩固提升县（见表 6-2）。其中，示范引领县区位条件优越、县域经济发展水平较高、农业农村基础较好，主要包括乡村振兴示范县、第一批践行县域治理"三起来"示范县和代表性较强的县；整体推进县代表全省乡村振兴平均水平，主要是示范引领县以外的非贫困县、原省定贫困县；巩固提升县主要包括除兰考县、新县、固始县、沈丘县之外的原国定贫困县（区）。通过分类指导、规划设计、要素投入、督导考核、宣传培训等机制，引导不同类型的县找准发展路径、发挥自身优势，走出各具特色的乡村振兴路子，以加速全省农业农村现代化。

表 6-1　河南省以村庄为主体分类推进乡村振兴的情况

类别	划分标准	重点任务
城郊融合类	主要是城镇现状建设区以外、城镇开发边界以内的村庄	根据城镇化进程和城市功能布局调整，纳入城市统一管理，同步推进村改居、农民转市民，融入城市功能网络

续表

类别	划分标准	重点任务
拓展提升类	现有产业基础较好、生态环境较好、村庄规模较大、位于交通干线或旅游线路沿线的村庄	高起点定位、高标准规划，鼓励发挥自身比较优势，率先建设环境美、田园美、村庄美、庭院美的"四美"乡村
特色保护类	主要是历史文化名村、传统村庄和自然景观特色、生态功能突出的村庄	在保持原生态环境和村庄传统格局的基础上，有序推进村庄更新改造，适度发展旅游等环境友好型产业
整治改善类	主要是产业基础薄弱、人口外流和空心化现象严重、生产生活条件较差的村庄	重点推进农村污水垃圾整治、厕所革命和村容村貌提升，补齐公共设施短板，确保与其他居民享受同等城乡基本公共服务
搬迁撤并类	主要是位于深山荒芜区、地质灾害区、生态保护区和河滩受淹区的村庄	按照靠县城、靠乡镇、靠园区、靠景区的原则进行安置，强化产业就业后续支撑，统筹解决村民生计、生态保护等问题

资料来源：《河南省乡村振兴战略规划（2018~2022）》。

表6-2 河南省以县域为主体分类推进乡村振兴的情况

类别	县（区）	重点任务
示范引领县（30个）	新郑市、新密市、巩义市、兰考县、孟津县、新安县、舞钢市、林州市、浚县、淇县、新乡县、长垣市、孟州市、温县、修武县、濮阳县、清丰县、长葛市、临颍县、灵宝市、邓州市、西峡县、许昌市建安区、永城市、固始县、新县、鹿邑县、沈丘县、遂平县、济源示范区	高起点、高标准实施乡村振兴战略，打造可复制可推广的典型示范
整体推进县（43个）	中牟县、荥阳市、登封市、杞县、通许县、尉氏县、偃师市、伊川县、宝丰县、郏县、叶县、汝州市、安阳县、内黄县、汤阴县、卫辉市、辉县市、获嘉县、原阳县、延津县、沁阳市、博爱县、武陟县、南乐县、禹州市、鄢陵县、襄城县、舞阳县、义马市、渑池县、新野县、唐河县、方城县、夏邑县、罗山县、息县、项城市、西华县、扶沟县、西平县、汝南县、正阳县、泌阳县	加大乡村振兴战略实施力度，统筹推进农业农村现代化，不断增强县域发展实力，在巩固拓展脱贫攻坚成果基础上，推进乡村振兴战略和县域经济高质量发展，促进县域城乡融合发展
巩固提升县（34个）	宜阳县、汝阳县、洛宁县、栾川县、嵩县、鲁山县、滑县、封丘县、范县、台前县、卢氏县、镇平县、内乡县、淅川县、桐柏县、社旗县、南召县、虞城县、柘城县、宁陵县、睢县、民权县、潢川县、淮滨县、商城县、光山县、郸城县、太康县、周口市淮阳区、商水县、上蔡县、平舆县、确山县、新蔡县	重点做好脱贫攻坚同乡村振兴的有效衔接，用足用好帮扶政策，从集中资源推动脱贫攻坚转向全面推进乡村振兴，通过实施乡村振兴战略巩固拓展脱贫攻坚成果

资料来源：《中共河南省委、河南省人民政府关于分类推进乡村振兴的通知》。

（五）开展示范带动

为推进乡村振兴战略深入实施，河南决定在 20 个县市、162 个乡镇开展示范，由省乡村振兴工作小组成员单位，在资金投入、要素配置、公共服务等方面采取措施，支持示范地区实施项目建设，培育亮点特色，引导这些县乡在实现农业农村现代化上当示范，在坚持农业农村优先发展上当示范，在落实产业兴旺、生态宜居、乡风文明、治理有效、生活富裕的总要求上当示范，在创新机制上当示范，以点带面，推动全局，以先进典型的实践引领带动全省乡村振兴。各市、县也高度重视示范乡村建设，在发展思路上加强引导、在项目建设上优先安排、在资金投入上给予倾斜，示范县市党委、政府每年要向省委、省政府报告推进实施乡村振兴战略情况。近年来，省级示范县乡坚持因地制宜，立足当地资源禀赋，坚持问题导向，实施重点突破，率先在实现农业现代化、建成"四美乡村"、塑造文明乡风、完善乡村治理体系、实现城乡融合发展等方面，发挥优势，主动作为，有力地带动了全省乡村振兴战略实施，为全省乡村振兴积累了经验。如林州市着力发展壮大集体经济，5 万元以下村实现清零；永城市积极实施农户"厕所革命"，实现户用厕所改造全域覆盖；兰考县开展垃圾清零行动、治理村庄空心院、实施环境综合提升等行动，有效改善了村容村貌。

第二节　河南推进乡村振兴的实践探索

河南将实施乡村振兴战略作为新赶考路上的"时代之问"，全面贯彻落实总书记和中央决策部署，在健全乡村振兴工作体系和政策体系的基础上，坚持以生态为先、产业为基、人才为本、文化为魂、改革为要，在稳步提升粮食产能上展现新作为，在提升农业竞争力上探索新路径，在营造良好生态环境上塑造新优势，在激发动力活力上求得新突破，加速探索实施乡村振兴战略、做好"三农"工作的河南实践，在希望的田野上谱写新时代中原更加出彩的绚丽篇章。

一 坚持产业为基，夯实乡村振兴物质基础

产业兴旺是乡村振兴的重点。作为全国粮食、畜禽主产区和农产品加工大省，河南省坚决扛稳粮食安全重任，以农业高质量发展为主题，以农业供给侧结构性改革为主线，充分发挥资源禀赋优势，坚持"三链同构"、三产融合，发展高效种养业、绿色食品业和乡村现代服务业，实现粮食安全和现代农业相统一，推动农业大省向现代农业强省转变。

（一）牢牢扛稳粮食安全重任

河南始终牢记习近平总书记殷殷嘱托，坚持把确保粮食安全作为重要政治责任和实施乡村振兴战略的首要任务，深入实施"藏粮于地、藏粮于技"战略，持续打造全国重要的粮食生产核心区，不断提升粮食综合产能。一是守住耕地红线保粮田。河南狠抓粮食安全责任制考核，建立责任追究机制，层层压实地方政府重农抓粮的责任。严格落实耕地占补平衡制度和永久基本农田特殊保护制度，实行管控性保护、约束性保护、补救性保护、倒逼性保护、惩治性保护等多重保护措施，牢牢守住全省 1.2 亿亩耕地红线。切实抓好产粮大县奖补政策、耕地地力保护补贴、小麦最低收购价政策等一系列强农惠农政策落实，不断调动基层政府抓粮和广大农民种粮的积极性，确保粮食种植面积稳定在 1.6 亿亩以上，其中口粮面积稳定在 9000 万亩以上。二是提高土地质量保产能。2018 年以来，河南省通过实施全域国土综合整治试点工程，系统优化耕地、永久性基本农田和村庄建设用地布局。持续推进中低产田改造，逐步开展退化耕地综合质量、污染耕地阻控修复。大力实施高标准粮田"百千万"建设工程，把高标准农田建设作为粮食安全责任制、耕地质量保护和乡村振兴实绩考核的核心指标，使其成为市县委书记亲自抓、亲自管的"一把手"工程。2020 年印发《关于加强高标准农田建设 打造全国重要粮食生产核心区的实施意见》，确定了新时期支持高标准农

田建设的一揽子政策。三是用好科技创新保产出。河南围绕扛稳粮食安全重任、树牢绿色发展理念，推动化肥减量增效、耕地质量建设、农业节水技术推广等工作。启动并推进国家生物育种产业创新中心建设，着力打造种业创新高地。

（二）加快推进农业转型升级

河南坚持质量兴农、科技兴农、品牌强农，深入推进农业供给侧结构性改革，不断提高农业发展质量和水平，出台了《关于深入推进农业供给侧结构性改革　大力发展优势特色农业的意见》《加快推进农业高质量发展建设现代农业强省的意见》《关于坚持三链同构加快推进粮食产业高质量发展的意见》《关于加快畜牧业高质量发展的意见》等一系列文件，制定了高效种养业和绿色食品业转型升级行动方案等，为加快推进农业转型升级、建设现代农业大省提供了重要遵循。一是大力发展高效种养业。河南省坚持布局区域化、经营规模化、生产标准化、发展产业化、方式绿色化、产品品牌化，以市场需求为导向，以优质小麦、优质花生、优质草畜、优质林果为重点，深入推进"四优四化"①，引导各地依托资源优势发展蔬菜、花卉苗木、食用菌、茶叶、中草药材、水产等特色农产品，打造十大优势特色农业发展基地，不断提高农业质量效益和竞争力。加强非洲猪瘟防控，加快恢复生猪产能，以目标责任制推动生猪产能恢复，将其纳入"菜篮子"、乡村振兴及民生实事三项考核范围。大力推行单品种、单作物连片种植和规模化养殖，发展"一村一品""一乡一品""一县一业"，扩大产地规模。二是加快绿色食品业转型升级。河南把优质、安全、绿色、健康的绿色食品作为主攻方向，以"粮头食尾""农头工尾"为抓手，围绕面、肉、油、乳、果蔬五大产业，以做优面制品、做强肉制品、做精油脂制品、做大乳制品、做优果蔬制品为重点，大力培育龙头企业，开展企业提级、延链增值、绿色

---

① 即重点发展优质小麦、优质花生、优质草畜、优质林果，推进布局区域化、经营规模化、生产标准化、发展产业化。

发展、质量标准、品牌培育五大行动，着力打造完善的绿色食品产业生态。三是注重培育农业品牌。河南加大农业品牌建设力度，持续开展品牌创建活动，不断提升全省农业品牌数量质量。2020年，确定全省农业整体品牌名称、宣传口号和商标，将"豫农优品"作为全省农业整体品牌名称，宣传口号为"沃野中原生态农业"。

（三）加快农村产业融合发展

河南在实施乡村产业振兴行动中，把现代产业发展理念和组织方式引入现代农业，着力延伸产业链、提升价值链、打造供应链，探索以"三链同构"助力三产融合，促进一产往后延、二产两头连、三产走高端，不断丰富创新农业产业融合发展模式，大力发展新产业新业态，培育乡村振兴新动能，推动一二三产业同步升级、同步增值、同步收益。一是纵向延长产业链条。大力发展规模化种养、农产品初加工、精深加工、冷链物流、电子商务，积极推动粮食"三链同构"和种加销一体化发展，鼓励粮食龙头企业与农民合作组织、种粮大户等，通过订单粮食、土地托管、土地流转等方式，构建紧密联结的利益共同体，促进农民增收。二是横向拓展相关产业，以农业功能拓展带动产业业态融合，大力推进副产物综合利用、休闲农业、优势特色农业与旅游、文化、康养、体育、教育、互联网等产业深度融合，不断提升农业附加值。三是建设乡村产业发展载体。河南省将建设现代农业产业园作为实现农业高质量发展和产业兴旺的重要抓手，会同农业农村部规划建设中国（驻马店）国际农产品加工产业园，积极构建国家、省、市三级现代农业产业园体系，着力打造农业产业集群和国家级农业产业强镇，突出主导产业培育和资源要素整合，积极引导加工企业和配套服务企业集聚、入驻。

2020年，面对新冠肺炎疫情防控考验，河南加快推进产销对接，积极创新消费扶贫、直播销售、产销合作等多种模式。一是千方百计克服由新冠肺炎疫情带来的农产品卖难问题。为克服新冠肺炎疫情影响，大力开展电商扶贫、消费扶贫、田园增收等行动，充分利用互联网拓宽销售渠道，及时调度农民合作社、社会化服务组织复工复产，迅速采取应对措施，推动复工复产，促进农产品产销对接，较好地解决了农产品"卖难"问题。二是创新产销对接载体。利用深化豫沪农业领域合作、中国农产品加工业投资贸易洽谈会等契机，创新农批对接、农超对接、农餐对接、直供直销、社区直送、电商销售等模式，积极打通河南农副产品线上销售渠道，让更多物美价廉的农副产品"触电上网"，实现与终端市场的更快对接，从而带动乡村产业发展、活跃城乡消费。

二　坚持生态为先，厚植乡村振兴美丽底色

2019 年 3 月，习近平总书记在参加十三届全国人大二次会议河南代表团审议时强调，要树牢绿色发展理念，推动生产、生活、生态协调发展，加强农业生态环境保护和农村污染防治。河南省连续多年将农业农村生态环境保护作为省委一号文件的重要内容，并将农业农村生态环境保护工作融入蓝天碧水净土三大保卫战、森林河南、"四水同治"等，同步谋划，强化推进。

（一）扎实开展农村人居环境整治

河南认真贯彻习近平总书记关于改善农村人居环境重要指示批示精神，坚持把农村人居环境整治作为实施乡村振兴战略的一场硬仗，除了出台《河南省农村人居环境整治三年行动实施方案》，还制定了"四美乡村"建设、"美丽小镇"建设和"五美庭院"建设的指导意见，中共河南省委农村工作领导小组印发了《河南省农村人居环境整治工作分工方案》、制定了关于加快推进农村生活污水的治理工作的意见、下发了关于推进加强农村户用厕所改造质量管理和后期服务工作的通知，河南省农业农村厅印发了《2019 年河南省实施农村人居环境"千村示范、万村整治"工程工作方案》。河南省聚焦三年行动目标任务，打出一套以垃圾治理、污水处理、厕所革命、村容村貌提升等为重点的"组合拳"，突出全域整治、全面整治、持续整治，因地制宜，分类施策，在万村整

治的基础上，确定 1300 个行政村推进"千村示范"，走出了一条符合自身特点的农村人居环境整治路径。

一是全面开展农村生活垃圾治理。着力开展以"三清一改"为重点内容的村庄清洁行动，全省农村共配备保洁人员 26.54 万名，占农村人口的 3.5‰。开展生活垃圾分类，在济源、新密等 7 个县（市）开展全国农村生活垃圾分类和资源化利用示范试点，在 18 个县（市）开展省级农村生活垃圾分类试点，其他地方积极推广"二次四分法"等分类方式，从源头上实现垃圾减量化。二是扎实推进农村厕所革命。指导各地因地制宜选择改厕模式。坚持以行政村为单元，统一指导、统一施工、统一管理、统一服务，严把产品质量关、施工质量关、验收质量关。强化后期管护，积极探索社会化、专业化、市场化的管护方式，推进厕所粪污就近就地资源化利用，有效解决粪污"出口"问题。三是梯次推进农村生活污水治理，优先在城乡接合部、乡镇政府所在地、饮用水水源地、旅游风景区、中心村等五类村庄进行生活污水治理。开展农村水环境治理，将农村水体环境管理纳入河湖长制管理内容。加强房前屋后塘沟治理、清淤疏浚和村外坑塘、河道治理，采取综合措施恢复水生态，逐步消除农村黑臭水体。四是整治提升村容村貌。河南省不断加强规划管理，实施村庄硬化绿化亮化工程，先后实施了"四好农村路"、新一轮农村电网改造、农村安全饮水巩固提升、"宽带中原"等农村基础设施建设重点项目。开展宅基地综合整治，通过宅基地腾退、整治，促进农村用地功能布局更加合理。积极推广兰考县整治"空心院"和禹州市"一宅变四园"的做法，腾退出来的宅基地用于果园、花园、菜园、游园等"四园"建设，规范生产、生活空间利用，优化乡村生态空间，实现生态环境得治理、居住环境得提升。

（二）加快推进农业污染防治

一是不断推进农业生产废弃物资源化利用。加快推进秸秆综合利用、废旧地膜回收利用和畜禽粪污资源化利用。比如，河南制定了《关于加强农田废旧地膜回收利用工作的意见》，从 2018 年起在中牟县、尉氏县、杞县、灵宝市等重点用膜大县开展废旧农膜回收利用试点。二是持续加强农业面源污染治理。推行绿色生产方式，建立了统防统治与绿色防控融合推进示范区。实施化肥减量增效、果菜茶有机肥替代等项目，推广高效低毒低残留新农药和科学环保使用技术，逐步降低农业生产投入消耗。加强畜禽养殖污染治理，根据《关于河南省禁养区划定指导意见》，指导各地制定了禁养区划定方案并开展关闭搬迁。三是加强农用地土壤污染防治。开展农用地土壤污染状况详查，积极推进农用地土壤环境质量类别划分工作。制定了《河南省土壤污染防治攻坚战严格管控重金属污染工作实施方案》，印发了《河南省涉重金属重点行业污染防控工作方案》，明确了准入要求，并对区域重金属污染物总量提出了管控原则，加强涉重金属重点行业企业的管理，建立涉重金属污染源整治企业清单。

（三）加强农村生态保护与修复

河南划定了生态保护红线，明确全省生态保护红线面积为 1.4 万平方公里，占全省面积的 8.48%。持续推进国土绿化提速行动，按照"三增四转五统六化"总体要求，把建设森林河南的要求落到乡村。统筹山水林田湖草系统治理，2018 年启动山水林田湖草生态保护修复规划编制，2020 年 10 月，《河南山水林田湖草生态保护修复规划（2021～2035年）》通过专家评审。创新推动水资源、水生态、水环境、水灾害"四水同治"。构建综合防护林体系，依托生态廊道绿化、农田林网、防沙治沙等工程项目，因地制宜着力构建带、网、片相结合的综合防护林体系，保障了粮食生态安全。河南在全国率先发布绿色矿山建设省级地方标准，大力开展绿色矿山建设和环境治理修复，如永城市将修复生态环境与改善农村人居环境相结合，实施整体搬迁、拆旧复耕，不仅使塌陷区生态环境状况得到改观，还极大地改善了当地老百姓的生产生活状况。此外，河南还加快建设覆盖全面的生态环境监测体系，推进环境监测设施向乡镇延伸。

三 坚持人才为本，增强乡村振兴智力保障

河南高度重视乡村人才振兴，牢固树立一盘棋观念，着力整合各类资源，突出加强农村基层一线"急需紧缺"人才队伍建设，为乡村振兴提供强有力人才支撑和智力保障。

（一）强化乡村人才支持政策

河南深入贯彻落实《中共中央关于深化人才发展体制机制改革的意见》和《中共河南省委 河南省人民政府关于深化人才发展体制机制改革加快人才强省建设的实施意见》，围绕强化乡村振兴人才支撑有关重大问题，制定了《河南省推动乡村人才振兴行动方案（2018～2020年）》，要求把人力资本开发放在首要位置，畅通智力、技术、管理下乡通道，造就更多乡土人才，为实施乡村振兴战略提供人才支持。一是深化体制机制改革。进一步健全农业农村人才培养、评价、激励、支持、服务等体制机制，实施更加积极、更加开放、更加有效的农业农村人才政策。深化农业科技体制机制改革，建立以科技创新成果与水平、人才团队与条件平台建设、科研成果推广应用和科研组织方式与管理机制创新等为主要指标的农业科研机构绩效评价体系。积极推进建立职业农民制度，探索职业农民认定，明确职业农民制度基本框架和主要内容，为各地普遍确立和施行职业农民制度提供了政策依据。二是加大资金支持力度。落实支持乡村人才振兴财政政策，整合有关涉农发展资金，设立农业农村人才发展专项基金，统筹协调使用，重点支持各级各类乡村人才培养工作。在乡村人才振兴教育培训、高等院校涉农专业人才培养等方面，加快发展高等农业职业教育，在资金、项目、优质校建设等方面予以倾斜，实行高等院校涉农专业免学费政策，提高农业职业院校生均拨款标准。

（二）选派专家人才服务乡村

一是开展省博士服务团等专家人才选派工作。河南紧扣基层需

求，坚持"工作表现突出的优先、农村工作经验丰富的优先、有涉农方面专业技术特长的优先"原则，组织省属高等院校、科研院所与全省各县进行对接，根据博士服务团成员专业背景、工作经历等，对口派驻契合当地需求的人员，到农村基层一线挂职服务锻炼。依托派出单位科技实力强、高层次人才集中、信息渠道广、科研项目多等优势，积极协调推进院地合作、校企合作，以项目带动、技术支持促进农村地区经济社会发展。二是实施科技特派员"十百千"工程。打造以抓好产业科技特派员服务团、科技特派员服务队、科技惠民专项、科普传播基地、科技特派员工作站等"五个一"为重点的工作模式，为县域经济发展和乡村振兴提供产业发展咨询、产业技术攻关等方面的服务，及时解决当地产业发展中的技术难题。河南实施科技特派员"十百千"工程助力脱贫攻坚、服务乡村振兴的做法，在2019年3月底召开的全国农业农村科技创新工作会议上作了典型发言。

（三）建设乡村本土人才队伍

河南深入推进全民技能振兴工程和职教攻坚工程，依托"阳光工程""雨露计划"等培训工程，不断加强农村地区技能人才的培养。累计投入资金42.8亿元，用于加强乡镇寄宿制学校和乡村小规模学校建设、农村学校教育信息化建设以及提升中小学教师素质等。对具备资格的乡村医生择优实行乡聘村用。继续实施新型职业农民培育工程。积极开展农村实用人才带头人示范培训，以提高科技素质、职业技能和经营能力为核心，"面对面、手把手"培训基层农技人员、企业骨干、农民等农村各类实用人才。积极建设农村电商人才培训和实践基地，提高涉农企业不同层次人才的电子商务专业技术应用能力。完善农民工返乡创业扶持政策体系，鼓励外出务工人员回乡创业。开展基层党支部带头人队伍整体提升行动，大力实施"三个一批"工程，多元构建后备队伍。

四 坚持文化为魂，发挥乡村振兴底蕴优势

文化振兴是乡村振兴的塑魂工程，对于巩固党的执政基础，为乡村发展提供强大动力，推动乡村经济社会全面发展具有重要意义。习近平总书记多次作出重要论述，对做好乡村文化振兴工作指明了方向、提供了根本遵循。河南坚持把推动乡村文化振兴作为增强"四个意识"、坚定"四个自信"、做到"两个维护"的具体行动，积极推进乡村文化服务、文明创建、文化发展、文化传承，不断改善农民精神风貌，提高乡村文明程度，用文化激发乡村振兴活力。

（一）完善公共文化服务体系

全省各地把加强公共文化服务作为"重点民生实事"之一，摆上重要议事日程，持续加大投入，既补上短板又做足内功，从硬件投入、内容丰满到机制完善齐头推进。加快建设村级综合文化服务中心，以实现"七个一"目标（一个文化活动广场、一个文化活动室、一个简易戏台、一个宣传栏、一套文化器材、一套广播器材、一套体育器材），完善乡村公共服务设施。加快公共文化资源向乡村倾斜，广泛开展"中原文化大舞台""戏曲进乡村""舞台艺术送农民""红色文艺轻骑兵"等丰富多彩的文化惠民活动，持续开展文艺院团"千戏送千村"、文化工作者"千人进千村"、民营文化企业"千企帮千村"。推进全民阅读、全民健身活动向农村延伸。焦作市将"百姓文化超市"确定为民生幸福工程，成功入选第四批国家公共文化服务体系示范项目创建名单。漯河市全面推进国家级示范项目"幸福漯河健康舞"，组建健康舞队伍，实现行政村全覆盖。

（二）加强农村精神文明建设

河南把思想道德建设与推进移风易俗有机结合起来，把文明村镇创建与文明城市创建、百城建设提质工程、文明单位创建结合起来，持续

开展农村精神文明创建，不断夯实乡村治理基层基础。各地都十分注重优秀传统文化的传承，广泛开展了文明村镇文明家庭、"身边好人"、"好媳妇好婆婆"评选以及富有地方特色的创建活动，使广大基层群众学有榜样、赶有目标。济源市投入 753 万元，在 225 个行政村的入村路口、农户门前设置文化墙，使社会主义核心价值观抬头可见、驻足可观；偃师市以传承优良家风为切入口，建设乡村家风馆，打造传播家风家训、爱国主义、廉政文化的教育场所和文明实践基地①，组织村民在老人过寿、子女成年、新人结婚、传统节日等前往参观、接受教育。大力开展移风易俗，扎实推进村民自治，通过建立"一约四会"遏制红白事大操大办，治理"高价彩礼"现象，倡导文明祭扫，初步改变农村陋习。完善矛盾纠纷多元化解机制，建立基层矛盾纠纷排查化解工作县、乡、村三级平台。

（三）促进乡村文旅融合发展

河南注重发挥各地特色优势，把产业振兴、文化振兴、生态振兴统筹起来，将民间文化（艺术）之乡、省级特色文化基地（村、社区）、传统村落作为乡村旅游的着力点和乡村文化振兴的有力载体，创新乡村文旅产业融合发展模式，把文化资源优势转化为经济发展优势。如信阳市郝堂村坚持"不挖山、不填塘、不砍树、不扒房"，复兴村落文化、保护生态文化、提升绿色文化、培育民俗文化，使村庄变美、农民增收、产业发展、农村升值；永城市时庄村利用闲置荒废的老旧房屋、老物件，引进当地名人艺人，开发书法、绘画、根雕、奇石、剪纸等多个文化创意项目，成功创建 3A 级景区；新县田铺大塆引进上海文旅开发团队，打造河南首家"创客小镇"，成为"网红打卡地"。还有一些地方探索"乡村民宿+乡村公共文化服务""特色小镇+乡村公共文化服务"等模式，为农民提供阅读推广、小微讲座、艺术培训等特色文化服务项目。

---

① 王雪娜等：《家风元素实现村级全覆盖》，《河南日报》2020 年 11 月 18 日，第 7 版。

五 坚持改革为要，激发乡村振兴动力活力

河南聚焦农民和土地、农民和集体的关系，持续深化农村重点领域改革，进一步激发乡村振兴动力活力，释放新动能。

（一）深化农村土地制度改革

加快推进农村承包地"三权分置"改革，重点放活土地经营权，积极发展土地流转、土地托管、联耕联种、联管联营等多种形式的适度规模经营。在基本完成全省农村承包地确权登记颁证的基础上，开展确权登记颁证"回头看"工作，进一步提高承包地确权登记颁证工作质量。在乡镇一级明确宅基地管理机构，逐步建立乡镇联审联批制度。扎实推进长垣市"农村土地制度改革三项试点"工作，开展以宅基地确权颁证，宅基地有偿退出、有偿使用，村级规划编制，宅基地"三权分置"等内容为核心的宅基地制度改革。积极探索闲置宅基地、闲置住宅盘活利用模式，将宅基地整治利用与建设民宿、挖掘乡土文化、发展乡村旅游等相结合，增加农民收入、促进城乡融合发展。2021 年 1 月，河南省出台《河南省农村宅基地和村民自建住房管理办法（试行）》，将进一步建立农村宅基地和村民自建住房村庄规划、申请审批、风貌管控、住房建设、监管执法长效管理机制。

（二）完善农村基本经营制度

坚持家庭经营基础性地位，积极培育各类新型经营主体和社会化服务组织，实现小农户与现代农业发展有机衔接。把促进家庭农场发展列入重要议事日程，将家庭农场发展情况纳入省委全面深化改革考评，纳入实施乡村振兴战略实绩考核，从发展数量和质量两个方面进行考核；扎实推进首批启动的 23 个试点县开展农民合作社质量提升整县推进试点，从成员登记、民主管理、产权关系、财务管理、盈余分配、经营机制创新等方面指导规范，开展农民合作社示范社创建。2020 年各级财政

奖补资金 6360 万元，同比增长 45%，依托农信担保体系，打造"豫农担"品牌，累计支持家庭农场等经营主体 5.2 万家。在 44 个小麦主产县开展优质小麦完全成本保险；在 50 个产粮大县开展大灾保险试点；对 50 亩（含）以上的小麦和水稻经营主体，保额增加地租成本。

（三）深化农村集体产权制度改革

从 2018 年开始，河南在全省范围开展农村集体资产清产核资工作，全面完成农村集体产权制度改革整省推进试点任务，摸清了集体家底，明晰了乡、村、组不同层级的集体产权，清查核实农村集体资产 3087.86 亿元，其中经营性资产 950.56 亿元。积极推动资源变资产、资产变资本、农民变股东，激活集体资源资产，实现集体资产保值增值。加快发展新型农村集体经济，试点地区探索了资源开发型、物业租赁型、资产盘活型、乡村旅游型、农业生产型、联合发展型等多种新型集体经济模式。如济源市承留镇花石村利用集体土地入股，建成了森林公园滑雪场、水上乐园等股份合作项目。通过推进经营性资产股份合作制改革，建立集体收益分配机制，增加农民财产性收入，提升农民"主人翁"意识和参与积极性。

第三节　河南推进乡村振兴的主要成效

党的十九大以来，河南按照"产业兴旺、生态宜居、乡村文明、治理有效、生活富裕"的总要求，扎实推进乡村振兴，粮食安全保障能力进一步提升，乡村产业逐渐发展壮大，人居环境整治取得实效，农村面貌持续改善，治理体系逐渐完善，乡村文明程度不断提高，农民幸福感获得感安全感日益增强，为"十四五"全面推进乡村振兴奠定了良好基础。

一　稳粮保供能力进一步提升，农业"基本盘"持续稳固

河南全面加强粮食核心区建设，中原粮仓根基越筑越牢，粮食综合生产能力和重要农产品供给能力稳步提升，稳住了"基本盘"，筑牢了

"压舱石"。一是粮食生产再创历史新高。粮食总产量连续4年稳定在1300亿斤以上。2020年，河南克服新冠肺炎疫情和多种自然灾害影响，粮食总产量首次跨越1350亿斤台阶，达到1365.16亿斤，占全国的10.2%，比2017年增加60.31亿斤，单产423.7公斤/亩，比全国平均水平高41.62公斤，比2017年增加25.2亿斤，总产量、单产均创历史新高，对全国粮食增产贡献率达到23.1%（见表6-3）。其中，小麦总产量750.63亿斤，占全国小麦总产量的28%；单产达到440.0公斤/亩，比全国平均水平高57公斤。二是主要农产品供给稳定。油料、蔬菜产量分别居全国第一位、第二位，肉、禽蛋产量均居全国第二位，牛奶产量居全国第五位。生猪产能恢复较快，2020年底，全省生猪存栏3887万头，恢复至2017年末的88.5%，其中能繁母猪存栏402.6万头，恢复至2017年末的91.4%，全年外调活猪及产品折合活猪1737万头，生猪存栏量、能繁母猪存栏量和外调量均居全国第一位。三是高标准农田建设成绩突出。2018~2020年新建高标准粮田分别为532万亩、590万亩、660万亩，高标准农田建设工作连续三年得到国务院督查激励，全省累计建成高标准农田近7000万亩，打造高效节水灌溉示范区2200万亩，耕地质量等级提升0.2个等级。四是农业科技装备支撑不断强化。全省农业科技进步贡献率达63.3%，主要粮食作物良种覆盖率逾97%，农机总动力1.03亿千瓦，居全国第二位，主要农作物耕种收综合机械化水平为84.2%，小麦机播、机收率稳定在98%以上，玉米机播率为92.5%，机械耕整地作业实现应耕尽耕。农业物联网、大数据、绿色防控、智能农机等新技术新装备加快运用。

表6-3　2017~2020年河南省粮食生产情况

年份	产量			单产（公斤/亩）
	总产量（亿斤）	夏粮（亿斤）	秋粮（亿斤）	
2017	1304.85	743.20	567.65	398.5
2018	1329.78	722.74	607.04	406.4

年份	产量			单产（公斤/亩）
	总产量（亿斤）	夏粮（亿斤）	秋粮（亿斤）	
2019	1339.08	749.05	590.00	415.8
2020	1365.16	750.75	614.41	423.7

资料来源：国家统计局河南调查总队网站、河南省农业农村厅。

二　农业供给侧结构性改革不断深化，乡村产业发展迅速

通过不断深化农业供给侧结构性改革，河南农业转型升级步伐加快，产业链不断延伸、价值链逐步提升、供应链日益完善，农业高质量发展迈出坚实步伐。一是优势特色产业发展较快。2020年，全省优质专用小麦种植面积达1553万亩，占全部小麦种植面积的18%，收获前90%以上已被企业订购；优质花生种植面积1893万亩，其中高油、高油酸花生种植比例达到50%。十大优势特色产业产值5677.05亿元，比2017年增加1698.49亿元，占全省农林牧渔业总产值的比重达57%，比2017年提高4.4个百分点。焦作市博爱县孝敬镇等8镇入围全国乡村特色产业十亿元镇，鹤壁市淇滨区上峪乡桑园村等4村入围全国乡村特色产业亿元村。二是绿色化发展取得突破。据河南省绿色食品发展中心数据显示，2020年新通过绿色食品标志许可1212个，占全国增量的10.4%；新批准创建全国绿色食品原料标准化生产基地52个，占全国增量的74.2%[①]。创建全国绿色食品原料标准化生产基地1502万亩，几乎是2017的25倍，标志着占全省12%的耕地将实施绿色食品标准化生产。全省新增名特优新农产品100个，总数达216个，增长率达86%，继续保持全国领先地位；新增农产品地理标志41个，总数达160个，全国排名由第七位上升至第五位。连续4年实现化肥、农药使用量负增长；秸秆综合利用率、废旧农膜综合回收率分别达到90%、95%；规模养殖场粪污设施配套率达到

---

① 李丽：《我省绿色食品工作圆满"交卷"》，《河南日报农村版》2021年1月26日，第5版。

95%，粪污综合利用率达到80%，均高于全国平均水平。三是产业化发展水平显著提升。全省规模以上农产品加工企业6207家，产值达1.16万亿元，居全国第二位。利润总额、上缴税金、从业人员数均占全省规模以上工业总数的三成以上。现代农业产业园体系加快构建，建设了6个国家级和60个省级现代农业产业园，打造了254个产业集群和51个国家级农业产业强镇。建设电子商务进农村综合示范县95个、益农信息社40285个，2020年前10个月通过电商促进农产品上行490亿元，大约是2018年191亿元的2.6倍。四是新型农业经营主体加快发展。土地适度规模经营面积占比达到69.3%，农民合作社、家庭农场、农业社会化服务组织正在成为现代农业发展的主要力量。2020年，全省农民专业合作社发展到19.3万家，数量居全国第二位，入社农户529万户，占承包农户总数的30%以上；家庭农场25万家，累计培育县级以上示范家庭农场4982家，其中省级466家；农业生产社会化服务组织达到12.6万家，托管土地面积达到3641万亩，占承包地面积的比例达到33.7%，其中供销系统建成34个"为农服务中心"，660个农业生产性服务中心，托管土地面积达到1157万亩。

三　农村人居环境明显改善，村容村貌发生较大变化

河南圆满完成农村人居环境整治三年行动，农村生产生活条件得到较大改善，相关工作连续3年得到国务院督查奖励。一是基本完成村庄分类和布局规划。根据河南省自然资源厅的数据显示，全省已有127个乡镇启动了规划编制工作，8300多个村庄形成了"多规合一"的实用性村庄规划编制成果，占全省村庄总数的18%。有88个县（市）基本形成了村庄分类和布局规划成果。二是垃圾和污水治理效果明显。85%以上的县区建成全域一体城乡融合的市场化保洁机制。全省95%的行政村生活垃圾得到有效治理，基本实现农村生活垃圾"扫干净、转运走、处理好、保持住"，2020年底全省农村生活污水治理率达到30%，较2018年提高10个，污水乱排乱放得到有效管控。三是"厕所革命"扎实推

进。三年来，全省共完成无害化卫生厕所改造 673 万户，卫生厕所普及率达到 85%。河南对 2018 年以来改造的农村户厕全面开展"回头看"，群众对改厕工作满意度达 93.68%。汤阴县入选 2019 年全国农村厕所革命典型范例，孟州市、鹤壁市鹤山区入选 2020 年全国农村厕所粪污处理及资源化利用典型模式。四是农村基础设施建设持续加强。农村交通更加完善，新改建农村公路 10697 公里，"四好农村路"示范县数量位居全国第一，全部行政村实现通硬化路、通客车，80% 的行政村公共场所等重点部位有照明。农村饮水更加安全，实施农村饮水安全巩固提升工程，农村集中供水率达 93%，自来水普及率达 91%。农村宽带网络更加普及，在全国率先实现 20 户以上自然村 4G 网络全覆盖。乡村物流更加便捷，阿里、京东等电商平台企业及"三通一达"等物流快递企业均在县（市）设有物流网点或区域分拨中心，并逐步向行政村延伸。全省乡镇快递网点覆盖率达 100%，累计建成村级以上电商服务站点超 2.5 万个。五是示范村建设取得进展。全省共整治荒芜宅基地近 1.6 万亩。创建"四美乡村"3388 个、"美丽小镇"224 个、"五美庭院"94.6 万个，有效带动全省 4 万多个行政村人居环境整体提升，群众对村庄环境的满意度保持在 90% 以上，为全面推进乡村振兴提供了有力支撑和保障。

四　基层基础不断夯实，乡村治理体系逐步完善

河南不断强化公共服务供给、精神文明创建和乡村治理根基，为实施乡村振兴战略提供了有力支撑和保障，农民幸福感获得感大幅提升。一是基层党组织建设持续深化。基层党组织带头人队伍整体优化提升。2020 年培训村（社区）党组织书记 2.6 万人次。村"两委"换届后，村（社区）党支部书记平均年龄下降 0.9 岁，大专以上文化程度占到 20.9%，书记、主任"一肩挑"的占 40.3%，高于全国平均水平 5.3 个百分点。二是农村公共服务水平持续提升。农村教育质量、卫生健康服务、乡村公共文化服务等不断提升，农村义务教育控辍保学等重点工作有序推进，寄宿制学校和小规模学校建设不断优化，农村教师周转宿舍

和住房条件持续改善；县域内医疗卫生资源持续优化，基本实现医共体建设全覆盖；统筹城乡社会救助，农村低保标准由年人均 3860 元提高到 4260 元，农村特困人员生活标准提高到不低于当地低保标准的 1.3 倍，城乡居民基本养老保险参保人数达 5211.34 万；农村综合性文化服务中心建设基本实现全覆盖。三是精神文明创建活动持续开展。建成 128 个县级新时代文明实践中心、2054 个实践所、24753 个实践站，50% 以上的乡镇和行政村达到县级以上文明村镇标准，90% 以上的行政村建立"一约四会"。四是农村社区建设持续推进。98% 以上的村（居）制定了村民自治章程、村规民约、村（居）民会议及代表会议议事规则，99% 以上的村建立了民主理财制度、村务管理制度和村财务审计制度。"平安河南"创建落地生根，全省平安乡镇（街道）、村（社区）数量动态保持在 80% 以上。嵩县入选全国首批农村幸福社区建设县级示范单位，汝州市东营村、孟州市莫沟村、禹州市寨子村、新野县津湾村、信阳市平桥区郝堂村入选全国首批农村幸福社区建设村级示范单位。

五　就业创业和增收形势较好，农民生活更加富裕

河南以乡村振兴战略为重要抓手，不断推动城乡融合发展、城乡居民共同富裕。一是就业创业活力持续释放。河南不断健全覆盖城乡的公共就业服务体系，农民就业形势总体较好。2019 年，全省新增农村劳动力转移就业 45.76 万人，新增返乡下乡创业 22.8 万人、带动就业 117 万人。2020 年，新增劳动力转移就业 45.81 万人，农业劳动力转移就业总量 3086.7 万人，比 2017 年增加 147.7 万人；新增返乡下乡创业 16.4 万人，返乡下乡创业人员总量达 166.19 万人。二是农民收入持续增加。农民增收继续保持"两个高于"态势，2020 年全省农村居民人均可支配收入为 16108 元，比 2017 年增加 3389 元；较上年增长 6.2%，分别高于全省 GDP 增速、城镇居民收入增速 4.9、4.6 个百分点，而且增速是连续 9 年高于全省城镇居民平均水平（见图 6-1）。城乡居民人均可支配收入比值为 2.16，同比缩小 0.1，低于 2.66 的全国水平。河南坚持疫情防控和

脱贫攻坚两场硬仗一起打，2020 年全省贫困劳动力外出务工比上年增加
16.8 万人，实施产业扶贫项目 9929 个，金融扶贫贷款余额达 1900 多亿
元，1630 个扶贫龙头企业、1.02 万个带贫专业合作社、3820 个扶贫车
间参与带贫。全省产业发展带动贫困人口 469 万人，占脱贫人口总数的
72.5%，贫困地区农村居民人均可支配收入增速高于全省平均水平 1 个
百分点。三是农村集体产权制度改革持续深化。农村集体产权制度改革，
既为发展壮大新型集体经济、促进乡村产业发展提供了新机遇，也为维
护农民财产收益、助力脱贫攻坚开辟了新途径。《中国农村经营管理统
计年报》数据显示，2019 年全省农村集体总收入 223.2 亿元，经营收入
47.6 亿元，其中收入 50 万~100 万元、100 万元以上的村分别为 732 个、
611 个。到 2020 年底，全省共建立村级集体经济组织 48968 个、占村
（社区）总数的 99.9%，有集体经营收益的村比例为 47.3%，较 2016 年
增加 22%，集体成员累计分红超过 22.8 亿元。

图 6-1　2010~2020 年河南农村居民人均可支配收入和生活消费支出变动情况

资料来源：《河南统计年鉴（2020）》、河南统计月报。

第七章　河南巩固拓展脱贫攻坚成果同乡村振兴有效衔接的实现路径

2019 年 9 月，习近平总书记在河南考察时强调，要扎实实施乡村振兴战略，积极推进农业供给侧结构性改革，牢牢抓住粮食这个核心竞争力，不断调整优化农业结构，深入推进优质粮食工程，突出抓好耕地保护和地力提升，加快推进高标准农田建设，做好粮食市场和流通的文章，积极稳妥推进土地制度改革，加强同脱贫攻坚战略的有效对接，在乡村振兴中实现农业强省目标。在脱贫攻坚任务历史性完成之后，今后一段时期，巩固拓展脱贫攻坚成果和接续推进乡村全面振兴将是"三农"工作的重点任务。从脱贫攻坚到全面推进乡村振兴，这是具有里程碑意义的重大转换。"十四五"时期，"三农"工作的重要任务就是要巩固拓展脱贫攻坚成果和接续推进乡村全面振兴。因此，在过渡期内需要切实保持主要帮扶政策总体稳定，坚持把不发生规模性返贫作为底线任务，做到扶上马，送一程，继续加大支持脱贫地区特色产业发展力度，增强产业带农益农能力，健全农村低收入人口常态化帮扶机制，重点做好易返贫致贫人口的动态监测和帮扶。

第一节　巩固拓展脱贫攻坚成果同乡村振兴有效衔接的形势分析

党的十八大以来，全省上下深入贯彻落实党中央、国务院关于打赢脱贫攻坚战的决策部署，坚持把脱贫攻坚作为全面建成小康社会的底线任务和标志性指标，坚持精准扶贫精准脱贫基本方略，坚持专项扶贫、行业扶贫、社会扶贫"三位一体"大扶贫格局。经过 8 年持续奋斗，全省脱贫攻坚取得重大历史性成就，补齐了全面建成小康社会最突出的短板，彰显了党的领导和社会主义制度的显著优势。目前，全省绝对贫困问题得到了整体解决，但作为发展中的人口大省、农业大省，发展不平衡不充分的问题仍然突出，巩固拓展脱贫攻坚成果的任务依然艰巨。总体来看，河南巩固拓展脱贫攻坚成果同乡村振兴有效衔接还面临诸多突出问题和现实挑战，同时也面临构建双循环新发展格局、社会主义现代化建设、高质量发展、农业农村优先发展等重大发展机遇。

一　存在的问题

（一）城乡及农村内部双重不平衡加剧

一方面，河南城乡居民人均可支配收入差距除了绝对值在拉大，相对二者比值在 2003 年突破 3.0 达到 3.099 之后，到 2007 年重新回落到 3.0 以下达到 2.980，2008 年后呈现持续下降态势，但缩减幅度呈震荡走势，2015 年以来每年缩减幅度维持在 0.01～0.04（见图 7-1）。如果分别按年均 0.02 和 0.03 的缩减速度，城乡收入比要从 2020 年的 2.16 降至 2.0，分别需要 6 年和 8 年，而且还要看到，河南城乡居民收入水平总体上低于全国平均水平，要实现更高水平之上的城乡差距缩小，任务更加艰巨。另一方面，农村内部的发展不平衡也在强化。根据 2013～2019 年的河南农村居民收入分组结果，处于最底层 20% 的低收入户人均可支配收入 2018 年、2019 年增势强劲，均突破两位数，2019 年名义增速达到 25.13%，说明低收入户增收效应明显，但整体上看，2014～2019 年各组名义增速基本相当，且低收入户主要得益于 2019 年超高增速拉动，与其他各组相比，低收入户和高收入户增速波动较大，2015 年、2017 年均是在其他组别保持较高增速的情况下低收入户出现近乎零增长和负增长，而高收入户 2019 年增速只有 1.81%（见表 7-1），说明在低收入户增收基础仍不稳固的同时，高收入户增速并不稳定，这些都是需要加以高度重视和解决的问题。

表 7-1 按收入分组的农村居民人均可支配收入情况

单位：元，%

| 组别 | 人均可支配收入 | | | | | | 名义增长率 | | | | | |
---	2014年	2015年	2016年	2017年	2018年	2019年	2015年	2016年	2017年	2018年	2019年	2014~2019年年均
低收入户	3877	3899	4239	4022	4735	5925	0.59	8.70	-5.12	17.74	25.13	8.85
中低收入户	6807	7319	7911	8439	8832	10256	7.53	8.09	6.68	4.66	16.12	8.55
中等收入户	9164	10017	10654	11636	12290	13800	9.30	6.36	9.22	5.62	12.28	8.53
中高收入户	12245	13424	14481	15879	16585	18348	9.63	7.87	9.66	4.44	10.63	8.42
高收入户	21395	23617	25253	28596	30564	31118	10.38	6.93	13.24	6.88	1.81	7.78

资料来源：《河南统计年鉴》（2015~2020）。

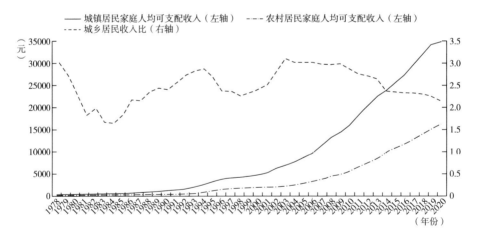

图 7-1 改革开放以来河南城乡居民收入变动情况

资料来源：《河南统计年鉴（2020）》、河南统计月报。

（二）乡村人口和乡村产业双重"空心化"交织

人和产业是区域发展的两大核心因素。在工业化、城镇化快速推进的背景下，乡村人口大量非农化、转移到城镇乃至市民化，本身是改革开放的发展成果，也符合经济社会发展的规律和趋势，但如果对乡村人口转移后的乡村治理和乡村发展缺乏及时有效的跟进，便极易形成乡村人口"空心化"与乡村产业"空心化"交织的现象，并成为城乡发展不平衡、乡村发展不充分的集中体现，这一问题在欠发达乡村尤为突出，导致乡村发展活力不足，进而影响脱贫攻坚与乡村振兴。首先是乡村人口外流加剧村落锐减。由于农业收益比较偏低、城乡居民收入差距明显，乡村人口持续外流，并带来自然村落的加速消失。作为农村劳动力输出大省，2019 年河南人口净流出为 1312 万人，占户籍人口的 12.0%。同时，2005～2016 年，全国自然村由 313.7 万个锐减至 261.7 万个，十多年间减少了 52 万个，平均每天消失约 130 个。其次是乡村产业"空心化"渐显。在一些传统农区，尽管农产品产量高、占比大，但优质产品少，农业大而不强、结构不优、品牌优势不突出，现代科技应用整体落后，智能化、绿色化发展水平低，农业价值链发掘不足，产业融合度低，市场竞争力、抵御市场风险能力不强。特别是受经济下行、成本上升、非洲猪瘟等因素影响，乡村产业发展低端化、边缘化，面临困难增多。最后是乡村发展系统性不足。农村环境和生态问题依然比较突出，化肥、农药施用量虽然已实现负增长，但农业面源污染、耕地质量下降、地下水超采等问题仍然凸显，一些缺水地区还是大水漫灌，秸秆、粪便、农膜、生活污水还没有得到有效治理和利用，部分地区垃圾围村现象仍比较严重。这些表面上体现的是人居环境和污染治理的问题，实则是社会转型过程中乡村治理重构、乡风文明建设不足的问题，解决不好都不利于脱贫攻坚与乡村振兴的有效衔接。

（三）脱贫不稳定户与边缘易致贫户双重压力并行

从脱贫地区看，尽管近年来经济社会发展明显加快，但是整体发展水平还相对较低，自我发展能力和抗风险能力还相对较弱。特别是一些脱贫县、脱贫村特色产业尚处于培育成长阶段，技术、资金、人才、市场等支撑还不强，规模、效益和竞争力还不高。一方面，脱贫不稳定户的压力仍然存在。一些脱贫人口虽然收入超过了贫困线、实现了"两不愁三保障"，但并非一劳永逸、脱贫无忧了，全省脱贫户中，2020年人均纯收入 6000 元以下的仍有 8500 户，其中丧失和无劳动力占比过半，这部分人口稍不注意就有可能滑到贫困线以下。另一方面，边缘易致贫户的压力仍然存在。全省边缘易致贫户总规模约 5.4 万户、16.7 万人，其中有不少户家底薄，抗风险能力弱，本来就晃晃悠悠，稍微遇到点风险变故，马上就可能陷入贫困。

（四）龙头企业经营与农民持续增收双重困难凸显

当前，宏观经济下行压力传导效应逐渐凸显，随着国内外经济形势依然复杂严峻，全球经济增长放缓，国内经济下行压力较大，尤其是新冠肺炎疫情将对乡村产业发展、龙头企业经营、农民就业增收等增加困难和挑战。稳增长、稳就业、稳增收，促进乡村产业发展，是脱贫攻坚与乡村振兴的内在要求，也是实现二者有效衔接的实践路径。一方面，农业龙头企业经营困境凸显。作为带动农业农村发展的农业龙头企业，当前经营困境呈现三重叠加的态势，纾危解困的不确定性增强。除了经济下行和行业发展的周期性因素外，行业和企业转型以及一些偶发因素如非洲猪瘟等，都从不同层面促使国内外、企业内外、行业内外等复杂因素交织，使农业龙头企业经营困难不再是某一地域或某一行业的个别现象，而在一定程度上成为共性的问题。龙头企业成长非一日之功，对于从事农业这一周期长、风险大、惯性强的行业龙头企业尤其如此，而其命运翻转可能仅在一夜之间。一旦企业经营困难，往往会因业务关联、信贷互保、债务关系等在区域内产生系统性影响，并在经济下行和银根收缩的大背景下往往回天乏术，对区域内的行业发展、社会就业等产生伤筋动骨的影响，需要数年乃至数十年培育才可能形成新的龙头。另一方面，农民增收渠道拓展难度加大。工资性收入和经营性收入作为农民增收的传统动能在逐渐减弱，而农村新业态新模式的发展又很难在短时期内形成带动广大农民增收的强劲动力，财产性收入和转移性收入虽然因农村改革的全面深化和农业农村优先发展的推进，仍将呈现持续增长的态势，但难以发挥农民增收主渠道的支撑作用。

二 现实挑战

（一）短期效应与长期目标的内在冲突

一般而言，短期效应与长期目标既有冲突的可能，也有兼容的可能，关键在于短期行为选择的内在逻辑及其与长期目标的自洽性。只有处理好短期行为，才能以符合预期的短期效应取得与长期目标的高度兼容，否则极易造成短期效应与长期目标的偏离。毋庸置疑，脱贫攻坚需要集中资源尽锐出战，既是促进社会公平正义，也是让贫困地区和贫困群众共享改革发展成果的必然要求。但在此过程中，必须正视其可能存在的短期效应与乡村振兴长期目标的内在悖论或冲突，即在既定时间节点既定目标任务的情形下，作为后发地区或低收入群体，必须在短期内实现较高的增速才能追赶乃至超越，避免陷入"马太效应"，但同时在社会资源总量既定的前提下，对任一群体或地区的大量投入都势必对其他群体或地区产生挤出效应，极易造成对于贫困边缘地区和群体的"悬崖效应"，影响乡村全面振兴的长期目标。所以，相对于特定群体的特惠性的脱贫攻坚，乡村振兴是普惠性的全面振兴，在国家财力有限的背景下，如何通过农业农村优先发展，在防范"马太效应"和"悬崖效应"间进行平衡，实现所有乡村在经济、生态、文化、社会等方面全方位并惠及全体农村居民均等化的帕累托改进式的普惠共享，既是目标所向，也是困难所在。

（二）市场化不足与市场化过度并存

如何处理政府与市场的关系，贯穿改革开放40多年来的始终。当前在农业农村发展方面，从整体上呈现经济领域市场化不足而社会领域市场化过度，但在具体的某一领域则存在市场化不足与市场化过度并存的情形。这种资源配置的错位，极易形成公共服务缺位、公共决策失位、公共权力越位，导致农业农村发展诸领域诸环节间选择性地推进，并将最终行走在各自的轨道而难以有效统筹，影响巩固拓展脱贫攻坚成果同乡村振兴有效衔接。一是市场化不足。主要体现在城乡资源要素配置的市场化机制发育尚不充分，以及在农村土地制度改革和集体产权制度改革等方面的滞后，直接影响到城乡资源要素的自由流动、平等交换和优化配置，导致乡村发展内生动力不足。如政府通过规范性文件等方式对农民"种（养）什么、不种（养）什么、种（养）多少"进行强制性要求，尽管可能是出于促进农民增收的初衷，但在农业自然、市场等多重风险的交织下导致难以达成预期的案例屡见不鲜。二是市场化过度。主要体现在医疗、教育等农村公共服务的整体性滞后，如"看病难、看病贵"成为长期困扰乡村乃至全社会的一道难题，进而造成因病致贫、因病返贫，成为农村医疗饱受诟病之所在。三是市场化过度与市场化不足可能并存于特定领域。如同在农村医疗领域，医保等制度设计导致医疗市场高度垄断，且又存在竞争性、市场化不足的另一面，医疗保险市场因缺乏特定产品和服务也亟待培育。同样，在农村金融领域，市场机制的自发作用极易导致市场化过度，作为优质资源要素的金融从农业农村大量流失到城镇，加剧了城乡发展的不平衡，但同时，针对贫困群体的小额信贷长期受制于抵押物、风险考量等因素而难以落地。

（三）乡村基础设施和公共服务双重短板叠加

农村基础设施短板和农村基本公共服务欠账，一直是困扰乡村发展的重要问题。经过近年来推进脱贫攻坚和乡村振兴的努力，农村基础设施和公共服务设施已普遍有较大改观，但在这些设施尤其是公共服务设施的利用效率上以及农村基本公共服务供给上，还有较大提升空间，面临补齐短板与提档升级的双重任务。如何在落实农业农村优先发展原则中弥补农业农村发展的历史欠账，是巩固拓展脱贫攻坚成果同乡村振兴有效衔接的现实要求。一是在农业农村基础设施上，一些农村供水、供电、供气条件差，道路、网络通信等设施未实现全覆盖，在烘干设备、预冷设施、冷链储运等现代基础设施方面配套不足，在生产标准化、绿色高效技术应用等方面更为欠缺，一些产地批发市场、产销对接、鲜活农产品直销网点等设施相对落后，物流经营成本高，严重制约优质蔬菜、优质水产品、优质林果等优势特色农业的发展。二是在农村公共服务设施上，文化、体育等公共服务设施建设依然参差不齐，一些地方标准不高、配套不足、利用率低；农村垃圾集中处理和污水处理能力有限，乡村产业发展的环境保护设备配套和运行能力较弱，工业"三废"和城市生活垃圾等污染向农业农村扩散的防范应对能力仍然薄弱。三是在农村公共服务上，劳动就业、文化教育、医疗卫生、社会保障等短板明显，与城乡基本公共服务均等化尚有相当距离。

三　面临的机遇

在百年未有之大变局的当下，新冠肺炎疫情在全球肆虐，逆全球化有所抬头，但同时河南也迎来诸多的战略机遇，有利于巩固拓展脱贫攻坚成果同乡村振兴有效衔接。

（一）双循环的新发展格局带来的机遇

近年来，国际国内形势发生了重大变化，迎来百年未有之大变局。在此背景下，我国提出了构建以国内大循环为主体、国内国际双循环相互促进的新发展格局的战略。这种新发展格局对于河南省来说，不仅契合现实需要，也是一个重大战略机遇。河南是农业大省和农村人口大省，在城镇化率达到54.2%的背景下，农村常住人口仍然有4500多万人，广大农村地区是一片广阔的沃土，投资机会和市场潜力都非常广阔，乡村既是一个大有可为的地方，又是一个孕育大量新需求和产生大量新供给的地方。以国内大循环为主体、国内国际双循环相互促进的新发展格局，有利于河南加快拉动内需，形成强大的内需市场，促进全省巩固拓展脱贫攻坚成果同乡村振兴有效衔接，推动乡村全面振兴走上快车道。

（二）全面建设社会主义现代化国家新征程带来的机遇

2021 年是一个重要的节点，是全面建设社会主义现代化国家的新起点。根据我国的"两步走"战略安排，全面建设社会主义现代化国家将是今后几十年我国经济社会发展的重要目标。2020 年 10 月，党的十九届五中全会已经把"四个全面"战略布局中第一个"全面"（全面建成小康社会）的表述更新为"全面建设社会主义现代化国家"。全面建设社会主义现代化国家，意味着我国经济社会全领域发展的现代化，而农业农村现代化也将上升到更为突出的位置。作为一个传统的农业农村大省，全面建设社会主义现代化国家新征程的全面开启，将为河南广大农村地区的现代化建设提供广阔的发展平台和战略机遇，对巩固拓展脱贫攻坚成果同乡村振兴有效衔接利好。

（三）农业农村优先发展的战略导向带来的机遇

党的十九届五中全会指出，要优先发展农业农村，全面推进乡村振兴。农业农村优先发展与推进以人为中心的新型城镇化相辅相成，农业农村优先发展意味着广大农村地区将站在发展的最前沿，而不是屈居在城市地区发展之后。农业农村优先发展，对于河南来说尤其具有战略意义。农业农村优先发展的战略导向，符合河南省情实际，既有利于河南深入推进国家粮食生产核心区建设，推动"国家粮仓"到"国人厨房"再到"世人餐桌"的嬗变，也有利于广大农村地区巩固拓展脱贫攻坚成果，从而为顺利过渡到乡村全面振兴打下坚实的基础。因此，农业农村优先发展的战略导向，不仅为河南巩固拓展脱贫攻坚成果同乡村振兴有效衔接提供了机遇，也有利于夯实乡村全面振兴的物质基础。

第二节　巩固拓展脱贫攻坚成果同乡村振兴
有效衔接的主要任务

实现巩固拓展脱贫攻坚成果同乡村振兴有效衔接，是今年乃至整个"十四五"时期农村工作第一位的任务。中央对过渡期的总体要求是，要坚持把巩固拓展脱贫攻坚成果放在突出位置，统筹做好同乡村振兴在领导体制、工作体系、发展规划、政策举措、考核机制等方面的有效衔接。要坚持在巩固拓展脱贫攻坚成果上下更大功夫，在过渡期内完成好建立健全巩固拓展脱贫攻坚成果长效机制、推动脱贫攻坚工作体系全面转向乡村振兴、健全农村低收入人口常态化帮扶机制等任务。

一　深入落实防止返贫动态监测和帮扶机制

在脱贫攻坚中特别是在 2020 年，各地已初步建立防止返贫的动态监测机制，按照原建档立卡人口的5%左右确定监测规模，实践中也取得了良好效果。在巩固拓展脱贫攻坚成果中，需要切实抓好落实，这是从制度上预防和解决返贫问题、巩固拓展脱贫攻坚成果的有效举措。要加强监测预警，对脱贫不稳定户、边缘易致贫户，以及因病因灾因意外事故等刚性支出较大或收入大幅缩减导致基本生活严重困难户，开展常态化监测预警，持续跟踪收入支出变动、"两不愁三保障"及饮水安全状况，做到及时发现、快速响应、动态清零。要抓好精准帮扶，对有劳动能力的，坚持开发式帮扶方针，加强扶志扶智，有针对性地支持他们发展产业、转移就业、自主创业，靠自身努力发家致富，不能靠发钱养人，造成政策养懒汉；对没有劳动能力的，有针对性地落实好低保、特困人员救助供养、临时救助、医疗保障、养老保障、残疾人救助等政策。积极借鉴驻马店市重度残疾人集中托养，南阳市"四集中"，濮阳市"邻里照护、日间照料、居村联养、集中托养"，太康县"五养"等兜底保障模式，做到应保尽保、应兜尽兜。对易地扶贫搬迁要持续做好后续帮扶，确保搬迁群众稳得住、有就业、逐步能致富。

二 进一步巩固"两不愁三保障"成果

"两不愁三保障"是精准脱贫的基本要求和核心指标，相关行业主管部门在巩固成果上责任重大，稍有放松就容易反弹，要切实做到责任不减、任务不减、人力不减，严防出现返贫。教育保障方面，要继续实施家庭经济困难学生资助政策，持续抓好控辍保学，确保除身体原因不具备学习条件外的脱贫家庭义务教育阶段适龄儿童少年不失学辍学。医疗保障方面，要认真落实分类资助参保政策，积极做好脱贫人口参保动员工作，优化疾病分类救治措施，有效防范因病返贫致贫风险。住房保障方面，要加强脱贫人口住房安全日常监测，对新出现的危房及时进行改造，采取有效形式落实好住房救助政策，切实保障基本住房安全。饮水安全方面，要巩固维护现有农村饮水安全工程成果，不断提升农村供水保障能力。

三 稳步促进脱贫人口的稳定就业

2020 年全省建档立卡贫困户中有 287.72 万人外出务工，占 43.66%；全省脱贫户年人均工资性收入 8983.01 元，占年人均纯收入的 68.91%。因此，稳就业就能稳收入，就能巩固住脱贫攻坚成果的大头。一要持续加强技能培训。以职业教育、农业实用技术、农村致富带头人、新型学徒制等培训为抓手，对脱贫人口开展精准化培训，增强脱贫劳动力稳定就业能力。要切实稳定外出就业。受疫情影响，稳岗就业压力依然不小。各地要加大组织劳务输出力度。输出地要做好脱贫劳动力组织发动、劳务输出，积极协调输入地帮助脱贫劳动力稳在企业、稳在当地。二要积极拓宽就近就地就业渠道。灵活采取龙头企业带动、扶贫车间吸纳、公益岗位安置、以工代赈等形式，促进弱劳力、半劳力就近就地就业。加强扶贫车间规范管理，依法合规运营，完善支持政策，确保充分发挥作用。健全扶贫公益岗位管理机制，按需设岗、以岗聘任、在岗领补、有序退岗，防止泛化福利化。三要大力支持返乡创业，落实优惠政策，搭建创业载体，鼓励支持农民工、大学生、在外成功人士返乡下乡创业，带动脱贫人口就业，推动"输出一人致富一家"向"一人创业造福一方"转变。

四　支持脱贫地区乡村特色产业发展壮大

发展壮大乡村特色产业，既是巩固拓展脱贫攻坚成果的关键之举，也是脱贫地区乡村振兴的重要基础，必须下足功夫、抓出实效。一要注重产业后续长期培育。加强脱贫地区产业发展基础设施建设，组织实施特色种养业提升行动，继续实施田园增收、养殖富民、乡村旅游等产业发展十大行动，推进特色产业不断发展壮大。二要完善全产业链支持措施。加大财政、金融、税收等政策支持，健全生产、加工、仓储保鲜、冷链物流等全产业链，加大科技服务、人才培养等支持力度，广泛开展农产品产销对接活动，深化拓展消费帮扶，提高产业抗风险能力。三要强化主体培育和利益联结。大力扶持龙头企业、农民专业合作社和家庭农场，促进高质量发展。将扶持政策与联动带农效果挂钩，完善利益联结机制，更好更多地带动脱贫户稳定增收、逐步致富。脱贫攻坚投入形成了大量的资产，要切实加强监管、澄清资产、完善制度、健全机制，确保在巩固拓展脱贫攻坚成果和推进乡村振兴中持续发挥作用。

第三节　巩固拓展脱贫攻坚成果同乡村振兴
有效衔接的实现路径

实现巩固拓展脱贫攻坚成果同乡村振兴有效衔接，要创新体制机制，接续发展乡村产业，补齐基础设施和公共服务短板，为"十四五"规划乃至全面建设社会主义现代化奠定坚实基础。

一　创新体制机制，推进政策体系衔接

巩固拓展脱贫攻坚成果同乡村振兴有效衔接的根本和前提，是建立

健全长短结合、标本兼治的统筹规划机制、风险应对机制、乡村治理的衔接机制和政策扶持措施。

（一）留出政策接口和缓冲期

要保持扶贫政策的延续性和稳定性，采取逐步过渡的方式，在确保不因政策变动影响脱贫成效的同时，逐渐将脱贫攻坚战转型为常态化的扶贫机制，健全缓解相对贫困、解决多维贫困、统筹城乡贫困的长效政策体系。目前，乡村振兴战略的制度框架、政策体系仍需要进一步构建和完善，通过系统梳理、科学评估，进而补充调整现有扶贫政策，将原先具有普遍性、长期性的政策强化升级，具有成效、需要适时调整的政策进一步调整，纳入乡村振兴政策体系框架。2018 年开始的"打赢脱贫攻坚战三年行动计划"中，基础设施建设、教育扶贫、产业扶贫、环境整治等方面的扶贫成效明显，乡村基础设施的改善不仅是加快补齐农村人居环境要求下的内在需求，也是乡村经济发展的基础；阻断贫困代际传递，教育成为最佳手段；产业扶贫是最直接、最有效的脱贫方法，也是增强贫困地区造血功能、帮助农村居民创业就业的长远之计，这些政策也是乡村振兴的着力方向，应纳入常规政策规划中。城乡统一的社会保障制度体系基本建立是乡村振兴战略规划的主要目标之一，将专门针对农村低保兜底、医疗扶贫等政策纳入统一的城乡社会保障体系中，既为脱贫攻坚下的政策措施留下了缓冲期，也为二者在政策有效衔接方面奠定了基础。

（二）扩大政策适用主体范围

乡村振兴是一个长期的、涉及全方位发展的过程，不仅要聚焦深度贫困地区和特殊贫困群体，还是高质量解决发展问题及推动发展成果共享的问题，是让所有农村居民共享发展成果的问题。把相对贫困治理纳入乡村振兴战略，是减小城乡贫富差距、实现乡村"生活富裕"的主要路径。而乡村生活富裕的主体是全体人民，现阶段实施的乡村振兴战略的发力点就是要激发全体农村居民的积极性、主动性和创造性，相应各种政策的适用主体范围也要扩大到全体农村居民。同时，还要通过扶贫长效机制的构建，持续关注已脱贫人口的返贫问题；通过构建建档立卡贫困户与"边缘人口"同步攻坚、同步脱贫的格局，防止"边缘人口"因各种原因陷入贫困的问题；通过织密保障"兜底网"把各种符合政策的人员全部纳入社会救助兜底保障范围，做到应保尽保。

（三）丰富现有政策内容

一是加强组织保障，推动脱贫攻坚领导小组及其办公室向乡村振兴领导小组及其办公室的过渡。二是完善工作机制，持续完善"五级书记"齐抓共管机制，落实主体责任，强化政治担当，坚持动真碰硬攻坚克难；持续完善第一书记工作机制，在前期贫困村、软弱涣散村派驻第一书记的基础上，向集体经济薄弱村、乡村振兴重点村全覆盖；借鉴行业扶贫、专项扶贫、社会扶贫"三位一体"的经验，构建多元参与、通力合作的乡村振兴大协作大推进格局；推动脱贫攻坚一整套有效机制办法与乡村振兴有效衔接，完善决策议事机制、统筹协调机制、项目推进机制、事项跟踪办理机制、绩效考核评估机制等。

二　推动产业升级，推进乡村产业发展衔接

作为脱贫攻坚的重要手段，产业扶贫为消除绝对贫困、加快贫困地区经济发展奠定了坚实的物质基础。作为产业扶贫的"升级版"，乡村振兴背景下产业振兴的本质在于通过提升产业发展的质量来实现产业兴旺，构建现代农业的产业体系、生产体系和经营体系，优化种养业产业结构，多措并举发展农产品深加工业，优化乡村休闲产业，建立城乡产业互动的利益联结机制，促进乡村产业高质量发展。

（一）推动乡村产业发展的连续性和可持续性

在巩固前期产业扶贫成果的基础上，遵循乡村发展规律有序实现扶贫产业转型升级，构建具有乡土特色和资源优势的产业体系，确保脱贫

成效的可持续性。县域是脱贫攻坚和乡村振兴的主战场，要实现二者的有效衔接，首先，需要以"产业强县""产业强镇"为平台，按照习近平总书记关于县域治理"三起来"的重要指示，把农业放在整个自然再生产和经济再生产的系统中去配置资源、统筹谋划，坚持把农业生产作为第一车间，促进种养链、产业链高度整合，依托电子商务、大数据、云平台、智慧物流等信息化手段延长价值链，提高产品附加值。推进农业与旅游、教育、文化、康养等产业深度融合，实现产业多元化发展，尽可能把产业链留在县里，借此改变农村卖原料、城市搞加工的格局，打造以农业为起点的全产业链。其次，要优化县域产业链空间布局，依托县域主导产业和特色优势产业，引导运营中心、物流中心等集中布局于产业集聚区、特色商业区，组装、初加工等环节布局于乡村工厂车间，形成"县有龙头企业、乡有产业园区、村有扶贫基地、户有增收门路"的产业布局，并以推动乡村产业发展的连续性和可持续性为出发点，制定相应产业的长期发展规划。

（二）着力构建现代农业产业体系

乡村振兴背景下的乡村产业发展，要以遵循市场规律和产业发展规律为前提，以现代农业产业体系、生产体系、经营体系为基础支撑，以促进农村一二三产业融合为联结纽带，以农村新产业、新业态为重要组成，以农村改革和创业创新为引领带动，形成分工明确、紧密衔接、运行高效的多元化产业形态和多功能产业体系。农村电商、休闲农业、乡村旅游、健康养老等新产业、新业态能够发挥三次产业融合发展的乘数效应，其是农村居民收入的重要来源，更是"绿水青山就是金山银山"论述的最直接体现。发掘农业、农村和自然生态资源多种功能，保护与开发的协调共生，促进生态与经济的良性循环，是乡村振兴中产业兴旺的着力点，也是推动从"产业扶贫"到"产业振兴"有效衔接的最佳路径。规模化生产是构建现代农业产业体系的内在要求。一家一户的分散经营、农业企业的单打独斗已不再适应新阶段农业发展形势的要求。发展现代农业，必须打破区域界限，发挥规模优势，走农业区域化布局、一体化经营、合作化生产的道路，这将成为壮大乡村产业的发展重点。要根据自身资源禀赋条件和区位优势，坚持把"三园"（产业园、科技园、创业园）、"三区"（粮食生产功能区、重要农产品生产保护区、特色农产品优势区）、"一体"（田园综合体）、"一镇"（特色小镇）作为现代农业发展的大载体，优化县域和镇域产业链空间布局，持续拓展脱贫攻坚与乡村振兴有效衔接的战略空间。

（三）打造以龙头带动为核心的农业产业化联合体增收新模式

产业扶贫阶段，各地区以政策导向为指引，紧密结合脱贫攻坚工作，着力以产业扶贫为重点的农业产业化联合体建设，探索出了"党支部+龙头企业+合作社+贫困户""产金互促""电商联合体""休闲农业联合体"等模式，形成了农业产业化联合体初级形态。乡村振兴背景下，要在更好发挥政府引导作用的同时，充分发挥市场机制的决定性作用。要增强乡村发展的内生动力和能力，需要遵循市场规则，通过契约实现产品交易的联结，让科技、品牌、资金和服务在联合体的联结上发挥出核心黏合作用，使得联合体各方能够结成紧密的利益共同体，形成长期稳定的合作关系，提升小农生产经营组织化程度，从而实现小农户和现代农业发展有机衔接。目前，河南正处于现代特色农业加速发展期，各地需要结合实际，充分发挥资源禀赋优势，探索农业产业化联合融合发展模式，着力拓展农业发展功能，积极推进传统农业种养业向农产品加工、生态保护、生态休闲、生态养生、文化传承等多功能发展。

三　补齐发展短板，推进基础设施和公共服务衔接

农村基础设施建设是建设美丽宜居宜业乡村、推动乡村绿色发展和产业兴旺的逻辑前提，构建更广覆盖、更高质量、更加均衡的公共服务体系是让全体社会成员能共享发展成果的基本保障。近年来，随着脱贫攻坚和乡村振兴的推进，河南农村基础设施已有较大改观，城乡一体化

的公共服务体系逐步建立，但在基础设施利用效率上以及农村基本公共服务供给数量上，还有较大提升空间，面临补齐短板与提档升级的双重任务。

（一）强化政府的引导作用

要更好地发挥政府在规划引导、政策支持、公共服务、市场监管、法治保障等方面的积极作用，尤其要以新型基础设施建设为契机，加快建设智慧农业、数字乡村，在补齐短板的基础上着力推动提档升级，积极健全农村公共服务体系和社会保障体系，完善产权制度和要素市场化配置改革，激发各类主体活力。要尊重农民的主体地位，推动以县为单位编制或修编村庄布局规划，实现村庄规划的科学合理布局，提升基础设施建设的规模经济和效率。

（二）高质量增加乡村公共服务供给

以推进人才、资金、技术等要素集聚来完善教育、医疗、养老等公共服务，改进环境、交通、水电暖、互联网等基础设施，建立健全城乡基本公共服务均等化机制。促进公共教育、就业服务、医疗、文化、养老、社会保障等实现城乡一体化。支持农民按规定参加城乡居民基本养老保险、基本医疗保险，引导符合条件的农民参加职工基本养老保险、职工基本医疗保险等社会保险。统筹整合县域资源配置，持续推进乡村医疗卫生机构标准化建设，完善县域医疗卫生服务体系。推动形成平等竞争、规范有序、城乡统一的人力资源市场，健全城乡均等的公共就业创业服务制度。在形成多主体多元化乡村治理体系等方面出台支持政策，统筹推进农业农村各项事业发展。

（三）持续改善乡村基础设施和创新管护机制

一是要持续改善脱贫地区基础设施条件。结合"十四五"规划编制，在脱贫地区重点谋划建设一批高速公路、客货共线铁路、水利、电力、信息通信网络等基础设施建设工程。深入实施乡村建设行动，统筹推进脱贫地区农村厕所革命、生活垃圾和污水治理，持续提升村容村貌。以"四好农村路"为引领，推动交通项目更多向进村入户倾斜，加大农村产业路、旅游路建设力度，加快农村公路危桥改造和安防工程建设。二是要创新乡村基础设施长效管护机制。构建适应经济社会发展阶段、符合农业农村特点的农村公共基础设施管护体系，是破解农村公共基础设施"无人管理、无钱管理、无序管理"等突出问题的重要举措，也是进入乡村振兴战略实施阶段增强农民居民获得感、幸福感、安全感的主要抓手。要建立农村基础设施管护长效机制，使农村基础设施走上"平时有人管、坏了有人修、更新有能力"的良性轨道，确保各类设施建成后长期稳定运行，最大限度地发挥农村基础设施的使用效率。

（四）补齐乡村数字化基础设施短板

要大力发展河南智慧农业和数字乡村，随着物联网、大数据、区块链、人工智能、第五代移动通信网络、智慧气象等现代信息技术在农业领域的应用，打造集约高效、绿色智能、安全适用的乡村信息基础设施成为各方共识和趋势。利用新一代信息技术完善乡村基础设施建设，满足农村居民对信息的需求。一要加快推进宽带网络进村入户工程，大幅度提升河南乡村网络设施水平，全面打通信息传播的"最后一公里"。二要按照"存量共享，增量共建"的原则，加强乡村信息基础设施的共建共享。信息基础设施具有很强的基础性、公共性和强外部性，必须与其他基础设施和各类技术高度耦合，才能实现新基建的集约建设和规模化发展。同时特别强调的是，共建共享还要大力推进跨行业的共建共享，以避免各种基础设施的重复建设。三要引导国内外大型传感器制造商、物联网服务运营商、信息服务商等进入河南农业农村信息化领域，积极提升农业信息化科技创新能力，完善相应的支付体系、征信体系和网络监管体系，特别是要鼓励大型互联网企业积极参与河南农村数字普惠金融，构建"政、企、银""三位一体"的多方合作机制，为乡村数字化基础设施建设提供有力支撑。

四　优化人才生态，推进乡村人才衔接

人才兴则乡村兴，如何构建良好的乡村人才发展生态，激发创新、创业者扎根乡村的内生动力，成为乡村振兴的核心任务。近年来，为配合脱贫攻坚战，河南各地通过加快人才载体系统建设，在"引得来、留得下、用得好、沉得住"上下功夫，吸引了一批农业科技领军人才、有技术有能力懂管理的人才，培养了一批土生土长的乡土人才，为高质量打赢脱贫攻坚战奠定了坚实的人才基础。但同时也必须认识到，资金、人才、技术等要素支撑不足仍然是制约乡村振兴最大的瓶颈，因此，要积极优化人才生态，推进乡村人才有效衔接。

（一）加强基层党组织建设

脱贫攻坚中，各级政府、组织通过派驻村工作队、党政机关和国有企事业单位干部到贫困村和软弱涣散村担任第一书记或驻村干部等定点帮扶等措施，协助贫困地区解决了精准扶贫"谁来扶"的问题。在打赢脱贫攻坚战后的一个时期内，农村要接续推进乡村振兴，更要巩固提升脱贫成果，实现"产业兴旺、生态宜居、乡风文明、治理有效、生活富裕"的目标，继续派驻第一书记，保证脱贫村保持发展思路的连续性，持续推进农村基层治理现代化。习近平总书记提出，在接续推进乡村振兴中，要继续选派驻村第一书记，加强基层党组织建设，提高基层党组织的政治素质和战斗力。

（二）打造适合人才发展的平台

通过搭好创业服务平台，建设返乡农民工创业园和电商创业园等创业就业孵化基地，吸引一批懂技术、善经营、有资金的在外务工人员返乡创业，并在创业准入门槛、项目审批、税收减免、优化环境等方面予以帮扶，多措并举降低返乡农民工创业的风险和成本。完善乡村金融服

务体系和技术转移服务网络，引进、培育一批具有乡土特色的新型农业经营主体。要以城市来带动乡村，鼓励城市的资本、技术、人才融入乡村，形成真正有竞争力的乡村市场主体。乡村振兴战略实施阶段，更要注意以市场的力量汇聚资金、人才、技术、信息等资源要素，鼓励社会资本投资适合产业化、规模化、集约化经营的农业领域。

（三）建立城市人才入乡激励机制

打通城乡人才、技术、资金等要素双向流动渠道。通过改善乡村人居环境、提高城市人才入乡激励机制的普惠性来吸引更多农民工、大中专毕业生、退役军人、科研人员等返乡入乡，开办新企业、开发新产品、开拓新市场、培育新业态，促进农业与现代产业跨界配置要素。实施农村创新创业带头人培育行动，培育一批带动农村经济发展和农民就业增收的乡村企业家。鼓励和支持返乡入乡人员自主创业、主动就业，形成创新带创业、创业带就业、就业促增收、致富奔小康的良好局面。

（四）推动人才本土化与均衡化同步发展

引进外来人才的确能为乡村的建设与发展注入新鲜血液，但本土人才有回馈乡梓的朴素情怀和初心，他们更熟悉乡村，对乡村问题有着很强的洞察力和思考力，对村民具有更强的号召力和协调力。自力更生培育本土人才，构建培养以本土人才为主，人才引进、人才支援为辅的人才振兴机制才是乡村振兴的必由之路。实施举措：挖掘乡村自身的力量，把当地优秀农村党员中有一定产业发展基础、有一定专业实用技术、在群众中口碑好的党员选出来，分层分类建立"乡土人才库"，以技术带动后劲，以党性团结群众，充分发挥党员示范带动作用，培养一批懂技术、会管理、善经营的"土专家""田秀才"。充分发挥教育在人才培养中的基础性作用，有针对性地开展专业知识、职业技能等培训，不断增强其生产水平、发展能力、致富本领，以本土乡村人才队伍的壮大为乡村振兴蓄势加油。制定本土人才成长激励机制，建立本土人才回引机制，推动区域人才的合理分布。

第四节　巩固拓展脱贫攻坚成果同乡村振兴有效衔接的保障措施

实现巩固拓展脱贫攻坚成果同乡村振兴有效衔接，要在全面把握其内涵的基础上，以促进人的全面发展为根本导向，以可持续减贫和高质量振兴乡村为主线，突出问题导向、目标导向、需求导向和市场导向，遵循乡村发展规律，推动政策深化调整、工作体系转型，实现理念衔接、目标衔接、成果衔接、作风衔接和政策衔接，强化战略规划引领、政府市场协同、资源要素保障、体制机制创新和风险防范化解，做好二者的有效衔接和协同推进。

一　强化政策衔接，提高风险防范化解能力

在打赢打好脱贫攻坚战中，强调的是"精准"，体现的是特惠，并具有较强的福利性质，而全面推进乡村振兴，是农业的全面升级、农村的全面进步、农民的全面发展。所以，要从政策设计和规划安排上做到巩固拓展脱贫攻坚成果同乡村振兴的有效衔接。

（一）保持主要帮扶政策总体稳定

按照中央要求，在新政策出台实施前，原有政策一律不能退、力度不能减，继续执行到位。过渡期内，在财政政策上，各级要保持财政专项帮扶资金规模不减少；在土地政策上，专项安排脱贫县年度新增建设用地计划指标，将脱贫地区城乡建设用地增减挂钩节余指标优先在省内公开交易，所得收益主要用于巩固脱贫攻坚成果和推进乡村振兴；在人才政策上，继续实施农村义务教育阶段教师特岗计划、中小学幼儿园教师国家级培训计划、全科医生特岗计划、脱贫地区人才支持计划，深入推行科技特派员制度。

（二）做好帮扶政策衔接

国家层面正在推进现有帮扶政策的优化调整工作，《关于巩固拓展医疗保障脱贫攻坚成果有效衔接乡村振兴战略的实施意见》等相关指导性文件和工作方案已经陆续出台。各地各部门要把国家出台的新政策承接好，立足实际抓好落实，同时要及时对本地本部门出台的原有帮扶政策进行全面梳理，根据中央精神做好优化调整，分类确定需要继续的、废止的、完善的或强化的政策举措。要合理把握政策调整的节奏、力度和时限，逐步实现由集中资源支持脱贫攻坚向全面推进乡村振兴平稳过渡，确保不影响巩固拓展脱贫攻坚成果。

（三）强化战略规划有机结合

乡村振兴战略要从根本上解决"三农"问题，促进城乡社会平衡发展和乡村充分发展。因此在区域总体发展规划和土地总体规划等的框架下，应充分体现并遵循乡村发展规律、基础条件和发展趋势。特别是既要立足当前又要兼顾长远，将巩固脱贫成果仍需补齐的基础设施短板和仍需实施的重点工程项目等纳入乡村振兴战略规划，强化接续支持，保持工作连续。要衔接好农村各专项和行业规划，推动财政、土地、科技、人才、金融等发展要素向农村充分涌流，加快形成城乡融合、区域一体、多规合一的规划体系，做到巩固拓展脱贫攻坚成果和全面推进乡村振兴的相互衔接和有机融合。

（四）提升风险防范化解能力

实现巩固拓展脱贫攻坚成果同乡村振兴有效衔接，还要注意防范和化解一些潜在风险，对各种风险源进行系统研判，加强动态监测、实时预警能力。在经济风险防范上，着力推动产业政策从差异化、选择性向普惠化、功能性转换，着力优化农村营商环境，创新乡村产业振兴基金、特色农产品保险、期货等运行模式，推动农村产业发展向特色和优势、质量和效益努力，加大转型升级力度，延伸产业链、提升价值链、打造供应链；着力推动特惠金融向普惠金融转换，完善风险补偿机制和风险防控机制，处理好严格规范管理与大胆改革创新之间的平衡，推动金融更好服务乡村振兴。在社会风险防范上，着力推动特惠性扶贫政策、阶段性帮扶举措向普惠性、常态化民生政策转换，完善农村社会保障和公共服务，拓展"两不愁三保障"在社会保障层面的覆盖面和保障层次，适当提高保障标准，促进"扶贫线"与"低保线"两线融合，构建全覆盖、兜底线、可持续的社会保障网，尤其要吸取因病致贫这一主要致贫因素的历史教训，改革医疗保障制度，提高保障效率和水平，破除"看病难、看病贵"痼疾，构筑因病致病、因病返贫阻断机制；推动着眼个体发展向支持多元主体合作发展转换、由"被动扶"向"主动兴"转换，提升农村内生发展动力和活力。

二 强化目标衔接，推动政府与市场有机协同

要科学把握巩固拓展脱贫攻坚成果和全面推进乡村振兴的关系，以及政府和市场的二元关系，坚持精准衔接、分类施策，强化政府引导、市场主导，在充分发挥市场在资源配置中的决定性作用的同时，更好地发挥政府作用，实现有效市场与有为政府有机结合，避免二者职能错位、资源错配，进一步巩固脱贫攻坚成果，推动乡村全面振兴。

（一）充分发挥市场供给的灵活性优势

通过市场机制促进资源配置向贫困地区倾斜，加快构建统一开放、竞争有序的市场体系，充分发挥市场供给灵活性优势，增强医疗养老等民生领域多样化供给能力，实现社会效益、经济效益相统一。在乡村产业发展上，首先要明确经济属性，必须坚持市场导向，要遵循市场规律和产业发展规律，找准产业项目与贫困户增收的结合点，注重以市场的力量汇聚资金、人才、技术、信息等资源要素，延伸产业链，提升价值链，打造供应链，推动农业全面升级。

（二）充分发挥政府规划的引导作用

加快补齐基础设施和公共服务短板，注重乡村的更新和治理，提高对产业振兴的支撑能力，尤其要以新型基础设施建设为契机，加快建设智慧农业、数字乡村。在补齐短板的基础上着力推动提档升级，逐步建立全域覆盖、普惠共享、城乡一体的基础设施服务网络，积极健全农村公共服务体系和社会保障体系，促进基本公共服务均衡发展，完善产权制度和要素市场化配置改革，激发各类主体活力，实现产权有效激励、要素自由流动、竞争公平有序。

（三）充分发挥农村社会组织的作用

废除和修改对社会组织发展不利法规，根据社会组织的发展特征，制定完善某些具体社会组织单行法规，为社会组织规范管理和创新发展提供法律依据。进一步完善有关社会自治的立法，强化农村党组织、自治组织、经济组织和社会组织建设，充分发挥各类组织的积极作用。健全农业社会化服务体系，以各式各样专业合作经济为平台，以龙头企业为牵引，创新公共服务方式，鼓励支持社会力量兴办农村公益事业，激励农村社会组织持续健康发展。

（四）充分发挥特惠与普惠的工作机制

精准扶贫呈现阶段性、任务性、特惠性特点，乡村振兴战略则具有长期性、持续性、普惠性特点，两者有效衔接需要基于阶段性特征调整完善相关政策，做好特惠性与普惠性政策的有效衔接，形成宏观调控的政策合力，努力将巩固拓展脱贫攻坚成果同乡村振兴有机衔接，以更实更细、更有力的工作举措推动脱贫攻坚得到持续提升。坚持完善工作机制，在脱贫攻坚中形成集中、高效、成熟的扶贫工作机制，在巩固拓展脱贫攻坚成果与接续推进乡村全面振兴中予以坚持和完善。通过扩大政策适用主体范围，让所有农民共享发展机会，将任务型的帮扶措施转变为常态化的支持政策。

三　强化成果衔接，优化乡村资源要素配置

与脱贫攻坚相比，乡村振兴与其在时间段上既有交汇又有延伸，所以在实现巩固拓展脱贫攻坚成果同乡村振兴有效衔接上要突出人、地、钱、文四大要素，以巩固拓展脱贫攻坚检验乡村振兴阶段性成效，以乡村振兴巩固拓展脱贫攻坚成果。

（一）着力推动乡村人才振兴

不论是脱贫攻坚还是乡村振兴战略都离不开人才支撑。在决战脱贫攻坚关键之年，包村干部、驻村工作队和第一书记等在脱贫攻坚阶段为带领群众脱贫致富扮演了"领头羊"的角色，是攻克贫困的尖兵。因此要积极打造一支强大的乡村振兴人才队伍，为乡村振兴战略落地落实奠定人才基础，广泛举贤、颂贤、用贤，让愿意留在乡村、建设家乡的人留得安心，让愿意上山下乡、回报乡村的人更有信心，让各类人才在乡村大施所能、大展才华、大显身手。同时，要建立"人才入乡"的激励保障机制，落实创业者社会保险补贴、创业带动就业岗位补贴、创业场租补贴等扶持政策。整合各职能部门涉及返乡创业的服务职能，打造集融资、融智、融商功能为一体的创新创业服务平台，激励各类人才在农村广阔天地大显身手。

（二）着力探索适宜的土地用地保障机制

找准落点深化农村土地制度改革，深入推进农村集体产权制度改革、完善农业支持保护制度。优化城乡建设用地和乡村建设用地布局，统筹耕地保护、村庄建设、产业发展、生态保护等，优先安排农村基础设施和公共服务用地。探索盘活农村闲置宅基地和闲置农房的有效途径，推进农村宅基地"三权分置"。积极推行和落实占用耕地补偿制度，建立高标准农田建设等新增耕地指标和城乡建设用地增减挂钩节余指标跨省

域调剂机制，将所得收益通过支出预算全部用于巩固脱贫攻坚成果和支持实施乡村振兴战略。

（三）着力强化要素投入保障机制

推广贫困县试点经验，将县市区、建档立卡贫困劳动纳入脱贫范围，围绕"出得去、有活力、稳得住"的目标任务，实现贫困劳动力转移就业、稳定就业、增收脱贫。通过改革财政支农投入机制，完善涉农资金统筹整合长效机制；加快农村金融创新，促进金融支持由特惠性向普惠性过渡，让农村金融回归本源，把更多金融资源配置到乡村振兴重点领域和薄弱环节，全面提升服务效率水平，更好地满足乡村振兴多样化金融需求。通过深化开发和广泛利用信息技术，积极打造圈层式金融服务模式，大力发展农业产业链金融服务模式，助推延伸农业产业链、提升农业价值链，促进农村经济金融资源有效配置，增强金融服务的可持续性。

（四）着力推动乡村文化振兴

明晰乡村文化振兴内涵，凝聚乡村文化振兴力量，拓展乡村文化振兴渠道，让乡村文化在新时代充满生机、焕发活力。大力培育文明乡风、良好家风、淳朴民风，以美丽乡村为主题深化农村精神文明建设，进一步提升农民精神风貌和农村社会文明程度，助推乡村振兴战略。要坚持规划先行、抓好试点示范，因地制宜、分类指导，有步骤、有计划、有重点地逐步推进。围绕基础设施建设，统筹城乡公共服务，改善人居环境，同时避免大拆大建、铺张浪费和华而不实，弘扬传承乡土文化、留住乡愁记忆，保护好乡村传统历史。

四　强化作风衔接，提升体制机制创新效能

脱贫攻坚伟大斗争，锻造形成了"上下同心、尽锐出战、精准务实、开拓创新、攻坚克难、不负人民"的伟大脱贫攻坚精神。各

级各部门在脱贫攻坚第一线考察识别、培养锻炼干部，为党的事业发展培养了一大批骨干力量。扶贫干部在打仗中学会打仗，在攻坚克难中快速成长，锤炼了党性、转变了作风、提高了本领，特别是树立了精准理念、培养了精准能力，实现了农村工作方法由过去的粗放式"大写意"向现在的精细化"工笔画"转变。当前，需要乘势而上，以作风衔接扎实推进巩固拓展脱贫攻坚成果同乡村振兴有效衔接。

（一）加强组织保障

坚持把组织振兴贯穿乡村振兴全过程，聚力补齐脱贫攻坚短板。进一步理顺和完善工作机制，强化责任意识，加强内部协作配合与外部沟通协调相结合，形成上下协同、齐抓共管的强大工作合力。有序做好各级扶贫机构职能调整优化。由扶贫机构调整衔接到乡村振兴机构，职责不是变轻了，而是更重了，机构职能只能加强、不能削弱。要确保扶贫系统干部全身心投入工作，在机构队伍的调整中要做到思想不乱、工作不断、队伍不散、干劲不减，不断提升巩固拓展脱贫攻坚成果同乡村振兴有效衔接的决策效率和工作效能。

（二）完善工作机制

持续完善"五级书记"齐抓共管机制，强化资金保障，凝聚强大合力，激发内生动力，完善监督考核机制，坚持动真碰硬攻坚克难；持续完善第一书记工作机制，加大第一书记培养力度，在前期贫困村、软弱涣散村派驻第一书记的基础上向集体经济薄弱村全覆盖，确保第一书记"下得去、待得住、干得好"，为发展农村经济、建设社会主义新农村注入新活力。借鉴行业扶贫、专项扶贫、社会扶贫"三位一体"的经验，加强对县、乡两级统一战线的整合，在深化构建载体、完善制度机制等方面进行创新性探索，构建多元参与、通力合作的巩固拓展脱贫攻坚成果同乡村振兴有效衔接新格局。

（三）激发基层活力

切实加强政治培训和业务指导，引导扎根基层、勇担使命、锐意创新、服务人民，树立正确的价值观，在创业创新中施展才华、服务社会。进一步调整提高在职村干部补贴、村监委会主任补贴、离任村干部荣誉金、村民小组长务工补贴，落实职级并行政策，探讨村干部职业化，全面提高村干部生活待遇，激发广大村干部推进巩固拓展脱贫攻坚成果同乡村振兴有效衔接的工作热情。

（四）提升治理效能

持续探索相对贫困治理机制，建立一整套解决相对贫困问题的制度和解决方案，以最低生活保障制度和临时救助、救灾等为主的兜底保障机制，完善相对贫困治理体系，创新相对贫困治理模式，提高相对贫困治理能力。推进乡村治理要充分尊重农村的特点，以自治激发民主活力，以法治推进现代治理，以德治引导文明乡风，不断健全自治、法治、德治相结合的乡村治理体系。在具体实践模式上，可结合实际，创新实现形式，如把自治组织下沉到每个自然村，组建村民理事会，使其在利益共同体下发挥自治作用，提升自治效能。

第八章　河南推进脱贫攻坚与乡村振兴的典型模式及实践价值

近年来，全省各地贯彻中央和省委、省政府决策部署，全力打赢打好脱贫攻坚战，扎实推进乡村振兴，积极探索具有中原特色的脱贫攻坚和乡村振兴路子，涌现了一批先进典型和模式，探索了一批具有全国影响的经验做法，形成了具有重要借鉴价值和启示意义的宝贵经验。

第一节　河南推进脱贫攻坚的典型模式及实践价值

党的十八大以来，河南以脱贫攻坚统揽经济社会发展全局，坚持精准方略，下足绣花功夫，强力推进脱贫攻坚各项工作。全省各地在实际工作中，结合区域地理位置、资源禀赋等，探索形成了农产品电子商务扶贫模式、特色产业扶贫模式、新型农业经营主体带贫模式、普惠金融创新扶贫模式、"互联网+健康"扶贫模式、异地搬迁扶贫模式、党建引领扶贫模式、兜底保障扶贫模式等多种典型的扶贫模式，在助力打赢脱贫攻坚战的同时，也具有很强的启示和借鉴意义。

一　农产品电子商务扶贫模式

电商扶贫是"精准扶贫十大工程"之一。随着农村电商的不断发展壮大，产业链的不断完善，发展电商可以让农民通过在网上销售产品来提高收入，带动诸如农业、手工业、物流、网店服务等相关行业以及餐饮、住宿、旅游等服务业的发展，为贫困人口提供就业机会和创业机会，特别是为偏远闭塞的贫困村打开了进入市场的大门，增加贫困人口收入。截至 2020 年底，全省共认定 95 个电商进农村综合示范县，实现综合示范对贫困县全覆盖，全省累计建成县级电商公共服务中心 121 个、农村电商服务站点 2.35 万个，实现所有贫困村服务全覆盖，在贫困村累计培育 5740 名电商扶贫带头人。2020 年，全省通过电商促进农村产品上行 490 亿元，其中农产品上行 258 亿元，带动贫困人口就业创业 5.8 万余次。电商扶贫已逐渐成为河南精准扶贫的有效手段之一。

（一）"政府主导、市场运作、专业运营"的孟津电商扶贫模式

孟津县以省级电子商务进农村综合示范县建设为契机，按照"政府主导、市场运作、专业运营"的原则，采取"政府+服务商"模式，搭建特色农产品电商扶贫销售服务平台，深度挖掘贫困户适合网销的特色优质产品，适时举办农特产品网上推介活动，通过线上线下"双管齐下"，助推农特产品上行，逐步开拓农村电子商务消费市场。通过开展"12510"电商发展工程（即 1 个县级农村电子商务公共服务中心；2 个电子商务产业园区：孟津县田园综合体电子商务园区、孟津县中储物流跨境电子商务园区；5 个淘宝村：平乐"牡丹画"淘宝村、送庄"特色果蔬"淘宝村、朝阳"唐三彩"淘宝村、会盟"黄河名优特产"淘宝村、空港产业集聚区"特色工业品"淘宝村；培育 10 家传统经营企业向电子商务企业转型升级），推动牡丹画、草莓、袖珍西瓜等农产品走出孟津、走向全省全国，先后获得"电子商务促进乡村振兴十佳优秀案例""阿里巴巴集团乡村振兴调研基地""电子商务促进乡村振兴十佳县域"等殊荣，探索出了一条独具特色的孟津农村电商发展之路。

（二）构建电商生态体系的光山电商扶贫模式

光山县位于河南省东南部鄂豫皖三省交界地带，是革命老区、大别山片区、国家级重点扶贫开发县。近年来，光山县持续推进电子商务发

展，构建了完善的电商生态体系，形成了电商带动农产品销售，进而推动产业发展的良好局面，"光山十宝"火爆网络，光山县电商扶贫模式荣获 2020 年全国脱贫攻坚组织创新奖。

为克服农产品销售在传统产销模式中的弱势地位，光山县积极推进电子商务进农村综合示范县建设，着力开展电商进农村扶持村级集体经济、助力脱贫攻坚工作，为村级集体经济发展插上了"互联网+"的翅膀。目前，建成县级电商运营中心 1 个、乡级电商服务站 19 个、村级电商精准扶贫服务中心 50 个、村级服务点 306 个，服务覆盖村民 45 万余人。通过发展农村电商，打造了光山十宝、光山小十宝、信阳毛尖光山茶等 50 款叫得响的农副产品品牌，涌现出"百花女王"周福荣、"网红妹妹"陈若晞、"淘宝推客"简永亮、"臭豆腐哥"程星罡等一大批电商人才。目前，近 1300 名单一产品卖家发展为集产品研发、生产加工、销售服务于一体的实体经营者，通过电商把农副产品代卖到全国各地，增加了集体收益和农民收入，每村都有 3 万~8 万元的集体经济收益，带动全县 3500 多户贫困户 12631 人脱贫。

（三）实践价值

电商扶贫是"精准扶贫十大工程"之一。随着农村电商的不断发展壮大，产业链的不断完善，发展电商可以让农民通过在网上销售产品来提高收入，带动诸如农业、手工业、物流、网店服务等相关行业以及餐饮、住宿、旅游等服务业的发展，为贫困人口提供了就业机会和创业机会。特别是电商为偏远闭塞的贫困村打开了进入市场的大门，增加贫困人口收入，成为河南精准扶贫取得全面胜利的有效手段之一。

二 特色产业扶贫模式

脱贫攻坚战打响后，河南发挥扶贫产业对脱贫攻坚的基础支撑作用，结合河南资源禀赋和地方特色，因地制宜地发展优势扶贫产业，逐步形成了"一县一业""一村一品"的发展局面。

（一）"全产业链扶贫"的正阳模式

正阳县盛产珍珠豆型花生，种植历史悠久。近年来，正阳县紧紧围绕挖掘花生产业潜在价值，通过延伸花生产业链条，构建了以国家现代农业产业园为引领的特优一产，以君乐宝、鲁花、维维、花生天地、正花集团、农业机械现代产业园为支撑的强劲二产，以电商服务中心、渤海花生交易中心等为载体的新兴三产，探索创新了"政府+科研机构+花生龙头企业+花生合作社+贫困户"的全产业链扶贫模式，形成了"小花生"到"大产业"的发展局面，全县98%的贫困户通过花生种植、加工、销售，实现每年人均增收3000元以上，推动了正阳县如期摘帽脱贫，助推了县域经济提质增效。

（二）"党建+扶贫+食用菌"清丰县扶贫新模式

地处豫东北平原的清丰县，常住人口62.8万人，土地面积828平方公里。近年来，该县把小蘑菇做出了大产业，成为当地百姓发家致富的好门路。清丰县高度重视食用菌产业的发展，经过实践探索，初步梳理出"党建作保障、政府作引导、公司作龙头、基地作示范、贫困户作股东、种植户作产业"的发展思路，着力实施"党建+扶贫+食用菌"工程，走出了一条特色产业强县富民之路，成为平原地区很有特色的在全国有重要影响力的蘑菇生产加工大县。一是蘑菇种植规模化。全县17个乡镇建成食用菌标准化示范基地70个，标准化大棚1.2万座，种植面积达1700万平方米，年产蘑菇30万吨，综合产值突破25亿元。二是蘑菇加工工厂化。围绕拉长链条、完善体系、增加效益，先后培育龙丰实业、瑞丰农业、科丰生物、和丰农业等"丰"字头工厂化生产企业14家，工厂化日产鲜菇300吨。食用菌全年生产，成为全省最大的食用菌工厂化生产基地。培育大汉食品、龙乡红食品、桃园建民、春韵食品、天口食品等食用菌加工企业5家，开发烘干、盐渍、清水、休闲、调味等系列产品五大类30余个品种，产业效益显著提升。三是蘑菇产业发展链条化。围绕全链式发展，依托万邦豫鲁冀农产品物流城，发展华董科技、大地密码等一批电商，线上线下"领鲜一步"。通过食用菌产业的持续推进和发展，有效带动物料加工、餐饮、物流、包装、信贷、保险等相关产业发展，有效推进了一二三产业有机融合，为乡村振兴和县域经济发展提供强力产业支撑。四是蘑菇产品营销品牌化。围绕名牌效应，打造"幸福朵朵""菇雨""一生有你""幸福365""三农科丰""顿丘菇娘"等品牌20个，清丰食用菌知名度不断提高，品牌效应凸显。食用菌产业的快速发展，引起全社会的高度重视。近年来，清丰县先后成功举办"全国第十四届菌需物资博览会暨食用菌工厂化发展论坛""中国·清丰食用菌行业大会暨全国食用菌烹饪大赛"。2020年，"清丰食用菌"作为全省遴选的九个特色农产品在全省推广。

（三）实践价值

产业扶贫是一种内生发展机制，相当于由"输血"变"造血"。做好产业扶贫，可以巩固脱贫成果、有效防止返贫，同时激活发展动力，是久久为功的贫困治理的生动实践。通过产业的发展，能够真正让贫困群众受益，把贫困主体嵌入产业的价值链中去，通过扶优扶强一批基础好、产业强、产业链条长、与贫困户联系紧密、扶贫积极性高的农业产业龙头企业、现代农业园区、农民合作社、家庭农场、能人大户，运用现代生产组织方式，围绕循环农业、山林经济、现代渔业加速生产要素聚集，完善生产示范、物流加工、生态旅游、教育培训等功能，形成一二三产业融合、良性互动的复合业态，辐射带动贫困村、贫困户参与产业各个环节的生产经营，实现贫困地区稳定脱贫致富。

三　新型农业经营主体带贫模式

习近平总书记指出，培育新型农业经营主体，是建设现代农业的前进方向和必由之路，也是破解"未来谁来种地"问题的迫切需要。

在产业扶贫大军中，合作社、家庭农场等新型农业经营主体，上连市场，向全产业链、全价值链方向发展，通过股份合作、农业产业化联合体等新型模式建立起紧密型的利益连接机制；下帮农户，形成龙头企业引领、新型经营主体为主、广大农民广泛参与的融合发展格局，在脱贫攻坚中发挥着举足轻重的作用。河南省涉农龙头企业数量在全国居于前列，而农民合作社、家庭农场是全省发展速度较快、经营态势较好的新型农业经营主体，在带领农户脱贫方面起到了引领作用。

（一）"龙头企业+合作社+农户"模式

该模式属于强强联合型产业发展模式，是全省目前广泛采用的一种有效发展模式。主要特点是：龙头企业担任生产者和组织者角色，采用股份帮扶、委托代管、资产收益模式，引领农户投入生产经营；合作社发挥与企业、农户的纽带作用，帮助小农户抱团投入市场；农户作为最基本的生产经营单元，是直接的生产参与者和受益者。在具体实践过程中，各地结合本区资源禀赋，创造出一系列独具特色的细分模式，典型做法如滑县"2+5"模式、内乡县"5+"模式等（见表8-1）。

表 8-1　"龙头企业+合作社+农户"模式

模式	主要做法及成效
滑县"2+5"模式	即依托县域农业和光伏两类龙头企业，以种植、养殖、加工、劳务服务、金融五类合作社为纽带，建立起"公司+合作社+贫困户"的联动联利机制，统筹推进全县产业。目前已实现全县8860余贫困户增收致富
内乡县"5+"模式	即"龙头企业+合作社+基层组织+金融+贫困户"模式。该县建立起由龙头养殖企业统一建舍、统一提供牲畜、防疫供料，合作社组织农户代养的产业模式，在全县范围内实现养殖收益对贫困户的全覆盖
潢川县"名企"带动模式	该县华英、黄国粮业等全国知名粮食龙头企业，联合本地各类养殖、种植合作社，对参与合作社的农户实施"统一种养、统一管理、统一回收、统一分红"一条龙服务模式，带动大批贫困户脱贫。已帮助13926户贫困户增收6963万元，户年均固定收益5000元

续表

模式	主要做法及成效
嵩县"旅游业造血"模式	成立旅游开发公司，实行"龙头企业+合作社+农户"方式，让贫困户以农舍、林地、苗圃等资源作价入股，推进企业。通过土地流转，全县 860 户贫困群众获得每亩 700~1000 元的地租收入，同时贫困群众从事旅游经营，获得稳定的薪金收入

（二）"龙头企业+基地+农户"模式

"龙头企业+基地+农户"产业发展模式的主要特点是以公司或集团企业为主导，以农产品加工、运销为龙头，围绕一种或几种农产品的生产、加工、运销，公司与当地分散的农户签订生产原料提供、技术服务支持、农产品回购包销等合同，形成利益共享、风险共担的经济联合体，促使贫困户广泛参与、实现脱贫，同时也使其他农户受益。典型做法如洛宁县"五金"产业模式、林州市"4+N"模式等（见表 8-2）。

表 8-2   "龙头企业+基地+农户"产业模式典型案例

模式	主要做法及成效
洛宁县"五金"模式	即以"金鸡""金果""金牛""金叶""金融"为内容的"龙头企业+基地+农户"模式。由县政府与知名农业产业化集团签订战略合作协议，配套相关金融服务，建立特色禽畜、高质量果品、品牌经济作物产业基地，实现全县种养业收益全覆盖。2018~2020 年已带动全县 1.5 万人实现稳定脱贫
林州市"4+N"模式	即依托本地建筑、种养、旅游、工商业等 4 类有实力的经营企业，在全县广泛建立产业基地，形成公司—基地—贫困户稳定利益联结机制。近年来全县培育建设 80 个产业基地，其中每个乡镇不少于 5 个，每个街道办事处不少于 1 个，至少带动 3000 户 6500 余贫困人口稳定增收
泌阳县"十大产业"模式	依托亿健食品、恒都食品、大地菌业、绿谷农业科技等龙头企业，围绕牧、林、菌、烟、油、菜、茶等优势资源，打造禽畜养殖、林果种植、食用菌生产、烟叶种植等 300 个产业基地，探索出股份帮扶、转移就业等十大产业模式，不仅丰富了"龙头企业+基地+农户"产业内容，还辐射带动了全县 4 万多名贫困群众脱贫致富

续表

模式	主要做法及成效
淮阳县"两园工程平台"模式	将全县具有相对规模的工业企业和新型农业经营主体进行全面整合，形成以工业企业产业园和农业产业园为核心"两园工程"带动主体，走出了一条以"两园工程"为平台，促进贫困人口就业增收的"龙头企业+基地+农户"产业脱贫之路。先后建立"两园工程"挂牌产业基地 68 个，发展具有带贫能力的工业企业 40 家，直接带动 3.1 万贫困人口就业增收
淮滨县弱筋小麦产业发展模式	围绕"弱麦强县、食品惠民"战略，采取"龙头企业+基地+贫困户"模式，形成"基地种植—面粉初加工—食品精加工—仓储物流—电商销售"的一二三产业相融合的完整产业链条，实现从种子供应、技术指导到直接收购一条龙服务

（三）"龙头企业+家庭农场"模式

河南省"龙头企业+家庭农场"产业发展模式起步较晚但发展很快，主要是以家庭农场为核心，但在生产经营上突破了传统意义上种养大户以家庭为基本单元的做法。家庭农场上承龙头企业战略指导，下启周边群众积极参与经营，是新型农业经营主体产业扶贫的一大亮点。其主要做法是：由资本实力雄厚、市场眼光超前、技术经验丰富的乡村"能人"组建家庭农场，吸纳同一行政村或同一村级集体经济组织的农民家庭为生产单元，围绕龙头企业、大型农超订单式采购需要，统一安排农户从事种养、旅游、服务等多种生产经营活动。信阳茅屋冲家庭农场、南阳裕隆家庭农场是这一扶贫模式的成功案例（见表 8-3）。

表 8-3　"龙头企业+家庭农场"产业扶贫模式典型案例

模式	主要做法及成效
信阳茅屋冲家庭农场模式	依托毛冲农业集团，大力发展水产家禽家畜养殖、水稻蔬菜瓜果种植、园林绿化苗圃、特色农作物培育、仓储物流配送、田园观光休闲及餐饮等，农场将总面积 5000 多亩的田园租给 500 多户农民经营，统一品种、统一技术、统一收购、统一品牌、统一销售，实现了 5000 余人脱贫致富

模式	主要做法及成效
南阳裕隆家庭农场模式	依托河南瑞彩农业科技有限公司打造 3000 亩蔬菜种植基地，对纳入农场的贫困户实行"四统一"管理——统一安排生产计划、统一机械化耕作、统一生产技术标准、统一市场销售，员工人均月收入达 3000 元，实现了贫困户在家门口脱贫致富
商丘华梦家庭农场模式	依托现代产业园龙头企业，打造集养生保健、农产品深加工、农耕文化、休闲、观光等于一体的现代农业综合体，目前有 20 多家建档立卡贫困户在农场从事种植、养殖、采摘、娱乐服务，年收入增加 10000 元左右

（四）实践价值

脱贫攻坚战能取得决定性胜利离不开龙头企业等新型农业经营主体的引领和带动作用。产业扶贫阶段，全省各地以政策导向为指引，紧密结合脱贫攻坚工作，着力于以产业扶贫为重点的农业产业化联合体建设，探索出了"党支部+龙头企业+合作社+贫困户""产金互促""电商联合体""休闲农业联合体"等模式，引导推动龙头企业、合作社、家庭农场等与贫困户建立紧密的利益联结关系，形成了产业、企业和贫困户同进步共创收的良好局面。

四　普惠金融创新扶贫模式

金融帮扶是打赢脱贫攻坚战的关键支撑。2015 年 11 月 29 日《中共中央　国务院关于打赢脱贫攻坚战的决定》实施以来，河南加大了金融扶贫力度，鼓励和引导商业性、政策性、合作性等各类金融机构加大对扶贫开发的金融支持，探索出了一条金融支持长期稳定脱贫的新路径。

（一）金融精准扶贫的"卢氏模式"

卢氏县从 2017 年开始，积极创建金融扶贫试验区，构建了"金融服务、信用评价、风险防控、产业支撑"四大体系，探索形成了可复制、可推广的"政银联动、风险共担、多方参与、合作共赢"的金融扶贫

"卢氏模式"，有效破解了中央扶贫小额信贷政策落地难题，为打赢打好脱贫攻坚战贡献了卢氏智慧。截至 2020 年 9 月末，卢氏农商银行累计实现扶贫贷款投放 189479 万元，其中直接向贫困户发放的扶贫小额贷款 8448 户 71034 万元，带动 3.4 万贫困人口实现脱贫，为全国蹚出一条可供复制推广的金融精准扶贫路径，成为全国金融扶贫战线一面鲜艳的旗帜。推广全省、走向全国的"卢氏模式"的核心内容由四个体系构成：一是金融扶贫服务体系。设立 1 个县级金融扶贫服务中心、19 个乡级金融扶贫服务站、352 个村级金融扶贫服务部，负责政策宣传、信用信息采集、贷款受理和初步审核、担保受理等工作，向银行批量提供信息，解决金融服务供需不衔接的问题。二是信用评价体系。卢氏县运用郑州中心支行开发的农村信用信息系统，建立覆盖全县的农户信用信息大数据库，农户信息采集率和入库率均达到 93.7%，其中贫困户采集率和入库率均达到 100%，给每个农户建立信用档案，根据不同分值将信用评定结果分为 4 个等级，依级别不同相应给予 5 万元至 20 万元信用额度。三是产业支撑体系。按照绿色、特色、生态和三次产业融合发展的思路，确定绿色农业等产业发展重点，形成多种产业扶贫经营方式。四是风险防控体系。河南省财政、县级财政分别出资 2000 万元、3000 万元建立风险补偿基金，对贫困户、带贫企业贷款违约产生的损失，按比例给予补偿。

金融扶贫"卢氏模式"具有可复制性、可推广性。近年来，邮储银行河南省分行一直在积极推动"卢氏模式"在河南全省复制推广，已在全省 53 个贫困县开办了"卢氏模式"扶贫贷款业务。"卢氏模式"成功的关键在于，找准"特色产业"是推进金融扶贫的根本依托，精准对接、服务下沉是提升金融扶贫工作成效的关键支撑，多方参与、发挥合力是金融扶贫工作落地执行的有力保障。

（二）郏县的"产业+金融"扶贫模式

脱贫攻坚战打响后，为助力贫困户脱贫致富，郏县从建立金融服务、风险防控、产业支撑、扶贫资金四大体系入手,不断加大金融扶贫力度,为贫困户稳定脱贫打造了良好平台。

一是金融服务体系。该县成立了县金融扶贫攻坚战指挥部,在县、乡、村三级分别建成了一个县金融扶贫服务中心、15个乡级金融扶贫服务站、377个村级金融扶贫服务部,为贫困户办理小额贷款用于产业脱贫提供指导帮助。

二是风险防控体系。为降低金融扶贫信贷风险,该县制定完善了扶贫小额信贷信用评价体系和风险防控体系,制定了《郏县扶贫小额信贷风险补偿金管理办法》《郏县扶贫小额信贷贴息管理办法》。依托三级金融扶贫服务体系,开展信用信息采集、录入、评价工作。县财政为县农村信用联社注入扶贫小额信贷风险金200万元,对符合条件的贫困户在产业脱贫中实施信贷。

三是产业支撑体系。产业支撑是实现贫困户稳定脱贫的重要渠道。该县采取"人行再贷款+合作社+养殖企业(户)+贫困户"模式,利用平顶山市现代养殖合作社总社2000万元担保基金,支持县信用联社为带贫畜牧养殖合作社按支农贷款最低利率给予信贷优惠。政府与养殖企业按1:2的比例出资,设立畜牧业融资贷款担保基金,解决企业在发展壮大过程中的资金难问题。

四是扶贫资金体系。为建立金融部门支持企业参与扶贫激励机制,该县将扶贫小额贷款和支农信贷投放力度、增速、占比作为对辖区金融部门年度考核的重要指标。同时,争取到中原农险扶贫项目,让400名贫困户成为中原农险助理宣传员,仅此一项,贫困户每人每年增收3000多元;筹集资金90多万元,为全县10622个建档立卡贫困户办理了医疗补充救助和人身意外保险,实现了贫困户"脱贫路上零风险"。

(三) 实践价值

贫困人口自身增加资本积累是最终能否实现脱贫的关键,强调增加贫困人口的资本并不否认增加收入对其脱贫的重要性,收入更多的是注重解决当前的生机，而增加资本则是注重脱贫的长效性和可持续性。普惠金融为脱贫攻坚提供可持续的资金来源，是扩大财政扶贫资金效用的重要途径。普惠金融扶贫有利于改变贫困地区人口的发展观念，增强脱贫攻坚的内生动力，而且注重增强贫困人口自我发展的意识和能力，使扶贫实现从"输血型"向"造血型"转变。

五　"互联网+健康"扶贫模式

2018年，国务院办公厅印发《关于促进"互联网+医疗健康"发展的意见》中提出，中西部地区、农村贫困地区、偏远边疆地区要因地制宜，积极发展"互联网+医疗健康"，引入优质医疗资源，提高医疗健康服务的可及性。"互联网+医疗健康"是推动健康扶贫的得力助手。2016年以来，河南紧紧围绕让贫困人口"看得起病、看得上病、看得好病、少生病"的目标，统筹施策、精准发力，在"互联网+健康"方面进行了诸多创新尝试，通过智能化、数字化系统提升了贫困地区的医疗保障水平，探索了数字健康扶贫新路径。

（一）"互联网+分级诊疗"的驻马店健康扶贫模式

驻马店市创新的贫困家庭重度残疾人集中托养和"互联网+分级诊疗+签约医生服务"健康扶贫模式，分获2018年、2019年度全国脱贫攻坚奖组织创新奖，并入选全球减贫案例。

近年来，驻马店市以"互联网+分级诊疗"健康扶贫模式为抓手，全面推进健康扶贫规范化、标准化、制度化建设，有效破解因病致贫因病返贫难题。该模式以"一网一轴四纵"为着力点，通过互联网技术与健康扶贫的深度融合，推动优质医疗资源下沉。具体做法有：一是通过移动智能网络，整合全市4家三级医院、27家二级医院、163家乡镇卫生院、2547家村卫生室，形成高速运行、互联互通，高效共享的移动智能网络；二是建立形成以个人健康为中心、打通公共卫生和医疗服务、贯穿生命全周期的健康数据轴，与各医疗机构互联互通，资源共享，对健康扶贫领域中"精准识别、精准分类、精准救治"的大数据进行分析研判，控制增量；三是市县两级分别组建不同形式的医联体、医共体，利用网络平台开展远程医疗服务，把医疗服务的触角延伸到基层村卫生室。同时，建立急危重症三级救治网，让患者在最短时间得到救治，从源头上控制因病致贫人口的增量。

（二）"四四机制"健康扶贫的"上蔡模式"

上蔡县因病致贫返贫人口占全县建档立卡贫困人口的 61.63%。结合因病致贫返贫占比较大的实际，上蔡县积极整合扶贫资金和医疗资源，探索建立了"四四机制"健康扶贫新路径，因病致贫返贫难题得到有效化解。该县研究出台了《上蔡县建档立卡贫困人口医疗救助实施方案》，对建档立卡贫困户参保费用实行政府补贴，患者治疗分普通门诊、重症慢性病、住院治疗三种情形，在县医院成立"互联网+分级诊疗健康扶贫会诊中心"，依托县乡村三级医疗机构分级分类实行"一站式"诊疗服务，实现医疗合理费用"零支付"。

（三）实践价值

让困难群众看病就医有保障，是脱贫攻坚的基本要求和"两不愁三保障"的核心指标。近年来，河南建立了因病致贫、因病返贫人口动态管理数据库，围绕"减存量、防增量"，打好健康扶贫政策"组合拳"，着力"拔病根""去穷根"，确保贫困人口"看得起病、看得好病、看得上病、少生病"。

"互联网+健康"就是利用互联网信息技术，建立完善的网上预约诊疗服务平台，让贫困群众看病有"底气"，就医更便利。脱贫攻坚以来，河南大力推行的远程医疗、先诊疗后付费、出院"一站式"结算等惠民服务已覆盖所有县域定点医院，贫困人口县域内就诊率达 95%以上，基本实现了"大病不出县"，有效降低了因病返贫、因病致贫的风险。

六　易地搬迁扶贫模式

全省 70% 以上的贫困人口分布在"三山一滩"地区，这些地区自然资源匮乏、生态环境恶劣、生存空间狭小，在扶贫开发中需要实施移民搬迁工作。河南从 2000 年开始在部分县（市）陆续开展了移民搬迁扶贫开发试点工作，在脱贫攻坚中更是加大易地搬迁扶贫力度，在群众自愿的基础上实施有计划、有组织的搬迁扶贫。

（一）"四靠、三个五"的淅川模式

"十三五"期间，淅川县积极落实易地扶贫搬迁工作，将生活在生存条件较差地区的贫困人口搬迁安置到其他地区，通过改善安置区的生产生活条件、调整经济结构和拓展增收渠道，帮助搬迁人口脱贫致富。

一是充分发挥"四靠"引领作用。该县按照"靠县城、靠园区、靠乡镇、靠乡村旅游点"的"四靠"原则进行安置选址，推动搬迁群众生产生活方式发生质变。对有劳动能力且自愿进城的，靠近县城安置；对不愿外出务工但有就业需求的，靠近产业集聚区安置；对没有离乡意愿或自身条件较差的，靠近乡镇安置；对有意愿从事旅游相关行业的，靠近旅游景区安置。

二是推进公共服务"五个有"全覆盖。按照"保障基本、缺啥补啥"的要求，在规模以上安置点同步配建公共服务设施，实现有社区服务中心、有义务教育学校、有幼儿园、有卫生室、有文化场所"五个有"全覆盖。

三是推进产业扶贫"五个一"。围绕建设 1 个村级光伏小电站，落实 1 项特色产业帮扶措施，建设 1 个扶贫车间，有 1 人稳定就业和有 1 份稳定收益，在安置点建成并网 271 个村级光伏电站，惠及 1.2 万搬迁户，同时结合当地资源禀赋，因地制宜发展药材、菌菇、林果种植及畜禽养殖、农产品加工等特色带贫产业，约 70% 的搬迁群众享受到产业分红。配套建设扶贫车间 281 个，建立精准就业帮扶台账，开展职业技能

培训，创新复垦券交易政策，将复垦券交易所得一部分交由专业理财机构投资管理，累计返还收益 7582.53 万元。

四是推进美好生活"五个新"。淅川县积极推行"党建+易地扶贫搬迁"模式，新建党的基层组织 234 个、社区服务机构 381 个，其他通过纳入就近管理等方式实现基层组织全覆盖，逐步形成"党支部建在社区、党小组建在楼栋、服务队建在单元"的格局。开展积分管理、双扶驿站、标兵评选等活动，教育引导搬迁群众"感恩新时代、住进新房子、展现新气象、实现新作为、营建新家园"，切实增强搬迁群众的获得感、幸福感。

（二）实践价值

习近平总书记指出："易地搬迁是解决一方水土养不好一方人、实现贫困群众跨越式发展的根本途径。""十三五"时期，全省易地扶贫搬迁建档立卡贫困群众共计 25.97 万人，主要涉及大别山、伏牛山、太行山等"三山"地区的 10 个省辖市和示范区、50 个县（市、区），近 26 万贫困群众彻底摆脱深山的束缚，全面开启了易地新生的幸福生活。在具体工作推进中，河南坚持把易地扶贫搬迁纳入乡村振兴、新型城镇化、现代产业发展中统筹推进，推动依托"四靠"搬得出、覆盖"五有"稳得住、围绕"五个一"能致富、实现"五新"生活好的河南易地扶贫搬迁模式。

七　党建引领的扶贫模式

脱贫攻坚是一场必须打好的硬仗，也是中国共产党向全国人民作出的庄严承诺。要坚持以人民为中心的思想，做好脱贫攻坚的党建工作，努力把党的政治优势、组织优势和密切联系群众优势转化为精准扶贫优势，为决战脱贫攻坚提供坚强组织保障。河南始终坚持以习近平新时代中国特色社会主义思想统领脱贫攻坚工作，把脱贫攻坚作为增强"四个意识"、坚定"四个自信"、做到"两个维护"的政治标尺，以高质量党建引领脱贫攻坚工作。

（一）强化基层党建引领作用的许昌模式

围绕决战决胜脱贫攻坚，2020 年许昌市委组织部下发了《关于 2020年抓党建促脱贫攻坚的 17 条举措》，大力实施"四个清零"行动，即"党组织软弱涣散村问题清零""脱贫攻坚薄弱村问题清零""贫困村集体经济问题清零""帮扶作用发挥问题清零"。500 多名驻村第一书记、834 名驻村工作队队员、2084 个脱贫责任组组长、2 万余名帮扶责任人奋斗在一线，协助贫困地区解决了精准扶贫"谁来扶"的问题。在鄢陵县马坊镇钦桥村，该村"两委"班子以"创五好支部，强基层基础"示范行动为工作统领，利用驻村第一书记项目资金 20 万元种植花卉近 20亩，吸纳部分贫困劳动力就近务工增收；引进台美、成铭两个"扶贫工厂"，每年可收租金 6 万元，让贫困户在家门口实现就业。

（二）实践价值

河南以对党、对人民、对历史负责的态度，坚持把脱贫攻坚作为头等大事和第一民生工程来抓，先后出台《中共河南省委、河南省人民政府关于打赢脱贫攻坚战的实施意见》《河南省打赢脱贫攻坚战三年行动计划》等文件，为全省脱贫攻坚工作制定"路线图"、明确"时间表"；先后八次召开高规格脱贫攻坚推进会，分析形势、查找问题，动员全省上下一鼓作气打好打赢脱贫攻坚战；先后五次召开抓党建促脱贫攻坚工作部署推进会议，扛牢压实抓党建促脱贫攻坚政治责任，推动形成以高质量党建引领决战决胜脱贫攻坚的良好态势。

八　兜底保障扶贫模式

河南将兜底保障作为打赢脱贫攻坚战的底线任务和最后防线，在科学制定保障标准上出实招、在提质扩面上求实效，确保符合条件的各类困难群众和特殊群体兜底保障不漏一户、不落一人。经过几年的努力，河南逐步实现了农村低保制度与扶贫开发政策的有效衔接。

（一）聚焦特殊贫困群体，实施"四集中"的南阳模式

南阳市探索实施的特殊贫困群体"四集中"兜底保障等措施覆盖对象更广、方式更灵活、成本更低、可持续性强，形成了可复制、可推广的"南阳模式"。南阳是全国为数不多同时位于秦巴山、大别山两个集中连片特困区的省辖市，脱贫攻坚任务繁重。为让"贫中之贫、困中之困"的特困群体共享幸福生活，南阳市在全市范围内推广实施村级幸福大院集中托管、乡镇敬老院集中供养、社会福利机构集中托养等措施，形成了一整套完整的机制和实施办法，不仅发挥了政策资金的最大效益，还提升了特殊贫困群体的生活质量，解放了扶贫干部和贫困户的生产力。

1. 统筹各类资源，解决"怎么建"问题

一是采取"一村一建""联村共建"等形式，将闲置村部、校舍、厂房、民宅或危房改造集中安置点等现有资源，改扩建一批村级幸福大院集中托管点。二是新建或改扩建一批乡镇敬养机构集中供养点。三是依托民办养老院、民办托养中心等社会福利机构，采取民办公助、政府购买服务等方式，建设一批社会福利机构集中托养点。四是依托乡镇卫生院、县级医院、精神病医院等医疗机构，采取医养结合、购买服务等方式，建设一批卫生机构集中康复治疗点。

2. 统筹资金使用，解决"筹资难"问题

采取"财政投入一部分、部门整合一部分、社会捐赠一部分"的筹措办法，足额保障建管运行资金。市财政拿出 4000 万元资金、县市区均相应列支一定专项财政经费，采取"以奖代补"的形式，对进展快、效果好、群众满意的县市区、乡镇给予奖励。统筹运用民政、残联、人社、卫健、医保、住建等行业部门政策，整合使用入住人员低保、特困供养、医保、政福保、政康保、防贫保以及残疾人"两项补贴"、临时救助、慈善等多项资金，增强经费保障能力。引导社会公益组织、志愿组织、经济组织、各界知名人士等，担当责任、奉献爱心，捐助一批社会资金。

3. 统筹管理服务，解决"留不住"问题

建立健全完善托养中心入住标准、用工条件、监督管理、饮食安全、消防安全、卫生保洁、服务评价等规章制度，实现日常管理科学化、制度化，确保特困人员"住进来、能留住、可持续、得幸福"。

4. 统筹职能职责，解决"谁来干"问题

实行"政府主导、乡村实施、部门联动、社会参与"的运作模式，明确主体责任，界定工作职责。南阳市脱贫攻坚领导小组将该项工作纳入暗访督查内容，实行常态化暗访、常态化通报、常态化约谈问责，有力传递压力，推动工作落到实处。

（二）实践价值

在全面建成小康社会的伟大征程中，每一个贫困人口都不能掉队。习近平总书记在决战决胜脱贫攻坚座谈会上也特别强调，对没有劳动能力的特殊贫困人口要强化社会保障兜底，实现应保尽保。截至 2020 年 8 月底，全省共有 210 多万名残疾人享受了"两项补贴"，这些人当中大部分是贫困重度残疾人或失能半失能的特殊贫困人群，他们面临着无业可扶、无力脱贫的困境，一般的扶贫手段难以奏效。南阳市探索的"四集中"模式，破解了一直以来重度残疾人脱贫只能"输血"不能"造血"的难题，同时也是实现重度残疾人家庭防止返贫、稳定脱贫成果的有益实践。

第二节　河南推进乡村振兴的典型模式及实践价值

在乡村振兴实践中，各地根据乡村振兴战略要求，注重结合实际，因地制宜探索符合中央要求、具有自身特点的乡村振兴道路和模式，对其他同类地区更好地推进乡村振兴具有一定的借鉴和启发价值。

一　乡村产业振兴的"西峡方案"

西峡县位于豫陕鄂三省接壤、中原伏牛山深处地区，同时还是亚热带和暖温带、半湿润区与湿润区的分界线，是世界公认的有机、绿色香菇生长黄金地区。立足"食用菌最佳适生地"的独特优势，西峡县积极引导香菇产业化发展，推动香菇产业转型升级，构建起以香菇为主的百亿级食用菌产业集群。西峡香菇产业经过近20年的发展，已成为西峡县的优势产业和绿色产业，逐步探索出一条香菇产业"前沿化科研、生态化栽培、标准化管理、科学化监管、多元化服务、品牌化运营、信息化提升、国际化发展"的产业升级之路，不仅有力带动了该县经济发展，还有效提高了当地居民收入，提供了乡村产业振兴的"西峡方案"。

（一）推动规模化种植

西峡县不断加大对香菇产业的支持力度，建立了全面指导香菇产业发展的三级领导体系，通过与知名科研院所合作，不断提高香菇产业的科技水平。

一是制定西峡香菇标准。西峡县聚焦食用菌产业发展，坚持院县（校地）合作，引才聚智，与北京市农林科学院、上海市农科院等科研实力突出的科研机构进行合作，建立技术研究、服务、督导三个团队，打造依托专家顾问和食用菌科研中心的科技成果转化路径，探索出靠科研支撑持续化、靠品质支撑生态化的产业升级路子。西峡县科委和西峡县食用菌科研中心通过多年的研究和推广应用实践，发明了袋料香菇春季栽培技术，总结出"春栽棚架中袋适度规模"的栽培模式，确定并完善了袋料香菇春季栽培技术规程，在参照国家有关标准的前提下，制定了"西峡县香菇标准（试行）"，指导袋料香菇规模化生产。

二是积极开发新品种。选取大山深处具有优质气候条件的河滩地，打机井、拉电线、搭菇棚、硬化机耕路，让菇农用于种植香菇，为菇农提供技术、物品、资金支持，全面提升当地菇农的香菇种植水平，建成了沿鹳河百公里香菇标准化长廊，实现集中连片种植，形成了西峡县香菇地理标志产品种植基地。

三是完善技术服务体系。实施国家、地方、行业标准行动，组织开展对菇农、技术员、经销员的培训活动，梳理编制西峡香菇技术手册，免费提供给菇农使用。设立县、乡、村三级香菇生产服务指导体系，为全县香菇产业提供全面的技术指导。

（二）强化金融支持

西峡县通过完善金融平台、创新信贷产品，有力地支持了西峡香菇产业繁荣发展。一是完善金融平台。为了解决香菇产业发展面临的资金短缺问题，西峡县打造了"政银担"合作平台，积极为中小企业、专业合作社和种植大户提高小额贷款发展，解决了资金短缺问题。二是丰富融资模式。西峡县围绕香菇产业链上下游的农户种植、香菇收购、仓储保险、生产加工、成品销售"五个链条"，积极探索多元化的香菇产业融资渠道，已形成由行业协会担保、种植户自愿联保、信用部门综合授信等多种融资模式相结合的产业融资体系。三是丰富信贷产品。在农户种植方面，采用线上申请、移动办贷方式，合理授信，有效完善"菌贷通"；推出"制棒工厂贷"等特色信贷产品；充分利用市场调研甄别出优质销售商，大力推广"龙乡快贷"等特色信贷产品。

（三）延伸加工链条

按照产业化经营的要求，帮助菇农打通种植、加工、销售各个环节，延长了产业链条，丰富了产品品类。一是做强"农字号"龙头企业。龙头企业一头连着千家万户，一头连着大市场。西峡逐步培育壮大了仲景大厨房、家家宝、林之源、北京北方霞光等一大批农业产业化龙头企业，其中，仲景大厨房是国家高新技术企业，主导产品香菇酱全国市场占有率第一。目前西峡香菇冠以公司品牌的香菇产品有 20 余家，市场上较知名品牌有"仲景香菇酱""绿润达""欢乐菇""爱上菇""菇滋菇滋"等，极大地拉升了西峡香菇产业的知名度。二是创新运营模式。在加工上，积极发展规模化制棒车间，推行标准化生产，建设标准点菌棚、出菇棚、香菇深加工企业等，实现规模发展。西峡县鼓励仲景大厨房、家家宝等龙头企业，大力发展香菇食品研发，开发了香菇酱、香菇罐头等一系列产品，形成了"上接基地、中连市场、下游打造骨干龙头出口企业"的完整产业链。2019年，西峡县出口香菇14.9亿美元，占全国香菇出口额30%以上。仲景香菇酱的成功，为中小企业从事食用菌加工和品牌化经营提供了示范和引领作用，形成了以仲景食品为中心的香菇产业集群。

（四）乡村产业振兴"西峡模式"的实践价值

以市场需求为导向，依托全国最大的香菇交易市场，西峡强力推进香菇标准化、规模化、品牌化、国际化，实现了"菇农"变身"菇商""菇商"到"菇企"的三级跳，探索出一条特色产业引领乡村振兴、助力产业结构升级的路子。

一是乡村产业振兴要强化政府引导作用。农业生产效益低、组织化程度低、规模化效应不突出，难以吸引资本给予扶持，而农民知识水平较低，缺乏现代经营理念，因此特色农产品的产业发展必须要以政府引导为前提。20多年前，西峡县在全面客观分析自身综合情况的前提下，结合优越的地理气候优势，因地制宜提出了大力发展香菇产业的产业战略，从经营、科技、金融等方面支持香菇产业发展，目前香菇产业已经成为带动西峡乡村产业振兴的主导力量、带动农民增收的重要方式。

二是乡村产业振兴要打造特色优势品牌。品牌化是特色农业发展的方向。农业品牌化发展可以促进农业发展方式转型升级，调优产业结构，有利于提高农产品的综合附加价值，有利于增加农民综合收入，有利于加快实现农业农村现代化。西峡香菇品牌打造卓有成效，"西峡香菇"曾在亚洲品牌年会上被评为中国"生态原产地知名品牌"，还被赞誉为"西峡香菇甲天下"。西峡县也先后获得"中国香菇之乡""全国农业（香菇）标准化示范区""全国食用菌行业优秀基地县""国家外贸转型升级基地（食用菌）"等国家级荣誉27项、省级荣誉28项，龙乡牌花菇通行国际市场，仲景香菇酱成为我国酱菜类产品知名品牌。

三是乡村产业振兴要拓展加工产业链。农产品加工业往往是农村经济发展的重要支柱，在乡村产业振兴和农业现代化建设中具有不可或缺的地位。推动农产品加工业高效发展是实现农业现代化的必经之路，可以有效促进农产品保值增值。通过规范化生产、加大科技支撑力度、建立质量监管体系，西峡县有力地推动香菇产业的高质量发展。目前，西峡已构建了现代食用菌产业格局，具备产业有特色、品质有保障、品牌有效益、市场竞争有优势等特点。

四是乡村产业振兴要发挥龙头企业的带动作用。西峡县通过建立科研平台、优化金融供给、开展宣传推介等活动获得扎实的产业基础，形成良好的政商环境，培育吸引一大批龙头企业，带动了当地香菇产业的发展。目前，全县食用菌加工企业多达 150 多家，形成了原菇类、香菇酱类、食用菌罐头类、休闲食品类、食品配料类、功能保健类等几十个畅销的产品形态。食用菌生产加工企业在 2018 年全县规模以上企业纳税前 100 位占比接近一半。

二　人才振兴的"林州模式"

人才振兴是乡村振兴的支撑。把人力资本开发放在首要位置，畅通智力、技术、管理下乡通道，建立自主培养与人才引进相结合的机制，采取学历教育、技能培训、实践锻炼等多种方式并举，进一步发挥乡贤作用，壮大地方人才队伍，是实现乡村人才全面振兴的重要路径。

近年来，林州市坚持"人才是第一资源"的发展理念，以人才振兴推动乡村振兴，成立高规格的人才工作领导小组，先后出台《关于进一步加强人才工作的意见》《林州市实施人才三大工程推进乡村振兴战略实施方案》《关于实施"洹泉涌流·智汇红旗渠"人才集聚计划为加快推进世界人文山水城市建设提供人才支撑的意见》等文件，通过政府引导、平台搭建、科教培育、能人回引等措施，打造了一支"懂农业、爱农村、爱农民"的人才队伍，为林州市乡村振兴提供了强有力的智力保障。

（一）开展新型职业农民培育

为加强农业实用专业人才培养，林州市实施"人尽其才，为林州市添彩"活动方案，推进实施乡村技能培训计划，在每个中心村至少安排2~3名科技服务人员进行技能培训、科技带动，并开展"林州乡村之星"评选活动。实施乡村人才职业教育。依托林州市职业教育中心，深入与知名企业联合开展校企合作，建立长期稳定的校外实习培训基地，为乡村培养技术技能型、知识技能型、复合技能型人才。依托农业培育基地、田间学校、农民夜校和实训基地，每年组织大型培训12期以上，每期人数200人以上，其他各种形式的小型培训达3000人次以上。

（二）建立林州市乡土人才库

林州市将4732人纳入乡土人才库，聘请512名专业技术人才、企业家等担任"名誉村长"；返乡能人建成工业企业扶贫基地11家，创办各类企业83家，创建农业生态园33家，带动集体经济增收499万元。为让"田秀才""土专家"发挥更大作用，林州市聚焦农业发展需求，整合科技特派员、市管专家及各行业专家力量，引导各类技术人才向乡村倾斜；加强专业技术人员继续教育培训，做到专业技术人员"全注册、全入网"；开展"送医疗卫生服务下乡"、"送农技下乡"、"送课下乡"和"畜牧系统百人联百场"等活动，确保乡村振兴各个产业环节都得到技术服务。

（三）加强基层干部队伍建设

选好带头人是完善乡村治理机制、实现乡村振兴的基础。乡村要振兴，既要有"归来雁"，又要有熟悉本土情况的"当地雁"。林州市大力实施"头雁工程"，充分发挥红旗渠干部学院等培训机构作用，定期举办"村官论坛"，邀请全国知名专家、学者面对面交流理论知识和实践经验。同时还聘请全国各地企业家、外建经理、专业技术人才等担任

"名誉村长"，为林州市乡村振兴提供智力保障。在基层干部队伍培育方面，实施"育苗工程"，注重对政治素质强、有专业技术特长和致富带富能力的返乡人才跟踪培养，并及时把符合条件的优秀人才发展为党员，对特别优秀的，还按照程序充实进"两委"班子。

（四）重点开展建筑人才培育

林州是有名的建筑之乡，拥有一批在外务工的企业家、项目经理、工程队长。近年来，林州市政府积极探索培育新时期建筑产业工人队伍的新模式，一方面通过建立乡土人才库、开展乡土人才联络和回归动员活动，吸收一批政治素养高、有专业技术特长和致富带富能力的人才返乡，截至2020年9月，林州返乡人才带动村集体增收近1500万元；另一方面，通过加强建筑产业工人技能培训、鉴定，提升建筑产业工人各项保障，建立建筑产业工人输出示范基地。同时，依托林州市建筑职业技术学院和林州职业教育培训基地，加大高新科技人才、经营管理人员的培训教育力度，构建林州建筑企业"高端技术人才高地"，培养并发展壮大了一大批建筑企业家队伍。

（五）实施乡村振兴"巾帼行动"

提升农村妇女素质，广泛开展各类实用技能培训，注重面向农村妇女骨干、基层妇联干部和返乡下乡创业女大学生、女农民工等群体，开展现代农业实用技术、电子商务、乡村旅游、手工制作等示范培训，提高农村妇女就业创业技能和脱贫致富能力，引领发动广大妇女在乡村振兴中发挥更大作用。

（六）人才振兴"林州模式"的实践价值

人才振兴是实现乡村振兴战略的重要环节，是推动地方发展的关键因素。林州市实施人才战略推进乡村振兴的实践价值在于：只有把人才振兴作为乡村振兴的重要支撑，实行更加积极、开放、有效的人才政策，加大乡土人才培养力度，引导各类人才投身乡村建设，造就规模宏大、结构合理、素质优良、富有活力的人才队伍，加快培育新型农业经营主体带头人，进一步保障农业现代化人才需求，才能激活人才"引擎"、打好经济"算盘"、完善治理机制，真正助推乡村振兴。

三 文化振兴的"卧龙模式"

文化振兴是乡村振兴的铸魂工程。近年来，南阳市卧龙区持续加强文化的引领作用，挖掘民间文化，导入文化振兴主旋律，倡导和重建传统乡风民俗，优化农家风情，提升乡村风味，凝聚正能量，传承好家风、好民风，发挥好文化礼堂的作用，丰富和充实乡村活动内涵，培育乡村文化的"一源多用"，着力推动乡村文化振兴，突出乡村特色，传承乡土文化、留住乡愁记忆，大力培育文明乡风、良好家风、淳朴民风，促进乡村美丽经济的多元化探索。

（一）夯实乡村思想政治基础

充分发挥卧龙区微型党课宣讲团、党校等作用，运用卧龙网、今日卧龙等新闻媒体解读宣传党的"三农"政策和强农惠农富农举措。坚持不懈用习近平新时代中国特色社会主义思想武装教育农村干部群众，深化中国特色社会主义和中国梦的宣传教育，大力开展"理论+文艺"形式的基层巡演活动。每年培育机关、社区、农村、企业、学校、公园（广场）等六大类示范点，选树确立社会主义核心价值观示范点。

（二）开展"三级文明实践"

探索启动新时代文明实践中心试点建设工作，将文明实践中心打造成为兼具思想政治引领、传播党的声音、传承优秀文化、培育文明新风、提供惠民服务等多种功能的综合性宣传教育阵地。并依托三级文明实践平台，推进一村一晚会、一村一趣味运动会、一村一村歌、一村一村志村史、一村一升旗仪式等"五个一"文化活动，激发农民群众的爱国情怀，坚持示范先行、逐步推进、全面覆盖的方式。创新文明实践活动。以志愿服务为基本形式，积极调动各级党员干部、理论宣讲人员、先进人物、党校教师、文化文艺工作者、科技能人、律师、"五老"人员、新乡贤、大学生志愿者等广泛参与，分级组建新时代文明实践志愿服务队伍。以学习实践科学理论、宣传宣讲党的政策、培育主流价值、丰富文化生活、推动移风易俗等为主要工作内容，运用群众的语言、喜闻乐见的方式宣传科学理论。阐释方针政策，传播主流价值。

（三）弘扬乡村优秀传统文化

加大农村优秀文化的挖掘与保护，传承展示卧龙岗文化产业园、张衡博物馆等卧龙区优秀文化资源，加强对优秀乡村传统文化资源的挖掘整理，吸收城市文明及外来文化优秀成果。有选择性地继承卧龙传统风俗、农耕文化、乡规民约、演艺文化、民间技艺等，并赋予新时代的内涵，通过创新性发展，大力弘扬农村优秀传统文化。挖掘、整理乡村特色的豫剧、曲剧、大调曲子、三弦书等戏剧曲艺，抬装、舞龙等民间舞蹈，剪纸、绘画等民间技艺，鼓励乡村史志编修，推动非遗项目传承基地建设。卧龙区潦河坡镇党委、政府充分利用该镇得天独厚的文化资源优势，传承、弘扬文化资源蕴含的精神价值、独特魅力，通过实施"文化强镇"战略，挖掘历史传统文化，推进乡村文化繁荣。该镇致力繁荣群众文化，打造广场舞、腰鼓、秧歌、戏曲班子队伍，建设好文化广场，做到所有行政村至少建立1支文体团队和1个群众文化活动场所。建立新时代文明实践站，牢固占领思想文化阵地。经常组织开展形式新颖、内容丰富的文化活动，提升群众的幸福感。

（四）加大乡村文化民生保障

丰富乡村文化生活，推动城镇公共文化服务向农村延伸，推动城乡公共文化服务体系融合发展，增加优秀文化产品和服务供给，活跃繁荣农村文化市场，提升农村文化生机活力。

（五）文化振兴"卧龙模式"的实践价值

推动乡村文化振兴是解决新时代社会主要矛盾、重建乡村文化自信的必然要求。乡风文明建设涉及农村政治、经济、文化、教育、习俗、生存方式与情感心理等，是一项复杂而庞大的系统工程，具有鲜明的政治性、群众性、文化性和导向性，它不仅是实现农村全面小康和打赢精准脱贫攻坚战的重要抓手，也是弘扬中国特色社会主义核心价值观的重要载体，在整个乡村振兴战略要素中具有十分重要的地位。卧龙区在加强文化引领推进乡村振兴方面的实践价值在于以下几点。首先，营造乡风文明，各级地方政府需要切实加大人力、物力、财力投放，进一步加强农村文化基础设施建设，使之与农村人口相匹配，积极培养农村文化人才，提供高质量、高水平的文化产品和公共服务，以社会主义先进文化涵养乡风文明、以优质的行政服务促进乡风文明，为营造乡风文明提供可持续服务。其次，文化是乡风文明的内核与精髓，文明和文化具有很强的融合性，文明因交流而多彩、因互鉴而丰富。营造乡风文明要以文化为抓手，构建系统完善的多重文化融合机制，夯实乡村文化根基，积极探索乡风文明的新动力与新生长点，打造乡风文明新高度。最后，营造乡风文明需要加强农村文化教育。乡风文明建设离不开人的建设，农民文化素质的高低直接决定着乡风文明程度的高低。教育是文化传承和发展的重要方式，也是提高农民文化素质的重要手段，营造乡风文明要大力发展农村文化教育事业，打牢乡风文明建设的文化基础。

四　生态振兴的"新县模式"

生态振兴是乡村振兴的关键。坚持"两山"理念，生态先行，强调生态文明与自然和谐。近年来，新县深入践行"两山"理念，大力发展全域旅游，促进乡村全面振兴，成功创建全国休闲农业与乡村旅游示范县、全国旅游标准化示范县、国家全域旅游示范区、"绿水青山就是金山银山"实践创新基地。2018年新县在大别山革命老区率先脱贫摘帽，被确定为全省乡村振兴示范县。2019 年 9 月，习近平总书记在新县考察调研时指出，新县"依托丰富的红色文化资源和绿色生态资源发展乡村旅游，搞活了农村经济，是振兴乡村的好做法"。

（一）坚持规划先行

实施乡村建设五年行动计划，突出"一镇一产业、一村一特色、一湾一主题"，推进传统村落保护性开发、特色风貌原生态"修复"，打造"豫风楚韵"全景乡村。

（二）坚持绿色导向

新县在开发过程坚持不挖山、不砍树、不填塘、不截断河流、不取直道路，保持最原始的生态肌理，厚植最深沉的生态土壤，所有乡镇均创建成为国家级生态乡镇，新县创建成为国家生态县、国家生态文明建设示范区、全省农村人居环境整治先进县。

（三）坚持乡旅共建

推动乡村基础设施和公共服务提档升级，实施农村公路三年行动计划，建成以文化廊道、生态绿道、休闲慢道、登山步道为主的乡村旅游风景线。推进城乡交通运输一体化，推动城乡循环公交全面开通，构建全域覆盖的旅游交通体系，形成"处处是风景、路路可通达、村村能服务"的旅游大环境。

（四）生态振兴"新县模式"的实践价值

乡村发展从扶贫向振兴阶段转变，"生态宜居"成为乡村建设的落脚点。如果说乡村振兴是一场"大会战"，那么生态宜居美丽乡村建设，就是第一场"攻坚战"。2018 年，河南启动农村人居环境整治三年行动，开展垃圾治理、污水治理、厕所革命、村容村貌提升、村庄规划管理等重点工作。2019 年 1 月 10 日，河南召开深入学习浙江"千万工程"经验全面扎实推进农村人居环境整治电视电话会议，为环境整治工作明责加压、再动员再部署。河南在推进生态振兴过程中，必须坚持以农为本，挖掘乡村多种功能与价值，发展第三产业，将环境资源优势转化为经济发展优势，推动农村生态文明建设，实现乡村跨越式发展。

五　组织振兴的"新密模式"

组织振兴是乡村振兴的保障，以提升农村基层党组织战斗力为重点，以实现乡村治理体系和治理能力现代化为目标，坚持以党组织建设带动其他组织建设，激发乡村各类组织活力，凝聚乡村振兴的整体合力，进而助力乡村振兴战略的推进。在乡村振兴实践中，新密市强化党建引领，引导多元主体参与，建立共建共治共享的格局。

（一）强化党建引领，建设美丽乡村

新密市超化镇黄固寺村坚持党建引领，创新工作方法，以乡村治理为抓手，成功实现了贫困山区到美丽乡村的华丽嬗变，基层党组织凝聚力、战斗力、创造力得到了空前增强，人民群众有了更多的获得感、幸福感、安全感。围绕"六有"目标（有坚强有力的领导班子、有本领过硬的骨干队伍、有功能实用的服务阵地、有形式多种的服务载体、有健全完善的制度机制、有群众满意的服务业绩目标），打出一套党建工作"组合拳"，队伍建设、民主管理、服务群众等各项工作实现全面提升、全面过硬。针对村级事务进行分类，把党员编成民事调解、治安巡逻、卫生创建、便民服务、乡村建设、文化宣传、扶贫救助、产业带富等工作队，让每个党员在村级事务中走前头、作表率，形成了党员组团为群众服务的长效工作机制。强化政治引领促党建，从"事务管理"到"精神凝聚"。党支部把政治引领的党建要求，落实到村事务管理中，建立了党员群众"123"活动制度（即面向村民1周开设一次"庭院课堂"，党员干部两个月开展一次走访，村组3个月开展一主题活动）和村干部"321"走访制度，凝聚了民心。2019年，全村各类企业13个，实现生

产总值5.8亿元，上缴税收2100万元，农民人均纯收入2.3万元。如今的黄固寺村村庄变美、产业变旺、民风变淳、群众变富，正在乡村振兴的道路上越走越好。

（二）"一村一警"构建稳定祥和新农村

作为全省"一村（格）一警"工作的发源地和试点县（市），新密市近年来传承发扬新时代"枫桥经验"，强化党建引领，持续推进社区民警专职化、社区警务精细化、基础工作信息化、治安防范社会化、群众工作便民化，尤其是"一村一警'1+1+5'"品牌工程工作机制的经验得到认可并在全省推广。

一是坚持政治建警。党旗飘扬、党建引领是新密开展"一村（格）一警"工作的思想内核和工作法宝。在新密各派出所基层党支部，与村组党支部协同配合形成"双合型"，与企事业单位党支部结对形成"共建型"，与邀请辖区党支部参加主题党日活动形成"互动型"，与精准扶贫活动结合形成"关怀型"。

二是创新思路，打造"品牌"。为彻底解决机关民警兼职包村"下不去、沉不下"的问题，新密公安系统明确了每个警务室由专职社区民警分包，确保所有行政村、社区达到"一村一警"或"一村多警"，形成了"党委政府领导、政法综治协调、公安机关为主、相关部门参与"的工作格局，工作经验在全省推广。

三是科技兴警，智慧维稳。近年来，新密市投入上千万元，以"活土地"社区警务平台为支撑，以"一标三实"工作为基础，以"一村一警"机制为载体，自主研发实景三维地理信息平台，在全省率先实现实景三维地图与警用PGIS地图的融合，基本实现社区警务信息智慧采集、资源智慧共享、警情智慧研判、实战智慧应用。新密公安系统创建的"微警务"模式，以警务室和警务工作群效应服务百姓民生，努力将警务室、警务工作站打造为警民联系点、民生服务点、信息采集点、防范宣传点和求助报警点，不断提高群众的安全感和满意度。

（三）组织振兴"新密模式"的实践价值

农村基层组织建设是党的全部工作和战斗力的基础。全面推进乡村振兴，必须大力加强农村基层党组织建设，不断增强农村基层党组织的创造力、凝聚力和战斗力，为推进乡村振兴提供坚强的组织保障。习近平总书记指出，办好农村的事情，实现乡村振兴，关键在党。加强基层党建，是巩固我们党在基层执政基础的必然选择，是提高党的政治领导力、思想引领力、群众组织力、社会号召力的迫切需要，是推动全面从严治党向基层延伸的必然要求，对于打好打赢脱贫攻坚战、实施乡村振兴战略、推动农业农村转型发展，意义重大而紧迫。

第三节　河南推进脱贫攻坚与乡村振兴有效衔接的典型探索与实践价值

巩固拓展脱贫攻坚成果同乡村振兴有效衔接，是顺应"三农"工作重心历史性转移的新形势新要求的必然选择。事实上，在决战决胜脱贫攻坚阶段，全省一些脱贫地区就已围绕巩固拓展脱贫攻坚成果、推进乡村振兴进行了探索实践，这对其他地区提供了有益借鉴和启示。

一　从产业升级入手，做好发展衔接

乡村振兴，关键是产业要振兴。产业振兴不仅是实现乡村振兴与打赢脱贫攻坚的重要标志，也是实现二者有机链接的必然要求。全力跑好产业扶贫与产业振兴接力赛，意味着今后一段时间内乡村产业发展由"产业扶贫"向"产业兴旺"转变，探索可持续、可复制的乡村产业发展模式，加速构建现代农业产业体系、生产体系、经营体系。

（一）以产业的提档升级实现有效衔接的开封探索

脱贫攻坚以来，开封市坚持把发展扶贫产业作为实现贫困群众脱贫

退出、持续稳定增收的首要举措，作为县域经济"三起来"的重要抓手，圆满完成了脱贫攻坚各项目标任务，打造出产业发展"十链百园千基地"，做强做优产业链条，持续提升产业带贫增收能力，推动产业真正在乡村扎根，巩固拓展了脱贫攻坚成果，有效衔接了乡村振兴、壮大了县域经济，探索走出了一条符合平原粮食主产区的产业发展提档升级之路。

2020年以来，开封市积极推动乡村产业提档升级，通过谋划"十链百园千基地"活动，挖掘延链补链强链新模式，做大做优乡村产业发展。在实施过程中注重个性培育，结合各县区种养基地特色产业，重点突出有园区规划、有原材料种养基地、有产品研发平台、有农产品加工基地、有产品展示馆、有电商销售平台的"六有"，要树立基地标识、要选择好种养品种、要把握适度规模、要依托龙头企业和合作社建基地、要有稳定的市场销售渠道、要有可持续的产业发展模式的"六要"，形成了花生、红薯、菊花、辣椒，猪、牛、羊等特色种养业链条全面开花，产业基地和现代农业产业园等乡村特色产业"强筋壮骨"，增收带动能力显著提升的良好局面，发展了一批"链可复制、全链带贫，园聚要素、逐级创建，基地做实，确保持续"的产业典型，推动产业由增产导向向提质导向转变，实现乡村特色产业高质量发展，全方位打造开封市产业扶贫的升级版。截至2020年底，全市共打造有39个可复制、可推广的产业链，形成了130余个产业园，1500余个产业基地。

（二）以沟域生态经济的建设实现有效衔接的洛阳探索

沟域经济是以生态涵养与保护为基础，以生态建设与休闲旅游产业为龙头，集生态涵养、旅游观光、经济发展和人文价值于一体，打造统一规划、形式多样、产业融合、集约经营、规模适度、特色鲜明的产业经济带，实现山区发展与农民致富的一种经济形态。近年来，洛阳遵循规律、因地制宜，做好生态、产业、特色、融合"四篇文章"，形成了以"生态为先、产业为基、文化为魂、融合为要"为特色的沟域经济发展思路，到 2020 年底，全市建成"沟谷文旅业、半坡林果业、坡顶生态林"全景式沟域经济示范带 53 条，实现年产值 42.35 亿元，为巩固拓展脱贫攻坚成果同乡村振兴有效衔接奠定了坚实基础。

洛阳市以山区沟域为基本单元，实现了"一沟一产业、一沟一亮点、沟沟有支撑"。依托产业项目，积极构建"龙头企业+合作社+基地"等产业发展模式，大力推进"三品一标"农产品创建，建立农产品质量安全追溯体系，确保沟域农产品产得出、产得优，目前全市"三品一标"及名特优新农产品总数达 458 个。引进培育了正大、众品、海升、众森等农业产业化龙头企业和一大批新型农业经营主体，特色农产品初加工率达 95%以上。借助淘宝村、淘宝镇等电商平台，开展直播带货活动，实现沟内生产沟外加工、线上线下销售一体化、小沟域与大市场衔接，把山区资源优势转化为厚植发展的经济优势，持续推动农业延链增值、提质增效。

（三）以产业体系的创新实现有效衔接的济源探索

产业扶贫是贫困群众稳定脱贫的根本之策，产业振兴是乡村振兴的基础和关键。近年来，济源市坚持"扶持一个企业、壮大一个产业、促进村集体增收、带动贫困群众致富"的总体思路，持续创新举措，探索创新多项产业模式，巩固拓展脱贫攻坚成果，推动产业扶贫与乡村振兴有效衔接。

一是推行"联镇带村"模式，推动产业就业联动发展。在确保产业项目有稳定收益、政府投入资金安全有保障、合同期满农户有选择的前提下，济源市引进阳光兔业、瑞星农牧、丰之源等三家省级以上农业龙头企业，按照规范化、规模化、市场化、品牌化方向，大力发展扶贫产业项目。该模式强化了龙头企业与镇、村、户的利益联结机制建设，截至 2020 年底，累计向三家农业产业化龙头企业注入扶贫资金超亿元，带动 59 个贫困村增加集体经济收入，每年可增加村集体经营性收入 1000 余万元。

二是设立产业扶贫基金，强化乡村振兴资金保障。为从根本上化解脱贫攻坚特殊政策退出后可能出现的"断崖"效应，济源市通过财政注入、企业捐助、消费扶贫公益捐赠、街道出资等多渠道筹集资金，设立市镇两级"携手奔小康产业扶贫基金"，建立以市场化、可持续、防返贫为重点的产业扶贫长效机制，根据《财政专项扶贫资金管理办法》等相关文件，基金主要用于贫困村及有贫困人口的非贫困村集体经济发展、扶贫产业发展、合作社带贫、贫困户产业发展扶持，以及对产业扶贫、合作社带贫起到带头作用的帮扶企业、合作社表彰奖励等。在产业扶贫基金的扶持下，共培育蔬菜制种、烟草、林果等产业扶贫基地 50 个，旅游产业扶贫带 4 个，带贫合作社 45 家。

三是开展消费扶贫行动，畅通农产品销售渠道。济源市采取政府引导与社会参与、集中发动与持续推动相结合方式，通过搭建消费扶贫市级平台、消费扶贫线上线下展示、销售、直播带货平台、设立消费扶贫专馆以及举办中国农民丰收节暨扶贫产品展销会、开展消费扶贫月等活动，帮售扶贫产品 1000 余万元。

四是大力推动农旅融合发展，夯实产业支撑。济源市以创建国家全域旅游示范区为契机，通过培育旅游骨干企业、打造旅游扶贫产业基地、组建新型农业经营主体等多种形式，以农业产业为支撑，推动农旅文旅深度融合发展。2019 年河南省成功创建国家全域旅游示范区，2020 年产业扶贫成效进一步显现，贫困户人均纯收入达到 16203 元，生产经营性收入增幅达到 61.27%；59 个贫困村集体经营性收入均达到 10 万元以上，最高达到 109 万元。

（四）实践价值

一是推动乡村产业发展的连续性和可持续性。在巩固前期产业扶贫成果的基础上，遵循乡村发展规律有序实现扶贫产业转型升级，构建具有乡土特色和资源优势的产业体系，可确保脱贫成效的可持续性。县域是脱贫攻坚和乡村振兴的主战场。要实现二者的有效衔接，首先需要以

"产业强县""产业强镇"为平台，按照习近平总书记关于县域治理"三起来"的指示，把农业放在整个自然再生产和经济再生产的系统中去配置资源、统筹谋划，依托电子商务、大数据、云平台、智慧物流等信息化手段延长价值链，提高产品附加值。

二是优化县域产业链空间布局。依托县域主导产业和特色优势产业，引导运营中心、物流中心等集中布局于产业集聚区、特色商业区，组装、初加工等环节布局于乡村工厂车间，形成"县有龙头企业、乡有产业园区、村有扶贫基地、户有增收门路"的产业布局。并以推动乡村产业发展的连续性和可持续性为出发点，制定相应产业的长期发展规划。

三是着力构建现代农业产业体系。农村电商、休闲农业、乡村旅游、健康养老等新产业、新业态能够发挥三次产业融合发展的乘数效应，是农村居民收入的重要来源，更是"绿水青山就是金山银山"论述的最直接体现。发掘农业、农村和自然生态资源多种功能，保护与开发的协调共生，促进生态与经济的良性循环，是乡村振兴中产业兴旺的着力点，也是推动从"产业扶贫"到"产业振兴"有效衔接的最佳路径。

四是打造以龙头带动为核心的农业产业化联合体增收新模式。乡村振兴背景下，要在更好地发挥政府引导作用的同时，充分发挥市场机制的决定性作用。要增强乡村发展的内生动力和能力，需要遵循市场规则，发挥龙头企业的核心带动作用，通过契约实现产品交易的联结，让科技、品牌、资金和服务在联合体的联结上发挥出核心黏合作用，使得联合体各方能够结成紧密的利益共同体，形成长期稳定的合作关系，提升小农生产经营组织化程度，从而实现小农户和现代农业发展有机衔接。

二　从机制建设入手，做好政策衔接

无论是脱贫攻坚为乡村振兴积累实践经验和奠定物质基础，还是乡村振兴要解决脱贫攻坚中遗留问题以及产生的新问题，均对脱贫攻坚和乡村振兴的有效衔接提出要求。做好巩固拓展脱贫攻坚成果同乡村振兴有效衔接，需要统筹考虑乡村振兴、脱贫攻坚和农村综合改革的发展情况，做好体制机制和政策的有效衔接。

（一）新旧政策无缝衔接、工作平稳推进的鄢陵探索

鄢陵县结合本地实际，对脱贫攻坚期内县级出台的各项帮扶政策逐一分析评估，按照需要废止、持续保留、修改完善进行分类，确保新旧政策无缝衔接。比如，鄢陵县计划持续推进农村低保对象提标合线，逐步缩小城乡困难群众救助标准差距；完善城乡居民基本医疗保险参保个人缴费资助政策，继续全额资助农村特困人员、定额资助低保对象；取消脱贫攻坚期内制定的在校在籍九年级学生综合学习及生活补贴政策等。

该县认真总结脱贫攻坚所取得的成果，把行之有效的脱贫攻坚专项调度、定期通报、调研指导、观摩交流等工作推进机制全面推广并延伸，建立健全乡村振兴工作调度、督导考核、信息报送制度，采取"每半月一调度、每月一汇报、每季度一观摩、每半年一考评、年终一总评"的方式，严格跟踪督导考核，进一步传导压力，落实任务，平稳做好转换衔接。

（二）健全三项机制、筑牢风险屏障的商丘探索

一是健全防返贫动态监测和帮扶机制。结合实际，出台《关于建立健全防止返贫致贫动态监测和常态化帮扶机制的实施意见》，由市扶贫办牵头，会同"两不愁三保障"部门每月至少进行一次数据比对，对易致贫返贫"两类人群"实施常态化监测，重点监测收入水平变化情况和"两不愁三保障"巩固情况，落实好各项普惠制政策，继续精准帮扶施策，保持主要帮扶政策总体稳定。

二是建立"两不愁三保障"巩固拓展脱贫攻坚成果长效机制。出台《关于建立健全"两不愁三保障"巩固拓展脱贫攻坚成果长效机制的实施意见（试行）》，明确责任单位，落实教育、医疗、住房、饮水、兜底等民生保障普惠性政策，保持政策连续性和稳定性。在新政策出台之前，要保持原有帮扶政策不变、力度不减，防止各项政策"急刹车"。

"两不愁三保障"部门分别制定下发了针对本部门巩固拓展脱贫成果的具体实施意见，确保常态化监管、问题清零。

三是建立农村低收入人口常态化帮扶机制。出台《关于建立健全低收入人群监测和防返贫长效帮扶机制的实施意见》，完善"农户申请、部门信息比对、基层干部定期回访"的动态监测帮扶机制，切实防范化解低收入人口返贫致贫风险。

（三）实践价值

做好脱贫攻坚与乡村振兴有效衔接，是一个渐进的接续过程。一方面，在脱贫攻坚的实践中，各地探索建立了一些行之有效的做法，如精准统计、项目推进机制、工作调度机制、项目考核机制、大数据监管机制等，在脱贫攻坚中构建了组织领导、驻村帮扶、政策支持、社会参与的一系列责任链条，起到了关键性的压舱石作用。这些好的工作方法、政策和机制，需要在接续推进乡村振兴实践中进一步坚持。如鄢陵县及时总结脱贫攻坚时期的良好政策和工作机制，并将其过渡融入全面推进乡村振兴的工作中来。另一方面，在全面推动乡村振兴战略的过程中，会出现一些新问题、新挑战，是脱贫攻坚时期没有的，需要设计一些管长远的制度和办法，在巩固拓展脱贫攻坚成果的基础上，接续推进乡村振兴战略的实施，从而更好地实现脱贫攻坚与乡村振兴的有效衔接。

三　从乡村建设入手，推进基础设施和公共服务衔接

农村基础设施建设是建设美丽宜居宜业乡村、推动乡村绿色发展和产业兴旺的逻辑前提，构建更广覆盖、更高质量、更加均衡的公共服务体系是让全体社会成员共享发展成果的基本保障。近年来，随着脱贫攻坚和乡村振兴的推进，河南农村基础设施已有较大改观，城乡一体化的公共服务体系逐步建立。

（一）高质量增加乡村公共服务供给的焦作探索

实施乡村建设行动是优先发展农业农村的重要体现，在有效衔接乡

村振兴方面，焦作市以水、电、路、气、垃圾处理等一体化和医、教、养、文、保等均等化为主要建设内容，弥补农村发展短板，进一步缩小城乡差距，有效促进了城乡融合发展。

一是完善基础设施建设。在巩固提升脱贫村基础设施建设的基础上，统筹整合扶贫、农业、交通、住建、文旅、民政等部门资金资源，适当向基础设施较弱的行政村倾斜，加强农村产业路、旅游路和农村防洪、灌溉等中小型水利工程建设，深入实施以"四清一规范""五改两化"为主要内容的十大专项行动，加快推进农村人居环境整治重点任务，建设"地净、水清、村美、人和"的美丽乡村，争创黄河流域生态保护和高质量发展示范区。

二是提高公共服务水平。对基层综合性文化中心进行上档提升。整合闲置资源，完善设施设备，补全文化设施建设空白点。开展医共体建设，逐步形成县乡村一体化运营、同质化考核、连续化服务的卫生健康新格局。实施全民参保计划，实现应保尽保。健全县乡村三级养老服务网络。

三是打造乡村建设行动样板县。指导修武县按照"城乡要素流动自由化、基础设施八个一体化、公共服务五个均等化"工作思路，积极探索乡村振兴美学路径，从政策出台、资金拨付、项目安排、资源要素分配等方面重点支持，着力打造乡村建设行动修武样板县，为全省积累建设经验。

（二）高品质推进美丽乡村建设的郑州探索

2020年11月11日，郑州市发布了《郑州市加快美丽乡村建设实施方案》，着力打造具有郑州特色的美丽乡村建设模式，叫响美丽乡村"郑州品牌"。该方案计划在2021~2022年，用两年时间建成50个精品村和300个示范村，形成沿黄美丽乡村旅游示范带、初步形成美丽乡村组团工作目标。市财政每年对每个精品村建设根据实际情况支持1000万~2000万元，同时引导工商资本和民间资本积极投入，全力推动村庄面貌提升、农村产业转型发展，加大土地流转和盘活闲置宅基地力度，加强乡村治理和乡风文明建设。对精品村建设实行市直部门联乡包村工作机制，市直相关部门抽调 1 名市管副县级干部和精干力量，组建工作专班，联系相关乡镇，负责统筹乡村振兴工作。在美丽乡村规划建设中，结合巩固脱贫攻坚成果，积极将符合美丽乡村建设条件的脱贫村纳入建设规划，在已确定的 50 个美丽乡村精品村中，有 9 个为省级脱贫村。

（三）"美丽乡村激活美丽经济" 的宝丰探索

近年来，宝丰县把建设美丽乡村、推进精准脱贫作为乡村振兴的两条主线，推动公共设施向农村延伸、公共服务向农村覆盖，推进城乡公交、环卫、生态、道路等 "八个一体化" 建设，为乡村振兴夯实基础。

在推进产业振兴过程中，宝丰县充分发挥各乡镇、村的文化特色、区位优势和资源特点，按照 "一乡一业" "一村一品" 产业发展模式，打造听乡音、尝乡味、看乡景、住乡居、忆乡愁的 "美丽乡村" 特色产业链，不断增强农村发展活力。美丽乡村催生 "美丽经济"。该县肖旗乡朱洼村是首批 "国家森林乡村"，村内处处绿树掩映，宛若 "森林氧吧"。近年来，该村打造出 "百亩林果采摘园"，又配套建了农家院、休闲吧、游乐场以及民宿和商业街。2019 年，该村实现人均纯收入17549 元，比上年增长 10.5%，集体经济收入达 12 万元。

在 "美丽经济" 助力下，宝丰县乡村产业更加兴旺，人居环境也更加美丽。如今，宝丰县已有 52 个村在 "一村一品" 上取得了显著成效，并不断探索可借鉴、可复制、可推广的乡村振兴模式。

（四）实践价值

促进公共教育、就业服务、医疗、文化、养老、社会保障等实现城乡一体化，是乡村振兴的社会基础，核心在于解决乡村发展理念、乡村经济发展、乡村空间布局、乡村人居环境、乡村生态环境、乡村文化传承以及实施路径等问题。近年来河南强力推动农村人居环境整治三年行动，持续推进"四美乡村""美丽小镇""五美庭院"创建活动，大力提升农村道路、供水供电等基础设施，推动农村更加美丽宜居，借乡村建设行动之力，实现乡村振兴新突破。在推动城乡基础设施一体化，加快补齐农村基础设施短板、推进城乡基本公共服务均等化，提高城乡服务水平和能力，实施人居环境整治行动，打造乡村生态宜居生活空间，建设文明善治乡村，提升乡村治理能力等方面持续发力，为美丽乡村建设探索出一些可复制、可推广的模式和经验。

四　从优化人才生态入手，做好人才衔接

人才兴则乡村兴，如何构建良好的乡村人才发展生态，激发创新、创业者扎根乡村的内生动力就成为乡村振兴的核心任务。脱贫攻坚的伟大实践，发现、锻炼、考验了一大批关心农村、奉献农村的机关干部、返乡创业人员和专业技术人才。这些人才，也是乡村振兴的宝贵资源。

（一）激活返乡创业活力的平舆探索

相较于外来人才，本土人才有回馈乡梓的朴素情怀和初心，他们更熟悉乡村，对乡村问题有着很强的洞察力和思考力，对村民具有更强的号召力和协调力。平舆县是劳务输出大县，常年外出务工达 40 万人以上。近年来，该县坚持把返乡创业作为推动县域经济高质量发展、实施乡村振兴战略的重大举措，多措并举、精准发力，呈现出人才回归、技术回乡、资金回流的"集合效应"，吸引 2.8 万人返乡，创办企业 2.6 万家，先后荣获全国支持农民工等人员返乡创业示范县、全省农民工返乡创业试点县。

（二）支持外来人才服务乡村的卧龙探索

为形成具有卧龙特色和区域竞争力的人才制度优势，全面提升乡村人才竞争力，南阳市卧龙区大力实施高端人才引智工程、乡村招商引智工程、返乡下乡人才创业工程，为脱贫攻坚与乡村振兴有效衔接提供智力支持。

一是实施高端人才引智工程。立足卧龙区优势产业，充分凝聚各类企业家、科技专家等高端人才优势，采用以资源返乡、影响力返乡、技术返乡、智力返乡、资金返乡等多种灵活方式，积极投身乡村建设，推动故乡再造。实施高端人才涉农领域创业扶持计划，鼓励有文化、有技术、有市场经济观念的高端人才开展月季、艾草、蔬菜等领域创业。

二是实施乡村招商引智工程。以"项目+"组合为乡村招商引智的主要形式，吸引农村经济发展亟须的关键技术和核心人才向乡村流动。瞄准境内外人才、知识、技术集聚区域，积极引进卧龙区乡村经济发展亟须的关键技术和核心人才，着眼提升乡村产业层次和竞争优势。

三是实施返乡下乡人才创业工程。建立创业服务平台，政府购买专项服务，成立创业服务专家指导团队，建立创业项目库，为返乡创业农民工提供创业指导。

（三）实践价值

为配合脱贫攻坚战，河南各地通过加快建设人才载体系统，在"引得来、留得下、用得好、沉得住"上下功夫，吸引了一批农业科技领军人才、有技术有能力懂管理的人才，培养了一批土生土长的乡土人才，为高质量打赢脱贫攻坚战后实施乡村振兴战略奠定了坚实的人才基础，提供了宝贵的经验。

一是要推动人才本土化与均衡化同步发展。引进外来人才的确能为乡村的建设与发展注入新鲜血液，但自力更生培育本土人才，构建培养本土人才为主，人才引进、人才支援为辅的人才振兴机制才是乡村振兴的必由之路。

二是要充分发挥教育在人才培养中的基础性作用。有针对性地开展专业知识、职业技能等培训，不断增强其生产水平、发展能力、致富本领，壮大本土乡村人才队伍，为乡村振兴蓄势加油。制定本土人才成长激励机制，建立本土人才回引机制，引导人才智力向贫困地区、扶贫产业集聚，推动区域人才的合理分布。

三是要打造适合人才发展的平台。通过搭好创业服务平台，建设返乡农民工创业园和电商创业园等创业就业孵化基地，吸引一批懂技术、善经营、有资金的在外务工人员返乡创业，并在创业准入门槛、项目审批、税收减免、优化环境等方面予以帮扶，多措并举降低返乡农民工创业的风险和成本。

四是要建立城市人才入乡激励机制。打通城乡人才、技术、资金等要素双向流动渠道。通过改善乡村人居环境、提高城市人才入乡激励机制的普惠性来吸引更多农民工、大中专毕业生、退役军人、科研人员等返乡入乡，在乡开办新企业、开发新产品、开拓新市场、培育新业态，促进农业与现代产业跨界配置要素。实施农村创新创业带头人培育行动，培育一批带动农村经济发展和农民就业增收的乡村企业家。鼓励和支持返乡入乡人员自主创业、主动就业，形成创新带创业、创业带就业、就业促增收、致富奔小康的良好局面。

五　从防止返贫入手，做好兜底保障衔接

贫困具有长期性和动态性的特征。由于贫困农户自身的脆弱性、社会保障机制的不完备以及社会角色和身份的变迁等不确定因素的存在，脱贫农户重返贫困状态的现象随时可能被触发，在做好返贫帮扶的基础上，也要建立有效的兜底帮扶机制。

（一）构建防返贫预警监测帮扶机制的鹤壁探索

打赢脱贫攻坚战之后，就如何防止脱贫群众返贫和发生新的贫困，巩固拓展脱贫攻坚成果，促进同乡村振兴有效衔接，鹤壁市积极探索建立信息数据共享预警监测帮扶机制，通过"监测员"常态化预警、"1+9"行业部门数据共享预警和省精准扶贫信息管理平台分析预警等三重预警机制，对监测对象实施"黄橙红"三色分级预警研判，推进分层分类精准帮扶，为巩固拓展脱贫攻坚成果同乡村振兴有效衔接提供机制保障。

（二）织密筑牢兜底保障网的安阳探索

安阳市在兜底保障方面，进一步完善"3+2+1"机制，加大对事实无人照顾重残人员、事实无人赡养老人、事实无人抚养儿童等特殊困难群体的保障力度，确保服务保障不留空白。通过"3+2+1"模式，滑县特困人员签订供养协议率达99.9%，汤阴县3272名农村重残人员全部纳入了照护保障，其中脱贫户906人，全市83家托养机构集中托养失能半失能人员1114人，集中收治重度精神残疾人员492人，确保力度不减、标准不降、干劲不松。一是加强返贫致贫监测帮扶。紧盯"一达标两不愁三保障"动态变化，对全市"两类人群"4500余户、1.5万余人以及因病因灾因意外事故等刚性支出较大或收入大幅缩减导致基本生活出现严重困难户，开展常态化监测和帮扶。在全市各县域全面推行"防贫保"政策，对出现因学、因病、因灾、因突发意外等返贫致贫问题及时赔付保险金。

（三）构建长效机制防止返贫的焦作探索

一是以返贫监测帮扶为重点，全面巩固脱贫攻坚成果。焦作市加强对脱贫户脱贫人口的监测。对脱贫监测户、边缘易致贫户和家庭收入骤减或支出骤增的农户加强动态监测，做到应识尽识、应纳尽纳。持续跟踪重点人群收入变化和"两不愁三保障"巩固情况，因人因户精准施策，对有劳动能力的监测对象采取开发式帮扶措施，支持发展产业、转移就业，对无劳动能力的，强化综合性社会保障措施，确保及时保障到位。

二是推进集中医养社会化运作。在保证已入住兜底线户医养服务的基础上，引导各类机构和资本进入医养结合服务领域，通过开展技能培训、实现达标配置、规范运营管理、提升服务质量等途径，加快构建"医中建养、养中办医、医养签约、医养一体"等医养融合模式，满足社会重病重残人员、养老群体及农村低收入人群、符困人群等不同层次的医养需求，推进医养服务业的全面发展。

三是继续实施防贫保险。对于 2020 年度投保的三类对象，继续由财政兜底进行投保；按照"个人出少数、政府占大头"原则，鼓励农村低收入人口、特困人口投保，有效扩大参保规模，降低运管成本，提升工作成效；选取经济实力较强的县（市）区开展试点，探索农村人口全员参保、市场化管理、社会化经办、阳光化操作的政府与保险机构合作模式，进一步创新、规范和完善适合焦作实际的保险扶贫模式。

（四）实践价值

坚决防止发生规模性返贫现象，是巩固脱贫攻坚成果的底线任务。事实证明，已经脱贫的人口仍处于脆弱状态，进入巩固拓展脱贫攻坚成果和乡村振兴阶段，减贫的重点应以降低农村人口的脆弱性为目标，避免脱贫再返贫现象的发生，因此，完善防返贫致贫监测机制和帮扶机制，是当下巩固拓展脱贫攻坚成果同乡村振兴有效衔接的重要内容。

第九章　河南全面推进乡村振兴的路径选择

面对"三农"工作重心的历史性转移，党的十九届五中全会和2020年底的中央农村工作会议对新阶段全面推进乡村振兴、加快农业农村现代化作出了战略部署。作为农业大省，要推动乡村振兴实现更大突破、走在全国前列，必须科学把握农业农村发展态势和趋势，把确保重要农产品特别是粮食供给作为首要任务，把深化农业供给侧结构性改革作为主线，把实施乡村建设行动作为关键抓手，把改革创新作为根本动力，巩固拓展脱贫攻坚成果，全面推进乡村产业、人才、文化、生态、组织振兴，促进农业高质高效、乡村宜居宜业、农民富裕富足，为全面建设社会主义现代化河南新征程中奋勇争先、走在前列、更加出彩提供有力支撑。

第一节　河南农业农村发展态势和趋势

当前，全省农业农村发展进入新阶段，正处于大变革、大调整、大转型的关键时期，"三农"工作面临的形势正在发生深刻变化，呈现出许多新情况、新特点，必须准确把握新时代发展变革的新特征，准确把握中原更加出彩对"三农"工作的新要求，准确把握农业农村发展的新趋势，乘势而上、顺势而为，发挥优势、补齐短板，更加精准地谋划和推进乡村全面振兴。

一　农业由增产导向向提质增效导向转变

随着人民生活水平显著改善，城乡消费需求和消费结构加快优化升级，对中高端、多元化、个性化农产品的需求快速增长，这将倒逼河南加快推进农业结构调整、转变生产方式，发展优质高效特色农产品生产，提升农产品质量和竞争力，加快品牌建设，推动河南农业由数量优势向品牌优势转变。特别在新发展格局下，经济发展更加体现为以消费为内驱动力的发展新路径。这一新的经济发展模式正在不断自我强化的过程中，一个最重要的标志就是国内市场的消费升级趋势持续增强，特别是居民食品消费的升级态势极为明显，对食品安全和质量及农业生态环境需求更高，从而有利于促进农业结构升级、农产品提质、农民增收，使小农户与新型农业经营主体进一步融入现代农业高质量发展体系中，为河南优质高效农产品提供更大市场空间。同时，随着农业现代化经营主体的不断涌现、生产经营方式的不断创新、农村人口加速向城镇流动和国内外竞争的加剧，客观上要求河南加快农业生产方式、经营方式、组织方式创新，尽快解决千家万户小农生产与千变万化大市场融合对接不充分的矛盾，提升农产品有效供给水平，提高农业发展的质量和效益。

二　农村发展由传统种养业为主向一二三产业深度融合转变

随着新产业新技术革命不断孕育，特别是以信息技术为代表的新一轮科技革命加速兴起，新业态、新模式正在全方位大规模向农村渗透，推动农村产业链条延伸和农业功能不断拓展，一二三产业融合发展进入快速发展时期，农业不再是单一的农业、乡村不再是传统的乡村，乡村的经济价值、生态价值、社会价值、文化价值日益凸显。河南作为全国重要的交通枢纽、农副产品生产基地，同时拥有巨大的农村消费市场，构建新发展格局将进一步激发河南农村消费潜力，推动乡村产业转型升级。同时，一系列国家战略布局的叠加和推进实施，使物联网、大数据、人工智能等科技进一步向农业农村领域渗透，智慧农业、数字乡村建设将快速推进，农村的土地制度改革、新型农业经营主体的培育、农村金融服务创新等，也将获得极大的发展空间和新的发展机遇。这些都为现代信息技术加快融入农业产加销各个环节，推动产业链、供应链、价值链高度融合提供了难得的机遇，为培育壮大"互联网+""旅游+""生态+"等农业新业态、新模式，推动农业与旅游、文化、体育、康养等深度融合发展提供了广阔空间，有利于培育农村产业发展新动能。

三　农村劳动力由单一城镇集聚向城乡双向流动转变

随着河南城镇化进入快速发展与质量提升新阶段，乡村的独特价值和多元功能进一步得到发掘和拓展。一批土地制度、社保制度、户籍制度改革的落地，一系列扶农支农惠农政策的实施，以及各具特色、各美其美的美丽乡村建设的加快推进，为营造更好的乡村创新创业生态环境提供了有力保障。特别是随着黄河流域生态保护和高质量发展、中部崛起等国家战略的实施，河南迎来了多重国家战略交汇叠加的重大发展机遇，将为河南农业农村发展的转型升级带来更多政策、技术、资金等要素支持，进而促进先进科技成果的推广应用，提高农业农村发展的科技含量，并稳步推进农业农村改革步伐，破除影响农业农村现代化的体制机制障碍，吸引广大外出务工人员和社会资本积极投身乡村全面振兴，为乡村发展注入强大动能。与此同时，随着各类返乡下乡创新创业人员快速增长，新理念、新技术、新业态、新模式正在全方位大规模地向农村渗透，农村产业链条延伸和农业功能不断拓展，对农产品的供给也从单一的粮食向休闲旅游、农事体验、农村电商等转变，一二三产业融合发展进入快速发展期，乡村的经济价值、生态价值、社会价值、文化价值日益凸显，人才、土地、资本等要素加速在城乡间双向流动。

四　城乡关系由二元结构向加快融合发展转变

当前，全省常住人口城镇化率已超过50%，实现了城乡关系历史性变化，随着新型工业化、信息化、城镇化的快速推进，城镇的辐射带动能力不断增强，城镇化的发展体制和农村改革不断深化，城乡产业联系更加紧密，进入了以城带乡、城乡互促、融合发展的新阶段。特别是近年来，党和国家将"三农"工作摆在前所未有的重要位置，把全面推进乡村振兴作为实现中华民族伟大复兴的重大任务，树立了农业农村优先发展的政策导向，确立了五级书记抓乡村振兴的工作机制，形成了举全党全社会之力加快推进农业农村现代化的思想共识。河南作为农业农村大省，必将成为国家乡村振兴战略的重大受益者，也将加速城乡融合的步伐。城乡融合的深入推进，将进一步改变城乡关系、打破城乡二元结构，加速城乡要素双向自由流动，带动乡村加快发展，加快塑造工农互促、城乡互补、协调发展、共同繁荣的新型工农城乡关系，形成城乡共同发展、城乡居民共享发展成果的良性格局。

第二节　河南全面推进乡村振兴的战略要求

"十四五"时期，是实现全面建成小康社会目标后向全面建成社会主义现代化强国迈进的承上启下关键时期。2020年12月召开的省委十届十二次全会暨省委经济工作会议提出，要在乡村振兴上实现更大突破，加快实现农业强省目标，在乡村振兴上走在全国前列。《中共河南省委关于制定河南省国民经济和社会发展第十四个五年规划和二〇三五年远景目标的建议》提出，"十四五"期间要在奋勇争先、更加出彩上迈出更大步伐，全省乡村振兴实现更大突破，农业农村现代化走在全国前列。2021年3月召开的省委农村工作会议强调，要做好新发展阶段"三农"工作，推动乡村振兴实现更大突破、走在全国前列，并具体提出要努力在巩固拓展脱贫攻坚成果、提升粮食核心竞争力、农业高质量发展、乡村建设、城乡融合发展等五个方面走在前列。这些都为做好新发展阶段"三农"工作提出了新要求、作出了新部署、明确了新目标，对于全面推进乡村振兴提供了遵循。因此，要在全面推进乡村振兴的战略要求中把准政治方向，抓住重大历史机遇，发扬脱贫攻坚精神，加快推进农业农村现代化步伐，以高质量发展为引领，奋力开创乡村振兴新局面。

一 完善推进机制，努力在推动乡村振兴实现更大突破上走在前列

一是坚持分类推进。全面分析不同区域农业农村发展趋势，依据区位条件、资源禀赋、产业基础、发展水平，将全省各县划分为三类。确定示范引领县，高起点、高标准实施乡村振兴战略，打造可复制可推广的典型示范。确定整体推进县，加大乡村振兴战略实施力度，统筹推进农业农村现代化，不断增强县域发展实力。确定巩固提升县，重点做好脱贫攻坚同乡村振兴的有效衔接，从集中资源推动脱贫攻坚转向巩固拓展脱贫攻坚成果和全面推进乡村振兴。二是实行专班推动。成立乡村产业、人才、文化、生态、组织五大专班，由省委、省人大、省政府、省政协主要领导牵头，制定工作方案，建立工作台账，定期召开会议，协同推动乡村全面振兴。三是完善各级领导干部联系点制度。按照"四个不摘"要求，省级领导继续分包脱贫县，同时联系乡村振兴示范县制度，指导推进乡村振兴工作。四是建立乡村振兴干部培训机制。制定培训方案，依托省委党校和焦裕禄干部学院、大别山干部学院、红旗渠干部学院，加强对各级分管领导和县乡村三级党组织书记的乡村振兴轮训。五是完善乡村振兴督导考评机制。将省级脱贫攻坚督查巡查组转化为乡村振兴督查巡查组，持续推动重点任务落实。进一步完善乡村振兴考核办法，将巩固拓展脱贫攻坚成果纳入乡村振兴考核范围。

二 切实搞好衔接，努力在巩固拓展脱贫攻坚成果上走在前列

一是建立防止返贫动态监测和帮扶机制。对脱贫不稳定户、边缘易致贫户开展常态化监测预警，做到及时发现、及时帮扶。二是严格落实"四个不摘"要求。坚持摘帽不摘责任、不摘政策、不摘帮扶、不摘监管，保持财政、金融、土地、人才等帮扶政策总体稳定，确保支持力度与衔接要求相匹配，逐步实现由集中资源支持脱贫攻坚向全面推进乡村振兴的平稳过渡。三是支持脱贫地区加快产业发展。以脱贫县为单位发

展乡村特色产业，继续实施田园增收、养殖富民、乡村旅游、电商流通、消费帮扶、致富带头人培育、新型经营主体提升、龙头企业带动、金融助力、科技支撑等产业发展十大行动，持续开展消费扶贫，帮助巩固脱贫成果，增强内生发展动力。

三　打好粮食生产王牌，努力在提升粮食核心竞争力上走在前列

一是持续稳定粮食面积。狠抓粮食安全责任制考核，建立责任追究机制，压实各级党委、政府抓粮政治责任，实行目标管理，确保粮食播种面积只增不减。二是进一步提升粮食产能。继续落实最严格的耕地保护制度，坚决遏制耕地"非农化"、防止耕地"非粮化"，实施农村乱占耕地建房专项整治行动，加强耕地地力保护和提升，积极打造高标准农田"升级版"。三是推进现代种业发展。开展种质资源"卡脖子"技术攻关，推进国家生物育种产业创新中心、国际小麦玉米研究中心等研发平台建设，谋划布局国家区域性种质资源保护利用中心库，实施种质资源保护工程、育种创新攻关工程、良种繁育提升工程、龙头种企培育工程，建设现代种业强省，打造种业高地。

四　持续提质增效，努力在农业高质量发展上走在前列

做强高效种养业、绿色食品业、乡村现代服务业三大产业，完善现代农业生产体系、产业体系、经营体系三大体系，实施绿色兴农、质量兴农、品牌强农、龙头企业培育、高素质农民培育五大行动，推进农业高质量发展。一是积极培育特色农业。在稳定粮食生产的同时，以农业供给侧结构性改革为主线，调整优化农业结构，大力培育特色农业强县、强镇、强村，带动农民持续增收。二是大力发展农产品加工业。以"粮头食尾""农头工尾"为抓手，树立全产业链思维，围绕小麦、玉米、花生、猪、牛、羊、禽、果蔬、食用菌、中药材十大主导产业推行"链长制"，构建链条完善、循环畅通、运转高效的发展新格局。三是加快发展农村新产业新业态。促进乡村旅游、休闲农业、文化体验、健康养

老、电子商务等新产业新业态发展，推动乡村社会化服务业发展壮大。大力推进数字乡村建设，积极发展智慧农业、农村电商，推动乡村产业数字化。

五　坚持科学有序推进，努力在乡村建设上走在前列

一是坚持规划引领。立体推进县乡村规划，全面完成县级国土空间规划编制，完成县域村庄分类和布局规划。二是推进县域内城乡基础设施一体化。实施城乡交通一体化、供水保障一体化、清洁能源建设一体化、信息通信网络建设一体化、广播电视建设一体化、物流体系建设一体化行动和农村房屋品质提升行动，完成农村既有安全隐患排查，编制农村住房设计图册。三是推进县域内基本公共服务均等化。实施县域城乡教育服务、公共文化服务、医疗卫生服务、社会保障均等化行动，省市县三级公共文化数字资源平台实现内容对接、互联互通，所有县市医共体建设达到国家评判标准。四是实施农村人居环境整治提升五年行动。推进农村生活垃圾收运处置体系全覆盖，积极开展"四美乡村""美丽小镇""五美庭院"建设，有序推进农房及院落风貌整治，打造沿黄美丽乡村带。

六　着力深化改革，努力在城乡融合发展上走在前列

一是深化农村土地制度改革。推进承包地"三权分置"改革，健全流转服务体系，引导土地经营权规范有序流转。稳慎推进新一轮农村宅基地改革试点，加强农村宅基地管理，建立健全宅基地审批管理制度。探索农村集体经营性建设用地入市制度，完善盘活农村存量建设用地政策，优先保障乡村建设用地。二是培育新型农业经营主体。突出抓好农民合作社、家庭农场两类新型经营主体，实施家庭农场培育计划和农民合作社规范提升行动，发展多种形式的适度规模经营。三是促进城乡融合发展。推进县域经济高质量发展，打造以县城为龙头、中心镇为节点、乡村为腹地的融合发展新格局。进一步落实县域治理"三起来"重要指

示，强化县城综合服务能力。落实乡镇工作"三结合"要求，实施乡镇服务能力提升工程，把乡镇建成服务农民的区域中心。

第三节 河南全面推进乡村振兴的重点难点

"十四五"时期是乡村振兴战略的发力期，也是农村全面建成小康后向全面实施乡村振兴战略转变的关键期。在新时期，既要巩固全面小康和脱贫攻坚成果，又要发力全面实施乡村振兴战略，为此，河南要把"三农"工作重心转移到全面推进乡村振兴上来，重点处理好以下五个关系，推动乡村全面振兴行稳致远。

一 处理好巩固拓展脱贫攻坚成果与乡村振兴的关系

脱贫攻坚重在补短板、守底线；乡村振兴重在谋长远、抓全面，是新时代"三农"工作的总抓手。脱贫攻坚是乡村振兴的优先任务和战略基础，实施乡村振兴战略是对脱贫攻坚的全面巩固和拓展提升。因此，在新发展阶段，要加强二者规划、政策、投入、机制等衔接，以全面推进乡村振兴的方向原则、思路举措巩固拓展脱贫攻坚成果，将脱贫攻坚的实践经验、精神成果运用到乡村振兴中去，形成良性互动格局。在脱贫攻坚目标任务完成后，对摆脱贫困的县，从脱贫之日起设立五年过渡期。加强对巩固"四个不摘"政策成果及落实惠民富民、促进共同富裕政策措施情况的监督检查。过渡期内严格落实"四个不摘"，保持主要帮扶政策总体稳定。现有帮扶政策该延续的延续、该优化的优化、该调整的调整，确保政策连续性。兜底救助类政策要继续保持稳定。落实好教育、医疗、住房、饮水等民生保障普惠性政策，并根据脱贫人口实际困难给予适度倾斜。优化产业就业等发展类政策。脱贫攻坚期间给予贫困地区的强化财政保障能力政策，要维持一段时间，并与全面推进乡村振兴战略加强衔接。健全防止返贫动态监测和帮扶机制，实施帮扶对象动态管理。落实行业主管部门工作责任，巩固"两不愁三保障"成果。

做好异地扶贫搬迁后续扶持工作，从就业需要、产业发展和后续配套设施建设提升完善等方面加大扶持力度，提升安置区社区治理能力。加强扶贫项目资产管理和监督，确保公益性资产持续发挥作用、经营性资产不流失或不被侵占。

二　处理好新型城镇化与乡村振兴的关系

乡村与城镇相伴而生、相互发展，是一个紧密联结的命运共同体。新型城镇化是实现农业农村现代化的必由之路，为全面推进乡村振兴提供有力支撑。因此，要统筹推进新型城镇化战略与乡村振兴战略实施，加快建立健全城乡融合发展体制机制和政策体系，把县域作为城乡融合发展的重要切入点，形成以县城为龙头、中心镇为节点、乡村为腹地的发展新格局。在资金保障方面，通过建立健全财政投入稳定增长机制，引导和鼓励各类社会资本投入农业农村领域，推动形成财政优先保障、金融重点倾斜、社会积极参与的多元投入格局。在基本公共服务方面，着力推进社会事业向农村延伸，推进乡村公共医疗卫生体系建设和城乡教育资源均衡配置，构建城乡一体、全民覆盖、普惠共享的基本公共服务体系，加快推进城乡基本公共服务均等化。在人才保障方面，健全乡村人才培养、吸引、流动和激励机制，发展一批"土专家""田秀才"，扶持一批农业职业经理人和经纪人，培养一批乡村能工巧匠、民间艺人，推动人才、项目和资源下沉乡村，吸引各类人才返乡创业。在户籍改革方面，保障进城落户农民土地承包权、宅基地使用权、集体收益分配权，支持引导其依法自愿有偿转让权益；完善农业转移人口就业帮扶、公共服务、子女教育、住房保障等配套政策，提高城市包容性，促进农业转移人口全面融入城市。

三　处理好粮食生产与农业供给侧结构性改革的关系

全面推进乡村振兴，产业兴旺是重点。只有产业振兴了，才能筑牢乡村振兴的物质基础。粮食生产和农村产业结构调整优化，是全面推进乡村产业振兴的重要内容。稳定粮食生产和推进结构调整二者不可偏废，不能因调整农业结构、推进农村一二三产业融合发展而忽视甚至削弱粮食生产。粮食生产是农村最基础、最重要、最广泛的产业，关系国计民生和社会稳定。稳定提高粮食生产能力，为国人的饭碗装上更多优质河南粮，是河南应有的责任和担当，更是加快河南高质量发展的潜力和优势所在。要坚持把粮食生产放在推动乡村产业振兴的突出位置，不断增加粮食生产投入，改善粮食生产条件，巩固粮食生产能力，提升粮食生产水平，注意防止乡村产业振兴中出现忽视甚至削弱粮食生产的偏向。要在稳定粮食生产的基础上，围绕市场消费需求变化，积极调整优化农业结构，深化农业供给侧结构性改革，深入推进农业绿色化、优质化、特色化、品牌化，增加高附加值、高品质农产品生产，大力发展现代畜牧业、园艺业、水产业。大力发展农产品加工业和流通业，大力发展农业社会化服务业，积极发展休闲农业和乡村旅游，推进农村一二三产业融合发展，加快构建现代农业产业体系、生产体系、经营体系。积极推进特色农产品优势区创建，建设现代农业产业园、农业科技园。实施产业兴村强县行动，推行标准化生产，培育农产品品牌，保护地理标志农产品，打造"一村一品""一县一业"发展新格局，推进农业由增产转向提质、增效，促进农业高质高效，满足人民群众对农产品不断提高的需要。

四　处理好生产生活生态的关系

全面推进乡村振兴，生态宜居是关键。良好的生态环境是农村最大的优势和宝贵财富，也是农村产业发展和农民生活提高的重要基础。乡村振兴在产业发展上要科学规划，突出绿色发展，走人与自然和谐之路，不能搞大干快上，不能因发展产业而使农村生态环境遭到破坏。要统筹产业发展和生态保护，以不伤害生态环境为基线，把山水林田湖草作为一个生命共同体，进行统一保护、统一修复，开展河湖水系连通和农村河塘清淤整治工作，加强农村水环境治理和农村饮用水水源保护，实施农村生态清洁小流域建设。加强农业面源污染防治，开展农业绿色发展行动，实现投入品减量化、生产清洁化、废弃物资源化、产业模式生态化。推进有机肥替代化肥、畜禽粪污处理、农作物秸秆综合利用、废弃农膜回收、病虫害绿色防控工作。加强农村环境监管能力建设，落实县乡两级农村环境保护主体责任，严禁工业和城镇污染向农业农村转移。在全面推进乡村振兴中要体现乡村特点，保留乡村风貌，留住乡村原生态，保护好文物古迹、传统村落、民族村寨、传统建筑、农业遗迹、灌溉工程遗产，让良好的生态环境成为乡村振兴的重要支撑点和展现点，促进乡村宜居宜业。

五 处理好农民主体与政府主导的关系

全面推进乡村振兴，农民群众是主体。农民群众既是乡村振兴的受益主体，也是乡村振兴的建设主体。只有把农民群众的积极性调动起来了，才能为乡村振兴提供强大力量、注入强大活力。全面推进乡村振兴，要把政府主导和农民主体有机统一起来，把两个方面的作用都充分发挥好，注意防止政府缺位和政府代替农民偏向。在政府主导方面，做好乡村振兴总体规划，明确乡村振兴目标和要求，制定具体政策措施，发动和组织各方面开展工作，引导乡村振兴沿着正确方向发展。各级党委和政府要加强对乡村振兴工作的领导，把全面推进乡村振兴摆在优先位置，建立实施乡村振兴战略领导责任制；五级书记抓乡村振兴，党政一把手是第一责任人，县委书记要当好乡村振兴"一线总指挥"；建立市县党政领导班子和领导干部全面推进乡村振兴的实绩考核制度，将考核结果作为选拔任用领导干部的重要依据；各部门按照职责，加强工作指导，强化资源要素支持和制度供给，做好协同配合，形成全面推进乡村振兴工作合力。在农民主体方面，充分尊重农民意愿，调动农民积极性、主动性、创造性，充分发挥农民作用，让农民群众广泛参与到乡村振兴中来。坚持以农民为本，把维护农民群众根本利益、促进农民富裕富足作为乡村振兴工作的出发点和落脚点，把农民对美好生活的向往转化为全面推进乡村振兴的原动力，充分尊重农民选择，采用引导、示范、扶持的方法凝聚农民群众力量。

第四节　河南全面推进乡村振兴的路径选择

作为农业大省，全面建设社会主义现代化河南，大头重头在"三农"，潜力空间也在"三农"。新时期，河南要扎实做好巩固拓展脱贫攻坚成果同乡村振兴有效衔接、推进粮食安全与现代高效农业有机统一、促进乡村建设与生态文明建设有机融合、深化农村改革与城乡融合发展有机贯通，推动河南乡村振兴实现更大突破、走在全国前列，为谱写新时代中原更加出彩的绚丽篇章作出新的更大贡献。

一　扎实做好巩固拓展脱贫攻坚成果同乡村振兴有效衔接

脱贫摘帽不是终点，而是新生活、新奋斗的起点。经过全国上下的共同努力，成功实现了脱贫攻坚的全面胜利。目前，河南还存在贫困地区的整体发展水平比较低，自我发展能力仍然较弱，很多脱贫户基本生活有了保障，但收入水平还不高，遇到一点风险变故就可能马上返贫。因此，要扎实做好巩固拓展脱贫攻坚成果同乡村振兴有效衔接的各项工作，让脱贫基础更加稳固、成效更可持续。

（一）巩固拓展脱贫攻坚成果

聚焦重点人群和重点地区，实施精准后续帮扶，坚决守住不发生规模性返贫的底线。对重点人群，要加强动态监测。要健全防止返贫动态监测和帮扶机制，围绕收入水平变化和"两不愁三保障"巩固情况，对易返贫致贫人口实施常态化监测预警，做到及时发现、精准施策。推动减贫战略和工作体系平稳转型，严格落实"四个不摘"要求，建立健全巩固拓展脱贫攻坚成果长效机制。健全防止返贫动态监测和帮扶机制，确保已脱贫人口不返贫、易致贫人口不入贫。扎实做好易地扶贫搬迁、黄河滩区居民迁建、南水北调中线工程及水库移民后续扶持。加强扶贫项目资金资产管理和监督，推动持续发挥效益。促进脱贫地区特色产业可持续发展，完善全产业链支持措施，持续开展消费帮扶。做好脱贫人口稳岗就业，加强扶志扶智，加大职业培训和劳务输出力度，调整优化公益岗位政策。积极推广以工代赈方式，加大以工代赈投入，扩大实施范围和受益对象。健全农村社会保障和救助制度，推动农村低收入人口和低保对象实现应保尽保、应兜尽兜。

（二）提升脱贫地区整体发展水平

过渡期内保持财政、金融、土地、人才等支持政策总体稳定，继续支持脱贫地区基础设施建设、公共服务水平提升和乡村特色产业发展。对脱贫地区继续实施城乡建设用地增减挂钩节余指标省内交易政策、调整完善跨省域交易政策。在脱贫县中支持一批乡村振兴重点帮扶县，定期监测评估，增强其巩固脱贫成果及内生发展能力。要按照党中央部署，做好帮扶政策的优化调整工作，把握好节奏、力度和时限，完善经济强市（县）结对帮扶、校地结对帮扶、省直涉农单位对口帮扶等机制，继续实施"千企帮千村"活动，逐步实现由集中资源支持脱贫攻坚向全面推进乡村振兴的平稳过渡。

二　推进粮食安全与现代高效农业有机统一

保障国家粮食安全，是河南必须肩负的政治责任。随着粮食产量的基点逐步提高，再加上耕地吃紧、地力下降等原因，稳步提高粮食产能的任务很重、难度较大。因此，要严格落实粮食安全党政同责的要求，加快推进新时期国家粮食生产核心区建设，提高粮食和重要农副产品供给保障能力，让中国人的饭碗装上更多优质河南粮。

（一）扭住耕地和种子两个要害

耕地是粮食生产的命根子，种子是农业的"芯片"，把这两个要害抓住了，才能从根本上解决粮食安全问题。一是要坚持耕地红线。落实最严格的耕地保护制度，深入推进农村乱占耕地建房专项整治行动，坚决遏制耕地"非农化"、防止"非粮化"。二是建设高标准农田。高标准农田是一个既保护耕地数量，又提升耕地质量的重要抓手。因此，要抓住国家实施新一轮高标准农田建设规划的机遇，争取更多政策支持，提升建设标准和质量，把更多的"望天田"变成"高产田"，实现旱涝保收、高产稳产。三是建设现代种业强省。要加快国家生物育种产业创新中心、农业供给安全实验室等建设，积极培育种业龙头企业，开展种源"卡脖子"技术攻关，提升现代种业发展水平。加强现代农业科技和物质装备支撑，积极发展智慧农业，深入推进国家农机装备创新中心建设，加强动植物防疫检疫体系、防灾减灾体系等建设，加大农业科技创新和推广力度，打通进村入户的通道，推动农业稳产增产。

（二）紧盯稳产和提质两个目标

新时期，人民不再满足于吃得饱，而且要吃得好。这要求我们必须树立大农业观、大食物观，推进农产品供给多样化，在重要农产品供给上既稳住产量又提升质量。因此，要大力发展高效种养业，坚持品种培优、品质提升、品牌打造和标准化发展，实施优质粮食工程，打造"豫麦品牌"，建设十大优势特色农产品基地。要加强重要农副产品供给，大力发展现代畜牧业，巩固生猪生产恢复势头，确保生猪存栏量恢复到常年水平。

（三）深化"三链同构"和三产融合两个关键

农业生产效益低，一个重要原因就是产业链短、价值链低、供应链脆弱。发展现代农业，不再是过去的种几亩地、养几头猪，必须通过全产业链拓展农业增值增效空间。一是要坚持"粮头食尾""农头工尾"，大力发展农产品精深加工，壮大肉、面、油脂、乳、果蔬制品等产业集群，推动更多农产品实现由卖原字号向卖制成品转变、由卖普通商品向卖品牌商品转变。二是要加快建设现代农业产业园体系，推动优势特色产业集群发展，打造农业现代化示范区，建设特色农业强县强镇。三是要立足做优一产、做强二产、做活三产，积极拓展农业多种功能，大力发展乡村旅游、休闲农业、文化体验、养生养老、创意农业、功能农业等新产业新业态，实现乡村经济多元化。大力发展农村电商，完善适应农产品网络销售的支撑保障体系，让更多农产品实现就地"线上增值"、农民实现就地"线上就业"。

三 促进乡村建设与生态文明建设有机融合

当前，河南仍有近一半人口生活在农村，在工业化、城镇化进程中，建设什么样的乡村、怎样建设乡村，是必须回答的时代课题。近年来，河南农村地区环境面貌明显改善，但与城镇相比，基础设施仍比较薄弱，基本公共服务还不完善，与农业农村现代化要求和农民群众对美好生活的向往还有很大差距。要统筹县域城镇和村庄规划建设，强化县城综合服务能力，把乡镇建成服务农民的区域中心，一体推进乡村环境整治、设施改造、乡风塑造和治理创新，打造地域特色鲜明、生态宜居的美丽乡村。

（一）强化规划引领

乡村建设只有先规划、后建设，才能少走弯路、不走错路。2021 年中央一号文件提出，要加快推进村庄规划工作，年底前基本完成县级国土空间规划编制，明确村庄布局分类。当前和今后一个时期，乡村形态快速演变，有的村庄会聚集更多的人口和产业，有的会逐步同城镇融合，有的会逐渐衰落。在编制规划中，要深刻把握村庄演变分化规律，坚持因地制宜、分类施策，通盘考虑土地利用、产业发展、居民点布局、生态保护和历史文化传承等因素，对群众生产和生活作出整体安排。同时，要加强传统村落和乡村特色风貌保护，不能千村一面、万户一色，切实把"老家河南"的乡愁和文韵留住。要严格规范村庄撤并、坚持依法依规、稳妥慎重，不搞"一刀切"，不搞刮风运动，不得违背群众意愿，更不能强迫农民"上楼"。

（二）推动城乡基础设施和公共服务设施提档升级

一是统筹县、乡级国土空间规划编制，科学编制县域村庄布局规划和实用性村庄规划，保障乡村用地合理空间和乡村产业发展用地。二是实施村庄基础设施改善工程，扎实推进"四好农村路"高质量发展，积极推动乡村电、气、通信、广播电视、物流等基础设施提档升级，加快数字乡村建设，打通"痛点""堵点"，推动往村覆盖、往户延伸，健全运营管护长效机制。三是推进农村供水规模化、市场化、水源地表化、城乡一体化，加强农村饮水工程运行管理。四是推进县、乡、村三级公共服务一体化，建立健全县域内城乡一体的就业创业、教育、医疗、养老、住房等政策体系。五是健全乡村公共文化服务体系，加强基层综合性文化服务中心建设，推动乡村健身设施全覆盖。

（三）持续提升农村人居环境

一方面，要强化村庄规划引领，深入实施村庄清洁和乡村绿化美化，整体提升村容村貌。推进"千村示范、万村整治"工程，因地制宜推进农村厕所革命，实现农村卫生厕所基本普及、厕所粪污基本得到处理。全面推进农村生活垃圾治理，建立健全生活垃圾收运处置体系，鼓励有条件的地方加快推进农村生活垃圾分类，纳入静脉产业园等县域生活垃圾处理设施覆盖范围。梯次推进农村生活污水治理，有效管控乱排乱放。另一方面，要推进现代宜居新农房建设，建设一批"四美乡村""五美庭院""美丽小镇"，提升农房建设质量。加强乡村风貌引导，促进村庄形态与自然环境、传统文化相得益彰，实施历史文化名村名镇和传统村落、传统民居保护，擦亮乡村振兴的亮丽底色。

（四）建设文明善治乡村

要坚持乡镇工作"三结合"，加强农村基层党组织建设，选优配强乡镇领导班子、村"两委"成员特别是村党支部书记，健全选派驻村第一书记长效机制，持续整顿软弱涣散村党组织。深化拓展"四议两公开"工作法，健全党组织领导下的村级议事协商制度，加强村级权利有效监督。持续推进移风易俗，推动"一约四会"普遍覆盖，弘扬农村优秀传统文化。提高农民科技文化素质和使用技能，培育造就高素质农民队伍。深入推进平安乡村建设，持续开展法治县、法治乡镇、民主法治村创建。

四 深化农村改革与城乡融合发展有机贯通

习近平总书记指出，振兴乡村，不能就乡村论乡村；强调全面推进乡村振兴，必须用好改革这一法宝。河南城乡融合步伐持续加快，但城乡要素合理流动的机制还存在缺陷，无论是进城还是下乡，渠道还没有完全打通，还存在不平等交换现象。因此，要围绕农民和土地的关系、农民和集体的关系、农民和市民的关系，持续深化农村改革，加快健全城乡融合发展体制机制，形成工农互促、城乡互补、协调发展、共同繁荣的新型工农城乡关系，推动人才、土地、资本等要素在城乡之间合理高效配置，为乡村振兴注入强大动力。

（一）聚焦"人"这个核心，推动城乡人口双向流动

一方面，要畅通农民进城渠道。要把该打开的"城门"打开，深化户籍制度改革，健全农业转移人口市民化机制，促进有能力在城镇稳定就业和生活的农业转移人口有序实现市民化。要把县城作为城乡融合的重要切入点，做强县城这个引擎，做实中心镇这个节点，强化基础设施和公共事业县乡村统筹，提高集聚产业和人口的水平。另一方面，要创新人才下乡机制。要打好"乡情牌""事业牌"，优化返乡创业服务，改

善工作和生活条件，促进外出务工经商人员、专业技术人员等各路人才"上山下乡"投身乡村振兴事业。

（二）聚焦"地"这一重点，优化城乡土地资源配置

处理好农民和土地的关系，是当前深化农村改革的主线。一方面，要巩固和完善农村基本经营制度，做好第二轮土地承包到期后再延长30年的政策衔接，发展多种形式农业适度规模经营，稳慎推进宅基地改革，依法保障进城落户农民土地承包权、宅基地使用权和集体收益分配权，给农民吃下"定心丸"。另一方面，要健全城乡统一的建设用地市场，探索实施农村集体经营性建设用地入市制度，稳步提高土地出让收入用于农业农村比例，激发乡村发展新动能。

（三）聚焦"钱"这一关键，构建乡村振兴多元投入格局

对"三农"工作来说，钱从哪里来，始终是个老大难问题。一是要坚持政府主导和市场机制同向发力，财政资金要把农业农村作为优先保障重点，完善涉农资金统筹整合长效机制，加大金融支持"三农"力度，引导好工商资本下乡，形成财政优先保障、金融重点倾斜、社会积极参与的生动局面。二是要坚持为农服务宗旨，持续深化农村金融改革，推动农村信用社改革发展，多渠道补充中小银行资本金，提高服务"三农"能力。三是要深化农村集体产权制度改革，发展壮大农村新型集体经济，实现集体资产保值增值。

第五节　河南全面推进乡村振兴的对策建议

"十四五"时期，是开启全面建设社会主义现代化国家新征程的第一个五年，是全面推进乡村振兴、加快农业农村现代化的关键时期。河南要坚持把解决好"三农"问题作为重中之重，抢抓战略机遇，把更多资源向"三农"投入，让更多发展要素向乡村集聚，在更高起点上谋划

推动乡村产业、人才、文化、生态、组织振兴，探索走出具有河南特色的乡村振兴之路。

一 强化产业振兴，夯实乡村振兴根基

产业振兴是全面推进乡村振兴的物质基础。实施乡村振兴战略必须紧紧抓住产业振兴这个关键，以促进城乡资源要素合理流动、打造农业农村优势特色产业、推进农村一二三产业融合发展，加速构建现代农业产业体系、生产体系、经营体系，大力提高农业创新力、竞争力和全要素生产率，推动乡村产业提质增效。

（一）促进城乡资源要素合理流动优化配置

实现产业振兴，必须构建工农互促、城乡互补、全面融合、共同繁荣的新型工农城乡关系。一是创新完善农村金融抵押担保机制，加快农村各类资源资产的权属认定，扩大农村有效抵押物的范围。二是探索建立土地要素城乡平等交换机制，对农村土地征收、集体经营性建设用地入市和宅基地制度要探索公平合理的交换机制，释放农村土地制度改革红利。三是创新乡村人才培育引进使用机制，大力培育新型职业农民，加强农村专业人才队伍建设，充分发挥科技人才支撑作用，通过返聘、财政补贴、人才引进等机制，吸引各类人才返乡回乡下乡创业创新。

（二）打造乡村优势特色产业

打造农业农村优势特色产业是实现产业振兴的重要载体。一是因地制宜发展特色产业，基于地区资源禀赋、区位优势、产业发展基础等，建设区域优势特色明显、示范带动作用强的种植养殖基地，农产品加工、流通服务设施等特色产业。二是加快提升优势特色产业竞争力，大力推进农业生产的标准化、组织化和适度规模化，切实提高农业生产土地产出率、劳动生产率、资源利用率，实现节本增效，大力提高农产品品质，优化产品结构。三是全面提升优势特色产业综合效益，大力建设现代农

业"三区一园",实施品牌化经营战略,提升产业发展层次,延伸产业链条,提高产品附加值;积极拓展农业农村多功能性,实现农业生产、农耕文化、农产品加工、休闲旅游、红色旅游、农业体验等环节和业态有效衔接。

(三) 推进农村一二三产业融合发展

产业融合是实现乡村产业振兴的必由之路。第一产业是"压舱石",为农村第二、第三产业的发展提供物质基础;第二产业是纽带,延伸农产品的产业链与价值链,提高农产品的附加值;第三产业是发展新引擎,引领乡村产业加快发展。推动乡村产业振兴,要围绕"做强一产、做优二产、做活三产",构建农村一二三产业融合发展体系,延长产业链、提升价值链、完善利益链,真正让农民分享到全产业链增值收益。实施农产品加工业提升行动,加强农产品产后分级、包装、营销,建设现代化农产品冷链仓储物流体系。实施特色优势农产品出口提升行动,支持农业走出去。实施休闲农业和乡村旅游精品工程,以休闲农业和乡村旅游为引领,创新传统农业种植养殖方式,对村庄生活设施等进行特色化改造。

二　强化人才振兴,抓住乡村振兴关键

人才振兴是全面推进乡村振兴的关键所在。必须牢牢抓住人才这个关键要素,通过健全乡村人才振兴制度、突出乡村人才振兴重点、形成乡村人才振兴合力,激励各类人才在广阔、美丽的农村大地上大展才华、大显身手,逐步建起一支强大的乡村振兴人才队伍。

(一) 健全乡村人才振兴制度

全面推进乡村振兴是鸿篇巨制,需要各类人才来书写。一是要健全乡村人才振兴的制度机制,广开进贤之路,广纳天下英才,引导各类人才投身乡村振兴。要建立健全乡村人才培养、引进、管理、使用、流动、

激励等一整套系统完备的政策体系，强化乡村人才振兴的政策保障。二是将分散在不同部门、不同行业的乡村人才工作进行统筹部署，进一步完善组织领导、统筹协调、各负其责、合力推进的工作机制，以更大力度推进乡村人才振兴。三是要加强乡村人力资源开发，促进各类人才投身乡村振兴，为全面推进乡村振兴、加快农业农村现代化提供强有力的人才支撑。

（二）突出乡村人才振兴重点

随着新产业、新业态、新模式不断涌现，对全面推进乡村振兴所需人才数量、质量提出新的更高要求。全面推进乡村振兴，既要充实农村基层干部队伍，还要加强农村专业人才队伍建设，特别是扶持培养一批农业职业经理人、经纪人、乡村工匠等；既要培养科技人才、管理人才，也需要发现、发掘能工巧匠、乡土艺术家；既需要有号召力的带头人、有行动力的追梦人，也需要善经营的"农创客"、懂技术的"田秀才"。在乡村人才培养上，要坚持问题导向，针对基层实践迫切需要，突出重点，对加快培养农业生产经营人才，农村第二、第三产业发展人才，乡村公共服务人才，乡村治理人才，农业农村科技人才进行针对性部署，尽快满足需要。

（三）形成乡村人才振兴合力

乡村人才培养的主体多元，涉及面广。要充分发挥各类主体在乡村人才培养中的作用，着力推动形成乡村人才培养的工作合力。一是完善高等教育人才培养体系，全面加强涉农高校耕读教育，深入实施卓越农林人才教育培养计划，建设一批新兴涉农专业，引导综合性高校增设涉农学科专业，加强乡村振兴发展研究院建设。二是加快发展面向农村的职业教育，加强农村职业院校基础能力建设，支持职业院校加强涉农专业建设，培养基层急需的专业技术人才。三是充分发挥农业广播电视学校等培训机构作用，支持各类培训机构加强对高素质农民、能工巧匠等本土人才培养，推动农民培训与职业教育有效衔接。四是支持企业参与乡村人才培养，引导农业企业建设实训基地、打造乡村人才孵化基地、建设产学研用协同创新基地。

三　强化文化振兴，铸造乡村振兴之魂

文化振兴是全面推进乡村振兴的铸魂工程。新时期，提升乡村文化振兴要按照"看得见山，望得见水，记得住乡愁"的要求，深入发掘乡村背后的故事和文化基因，把加强农村思想道德建设、推动乡风文明建设、优化乡村文化旅游建设紧密结合起来，不断丰富群众文化生活，大力传播乡风文明，真正把乡村建设成为农民群众的精神家园、人文家园、和谐家园。

（一）加强农村思想道德建设

弘扬和践行社会主义核心价值观，以农民群众喜闻乐见的方式，深入开展习近平新时代中国特色社会主义思想学习教育。拓展新时代文明实践中心建设，深化群众性精神文明创建活动。学习弘扬焦裕禄精神、红旗渠精神、大别山精神、愚公移山精神，大力传承弘扬黄河文化，讲好"黄河故事"，坚定文化自信，推动文化振兴。建强用好县级融媒体中心。深入开展"听党话、感党恩、跟党走"宣讲活动。深入挖掘、继承创新优秀传统乡土文化，推动优秀农耕文化展示区建设。持续推进农村移风易俗，推广运用积分制、"一约四会"等做法，加大高价彩礼、人情攀比、厚葬薄养、大操大办、封建迷信等不良风气治理力度，积极开展婚俗改革试点工作。加大对农村非法宗教活动和境外渗透活动的打击力度，依法制止利用宗教干预农村公共事务。

（二）推动乡风文明建设

乡村不仅要塑形，更要铸魂。要坚持正确政治方向，加强农村精神文明建设，强化思想引领，做到滋润人心、德化人心、凝聚人心。一是

要加强思想道德建设。持续深化"党的创新理论万场宣讲进基层",推动习近平新时代中国特色社会主义思想学习教育走深走心走实,弘扬和践行社会主义核心价值观。二是要健全乡村公共文化服务体系。拓展新时代文明实践中心建设,深入开展文化下乡,打造更多农村群众喜闻乐见的群众文化活动品牌,丰富群众精神文化生活,让群众乐于参与、便于参与。三是要推进农村移风易俗。发挥中原优秀传统文化的教化熏陶作用,加强村规民约建设,引导群众向上向善、孝老爱亲、重义守信、勤俭持家,推动形成文明乡风、良好家风、淳朴民风,用新时代文明实践浇灌乡村文明之花。

(三) 优化乡村文化旅游建设

依托文化资源打造体验型乡村旅游目的地,建成一批红色游、访古游等特色鲜明的主题文化村,发展乡村研学旅游。挖掘各地餐饮文化,推广乡村旅游美食,加强创意设计,推出一批体现河南文化特色、具有时尚气息的"老家礼物"旅游商品。加强农家书屋、村文化活动室、农民工文化驿站、留守儿童文化之家等文化阵地建设,选择有代表性的村落建设村史馆。支持发展各类民间文化团体和扶持优秀民间文艺人才,培育农村文化建设主体的自觉意识和创造能力。树立产业观念,培育农村文化市场,带动农村文化产业的发展。努力打造农村文化品牌,深入挖掘地域历史文化遗产和文化资源,加大文化旅游产品开发力度,着力打造一批乡村文化旅游胜地。注重传承非物质文化遗产,挖掘本地特色文化,保留民族风俗等各个村落独特的文化,展示乡村地方民俗风物和各类民间文化,让人们留住乡村特有的乡愁。

四 强化生态振兴,擦亮乡村振兴底色

生态振兴是全面推进乡村振兴的内在要求。建设生态宜居美丽乡村,要牢固树立和贯彻落实绿水青山就是金山银山理念,推进质量兴农绿色兴农品牌强农行动、农村人居环境整治提升行动等,建立市场化多元化

生态补偿机制，从而实现乡村宜居宜业。

（一）推进质量兴农绿色兴农品牌强农行动

绿色是农业的本色，要树牢绿色发展理念，推动生产、生活、生态协调发展。一是加强农业资源保护和高效利用，深入推进农业面源污染防治，大力发展节水、节肥、节药、节地农业，实现农业清洁生产。二是积极发展生态循环农业，加快农产品绿色原料基地建设，推进畜禽粪污、秸秆、农膜、农产品加工副产物等资源化利用。三是探索农业绿色发展机制，大力推进农业绿色发展先行区建设，坚持投入品减量化、生产清洁化、废弃物资源化、产业模式生态化的发展方向，实施化肥、农药减量增效行动，加强土壤污染管控和修复，加快构建绿色低碳循环的农业产业体系，提升农村生产系统质量和稳定性。

（二）实施农村人居环境整治提升行动

树牢绿色发展理念，推动山水林田湖草系统治理，促进生态振兴。坚持示范带动与整体推进相结合、重点突破和综合整治相统筹，持续深化农村人居环境整治，建设一批生态宜居美丽乡村。加快推进农村生活污水治理，深入开展农村黑臭水体治理和农村水系综合整治。以农村生活垃圾污水治理、厕所革命、村容村貌提升为主攻方向，坚持示范带动与整体推进相结合、重点突破和综合整治相统筹，进一步深化农村人居环境整治，努力建设一批生态宜居美丽乡村，推动实现农村环境更整洁、村庄更宜居、生态更优良、乡风更文明、生活更美好。

（三）建立市场化多元化生态补偿机制

落实农业功能区制度，加大重点生态功能区转移支付力度，完善生态保护成效与资金分配挂钩的激励约束机制。健全地区间、流域上下游之间横向生态保护补偿机制。正确处理开发与保护的关系，运用现代科技和管理手段，将乡村生态优势转化为发展生态经济的优势，提供更多更好的绿色生态产品和服务，促进生态和经济良性循环。加快发展森林草原旅游、河湖湿地观光等产业，积极开发观光农业、游憩休闲、健康养生、生态教育等服务。创建一批特色生态旅游示范村镇和精品线路，打造绿色生态环保的乡村生态旅游产业链。

五　强化组织振兴，筑牢乡村振兴保障

组织振兴是全面推进乡村振兴的根本保证，因此要强化农村基层党组织引领、提升乡村治理水平，推进乡村治理体系和治理能力现代化，助力全面推进乡村振兴。

（一）强化农村基层党组织引领

持续抓党建促乡村振兴，实施堡垒工程，建强农村基层党组织。高质量开展乡镇、村集中换届，选优配强乡镇领导班子、村"两委"成员特别是党组织书记，在有条件的地方积极推行村党组织书记通过法定程序担任村民委员会主任，与换届同步推选村务监督委员会成员，全面推行村党组织纪委书记或纪检委员担任村务监督委员会主任，加强基层纪检监察组织对村务监督委员会的沟通协作、业务指导，形成监督合力。坚持和完善向乡村振兴重点村、软弱涣散村和集体经济薄弱村选派驻村第一书记和工作队制度。加强对农村基层干部激励关怀，提高工资补助待遇，改善工作生活条件，切实帮助解决实际困难。

（二）深化村民自治实践

坚持农民主体地位，切实保障村民自治，在涉及村民切身利益的各类农村公共物品和公共服务供给的决策和具体实施环节，吸收农民广泛参与表达诉求，把党的基层组织建设融入村民自治框架。同时要为乡村治理提供长期稳定的财力支撑，按一定标准建立均等化、普惠制的乡村治理财力供给机制。实现乡村治理资源、服务和管理下放到基层，使基层有职有权有物，更好地为群众提供精准有效的各类公共服务。

（三）建设法治乡村环境

要以法治为本，稳固法律规范在农民权益维护、农村各类社会矛盾化解等乡村治理诸方面的权威地位。依法规范乡村干部和村民的行为，引导村民在法治范围内主动参与、自主制定村规民约，净化农村社会风气，强化农民法律观念，改变农民重人治轻法治、重信访轻法律等观念误区，鼓励农民用法律维护自身权益，养成遇事找法、办事依法、解决问题靠法的行为习惯，依法保护农民的合法权益，提高农民对法律权威的认同。

（四）提升乡村德治水平

培育弘扬社会主义核心价值观，提升乡村德治水平需与深化村民自治相结合，在乡村矛盾调解、大操大办、人情攀比、尊老爱幼、环境卫生等乡村治理的各个方面，不断提升乡村德治水平，培育农村新风尚，对违反村规民约的行为在村民自治范围内做出惩戒，发挥新乡贤在乡村德治和自我监督中的作用。同时，注重以文化人、以文养德，强化乡村文化建设，培养村民集体意识，繁荣乡村文化。

参考文献

〔印〕阿比吉特·班纳吉、〔法〕埃斯特·迪弗洛：《贫穷的本质——我
　　们为什么摆脱不了贫穷》，景芳译，中信出版集团，2018。

白增博：《新中国 70 年扶贫开发基本历程、经验启示与取向选择》，《改
　　革》2019 年第 12 期。

曹立、王声啸：《精准扶贫与乡村振兴衔接的理论逻辑与实践逻辑》，
　　《南京农业大学学报》（社会科学版）2020 年第 4 期。

陈明星：《脱贫攻坚与乡村振兴有效衔接的基本逻辑与实现路径》，《贵
　　州社会科学》2020 年第 5 期。

陈文胜：《脱贫攻坚与乡村振兴有效衔接的实现途径》，《贵州社会科学》
　　2020 年第 1 期。

豆书龙、叶敬忠：《乡村振兴与脱贫攻坚的有机衔接及其机制构建》，
　　《改革》2019 年第 1 期。

高强：《脱贫攻坚与乡村振兴的逻辑关系与政策安排》，《南京农业大学
　　学报》（社会科学版）2019 年第 5 期。

龚丽兰、郑永君：《培育"新乡贤"：乡村振兴内生主体基础的构建机
　　制》，《中国农村观察》2019 年第 6 期。

郭晓鸣、高杰：《脱贫攻坚与乡村振兴政策实施如何有效衔接》，《光明
　　日报》2019 年 9 月 16 日。

胡钰、付饶、金书秦：《脱贫攻坚与乡村振兴有机衔接中的生态环境关
　　切》，《改革》2019 年第 10 期。

黄承伟：《脱贫攻坚伟大成就彰显我国制度优势》，《红旗文稿》2020 年

第 8 期。

黄承伟：《中国扶贫理论研究论纲》，《华中农业大学学报》（社会科学版）2020 年第 2 期。

黄承伟：《中国特色减贫道路论纲》，《求索》2020 年第 4 期。

黄少安：《改革开放 40 年中国农村发展战略的阶段性演变及其理论总结》，《经济研究》2018 年第 12 期。

姜正君：《脱贫攻坚与乡村振兴的衔接贯通：逻辑、难题与路径》，《西南民族大学学报》（人文社会科学版）2020 年第 12 期。

课题组：《关于乡村振兴负面清单管理的 16 条政策建议》，《领导决策信息》2018 年第 23 期。

李明：《民族要复兴　乡村必振兴——党的十九大以来习近平新时代"三农"理论创新》，《乡村论丛》2021 年第 1 期。

李楠、黄合：《脱贫攻坚与乡村振兴有效衔接的价值意蕴与内在逻辑》，《学校党建与思想教育》2020 年第 22 期。

李太淼：《实现脱贫攻坚与乡村振兴的有机衔接》，《河南日报》2020 年 1 月 8 日。

李天、韩广富：《新时代脱贫攻坚实践价值的三维解读》，《人民论坛》2021 年第 4 期。

李小云、苑军军、于乐荣：《论 2020 后农村减贫战略与政策：从"扶贫"向"防贫"的转变》，《农业经济问题》2020 年第 2 期。

李小云：《中国减贫的基本经验》，《南京农业大学学报》（社会科学版）2020 年第 4 期。

李周：《全面建成小康社会决胜阶段农村发展的突出问题及对策研究》，《中国农村经济》2017 年第 9 期。

梁萌：《脱贫攻坚与乡村振兴有效衔接的逻辑与实现路径》，《当代农村财经》2021 年第 1 期。

刘焕、秦鹏：《脱贫攻坚与乡村振兴的有机衔接：逻辑、现状和对策》，《中国行政管理》2020 年第 1 期。

刘永富：《打赢全面建成小康社会的扶贫攻坚战——深入学习贯彻习近平同志关于扶贫开发的重要讲话精神》，《人民日报》2014 年 4 月 9 日。

刘永富：《全面贯彻中央决策部署　坚决打赢脱贫攻坚战》，《学习时报》2017 年 5 月 5 日。

刘永富：《以习近平总书记扶贫重要论述为指导坚决打赢脱贫攻坚战》，《行政管理改革》2019 年第 5 期。

吕开宇等：《新中国 70 年产业扶贫政策：演变路径、经验教训及前景展望》，《农业经济问题》2020 年第 2 期。

农业部课题组：《中国特色乡村产业发展的重点任务及实现路径》，《求索》2018 年第 2 期。

《努力交出更加出彩的脱贫攻坚"中原答卷"——专访河南省人民政府副省长武国定》，《中国扶贫》2020 年第 11 期。

庞淼：《脱贫攻坚与乡村振兴的有效衔接：内在关系、重点与侧重路径》，《中国西部》2020 年第 5 期。

《培育创新创业领头雁　打造创新创业升级版——农业农村部乡村产业发展司负责人就〈意见〉答记者问》，《中国合作经济》2020 年第 6 期。

河南省社会科学院：《决胜全面建成小康社会　谱写中原更加出彩的绚丽篇章》，《河南日报》2020 年 1 月 20 日。

宋彦峰：《供给侧改革视角下金融支持与精准扶贫衔接机制研究——以河南省为例》，《农村金融研究》2019 年第 11 期。

孙久文、夏添：《中国扶贫战略与 2020 年后相对贫困线划定——基于理论、政策和数据的分析》，《中国农村经济》2019 年第 10 期。

孙馨月、陈艳珍：《论脱贫攻坚与乡村振兴的衔接逻辑》，《经济问题》2020 年第 9 期。

谭明交：《乡村振兴与中国农村三产融合发展》，《技术经济与管理研究》2020 年第 7 期。

唐任伍：《脱贫攻坚：中国方案、中国经验和中国贡献》，《人民论坛》
　　2020 年第 2 期。

涂圣伟：《聚力脱贫攻坚和乡村振兴的统筹衔接》，《智慧中国》2019 年
　　第 9 期。

涂圣伟：《脱贫攻坚与乡村振兴有机衔接：目标导向、重点领域与关键
　　举措》，《中国农村经济》2020 年第 8 期。

汪三贵、曾小溪：《从区域扶贫开发到精准扶贫——改革开放 40 年中国
　　扶贫政策的演进及脱贫攻坚的难点和对策》，《农业经济问题》
　　2018 年第 8 期。

汪三贵、冯紫曦：《脱贫攻坚与乡村振兴有机衔接：逻辑关系、内涵与
　　重点内容》，《南京农业大学学报》（社会科学版）2019 年第 5 期。

汪三贵、胡骏：《从生存到发展：新中国七十年反贫困的实践》，《农业
　　经济问题》2020 年第 2 期。

汪三贵：《习近平精准扶贫思想的关键内涵》，《人民论坛》2017 年第
　　30 期。

王华书：《如何提升产业扶贫项目实施效果？——基于贵州贫困村调查
　　数据的经验分析》，《贵州社会科学》2019 年第 9 期。

王琳：《我国脱贫攻坚的特征和经验》，《北京大学学报》（哲学社会科学
　　版）2020 年第 6 期。

魏后凯：《当前"三农"研究的十大前沿课题》，《中国农村经济》2019
　　年第 4 期。

习近平：《摆脱贫困》，福建人民出版社，1992。

肖宜滨、张立冬、包宗顺：《江苏脱贫攻坚历程、举措、绩效与展望》，
　　《南京农业大学学报》（社会科学版）2019 年第 6 期。

胥兴贵：《以"五大结合"促乡村振兴与脱贫攻坚有效融合》，《农民日
　　报》2018 年 8 月 18 日。

学习时报采访组：《习近平总书记亲自指挥打赢脱贫攻坚战——访全国
　　政协农业和农村委员会副主任，原国务院扶贫办党组书记、主任

刘永富》，《学习时报》2021年3月15日。

叶兴庆、殷浩栋：《从消除绝对贫困到缓解相对贫困：中国减贫历程与
　　2020年后的减贫战略》，《改革》2019年第12期。

张高军、易小力：《有限政府与无限政府：乡村振兴中的基层政府行为
　　研究》，《中国农村观察》2019年第5期。

张红宇、陈良彪、胡振通：《构建农业农村优先发展体制机制和政策体
　　系》，《中国农村经济》2019年第12期。

张克俊、付宗平、李雪：《全面脱贫与乡村振兴的有效衔接——基于政
　　策关系二重性的分析》，《广西师范大学学报》（哲学社会科学版）
　　2020年第6期。

张琦：《稳步推进脱贫攻坚与乡村振兴有效衔接》，《人民论坛》2019年
　　第S1期。

张青、郭雅媛：《脱贫攻坚与乡村振兴的内在逻辑与有机衔接》，《理论
　　视野》2020年第10期。

张赛群：《精准扶贫与乡村振兴战略：内在关联和有效衔接》，《武汉科
　　技大学学报》（社会科学版）2021年第2期。

张晓山：《巩固脱贫攻坚成果应关注的重点》，《经济纵横》2018年第
　　10期。

张云华等：《统筹衔接脱贫攻坚与乡村振兴的调查与启示》，《开放导报》
　　2019年第4期。

张志胜、李丽敏：《脱贫攻坚与乡村振兴的统筹衔接：必然、实然与应
　　然》，《山西农业大学学报》（社会科学版）2020年第6期。

赵素萍：《出彩中原铸华章》，河南人民出版社，2018。

中共国务院扶贫办党组：《创造人类反贫困历史的中国奇迹——改革开
　　放40年我国扶贫工作的重大成就与经验》，《求是》2018年第
　　18期。

中共农业农村部党组：《接续推进乡村全面振兴——深入学习贯彻习近
　　平总书记在全国脱贫攻坚总结表彰大会上的重要讲话精神》，《人

民日报》2021 年 3 月 18 日。

中共中央党史和文献研究院:《习近平扶贫论述摘编》,中央文献出版
　　社,2018。

周建琨:《坚持以新发展理念引领脱贫攻坚》,《中国党政干部论坛》
　　2020 年第 9 期。

朱冬亮:《贫困"边缘户"的相对贫困处境与施治》,《人民论坛》2019
　　年第 7 期。

左停:《脱贫攻坚与乡村振兴有效衔接的现实难题与应对策略》,《贵州
　　社会科学》2020 年第 1 期。

后　记

2021 年是中国共产党成立 100 周年。百年岁月，初心不改。中国共产党自成立之日起，就高度重视"三农"工作，坚持把为中国人民谋幸福、为中华民族谋复兴作为初心使命，团结带领中国人民为创造自己的美好生活进行了长期艰辛奋斗。特别是党的十八大以来，以习近平同志为核心的党中央把脱贫攻坚摆在治国理政的突出位置，把脱贫攻坚作为全面建成小康社会的底线任务，组织开展了声势浩大的脱贫攻坚人民战争，取得了重大历史性成就，创造了人类减贫史上的奇迹，并顺应"三农"工作重心的历史性转移，接续全面推进乡村振兴。

河南作为农业大省、人口大省，在脱贫攻坚伟大实践中，交出了一份奋勇争先、更加出彩的河南答卷，并将接续绘就乡村全面振兴的中原现代版"富春山居图"。为全面反映习近平新时代中国特色社会主义思想在河南的鲜活实践，系统梳理河南脱贫攻坚和乡村振兴的探索创新，生动展现中原大地"三农"的历史巨变，深入探索全面推进乡村振兴的路径举措，河南省社会科学院决定组织编写本书。党委书记阮金泉、院长谷建全、副院长李同新等对全书总体构思和框架设计提出了重要意见。参与本书撰稿的有（按章节顺序）：前言、第一章：陈明星；第二章：安晓明；第三章：张坤；第四章：宋彦峰；第五章：乔宇锋；第六章：苗洁；第七章：侯红昌；第八章：李国英；第九章：刘依杭。陈明星、宋彦峰、刘依杭等对全书初稿进行了整理充实。河南省农业农村厅、省扶贫开发办公室等搜集提供了有关文献资料，在撰写过程中也参阅和引用了大量文献，并尽可能地逐一列出，但难免有遗漏，谨请原作者谅解。

　　在此，向所有支持本书编撰出版的领导和同志、被引用和参阅的专家和学者，表示诚挚的谢意。

　　民族要复兴，乡村必振兴。正如习近平总书记所指出的，全面实施乡村振兴战略的深度、广度、难度都不亚于脱贫攻坚。在完成脱贫攻坚这一举世瞩目的伟大壮举的基础上，接续推进乡村全面振兴这一波澜壮阔的伟大实践，需要持续跟踪和深入研究。由于水平所限，书中难免存在不足之处，敬请广大读者批评指正。

作者

2021 年 5 月 10 日

图书在版编目(CIP)数据

脱贫攻坚与乡村振兴的河南路径 / 陈明星主编 . --
北京：社会科学文献出版社，2021.6
ISBN 978-7-5201-8479-3

Ⅰ.①脱… Ⅱ.①陈… Ⅲ.①扶贫-研究-河南
Ⅳ.①F127.61

中国版本图书馆 CIP 数据核字(2021)第 104215 号

脱贫攻坚与乡村振兴的河南路径

主 编／陈明星

副主编／宋彦峰 刘依杭

出版人／王利民
组稿编辑／任文武
责任编辑／杨 雪

出 版／社会科学文献出版社·城市和绿色发展分社（010）59367143
　　　　地址：北京市北三环中路甲 29 号院华龙大厦 邮编：100029
　　　　网址：www.ssap.com.cn
发 行／市场营销中心（010）59367081 59367083
印 装／三河市龙林印务有限公司

规 格／开 本：787mm×1092mm 1/16
　　　　印 张：17.25 字 数：247 千字
版 次／2021 年 6 月第 1 版 2021 年 6 月第 1 次印刷
书 号／ISBN 978-7-5201-8479-3
定 价／68.00 元